Le plaisir
à petit prix

JEAN-PIERRE COFFE

Le plaisir à petit prix

Bien manger en famille
pour moins de 9 euros par jour

Bien*être*

Collection dirigée par Ahmed Djouder

© Plon, 2009

INTRODUCTION

Ma grand-mère, cuisinière en maison bourgeoise pendant la guerre, disait : « Avec rien, évidemment on ne peut rien faire, mais avec peu, il est possible de faire quelque chose et même quelque chose de pas mauvais du tout. » Cette réflexion de bon sens m'a inspiré pour cet ouvrage. Le but de ce livre est de vous donner quelques conseils et recettes adaptées, éprouvées, pour vous permettre de nourrir votre famille et de connaître encore, malgré les restrictions, le plaisir de manger.

Restrictions : mot tabou. Et pourtant, quand on évoque la crise alimentaire, économique, la réduction du pouvoir d'achat, c'est bien de restrictions qu'il s'agit. Rien ne sert de camoufler la situation, il faut se rendre à l'évidence : nous sommes, pour certains déjà et d'autres bientôt, en temps de restrictions.

Cette période de « vaches maigres » doit nous permettre de réfléchir et, sans nous y attarder trop longtemps, de faire notre examen de conscience.

Nous avons beaucoup consommé, le temps était à l'abondance généralisée. Tous les milieux ont été gâtés – certains beaucoup plus que d'autres. Maintenant, à l'exception de quelques nantis, c'est l'ensemble de la population qui est rattrapée par la crise mondiale. Il faudra savoir tirer parti de l'ascétisme qui nous est imposé et revenir aux fondamentaux que nous avons oubliés. Ces conditions nouvelles, sûrement dures, doivent nous imposer de réfléchir, de changer nos habitudes alimentaires, notre manière de cuisiner, le choix de nos menus et, avant toute chose, notre façon d'acheter.

Réfléchir ne veut pas dire acheter moins cher les mêmes quantités : il faut tenir compte de notions élémentaires de nécessité vitale, de calories, de vitamines. Ce qui implique de lire soigneusement les étiquettes, même si elles sont souvent rébarbatives et incompréhensibles. Même en temps de crise, il faut se nourrir suffisamment pour éviter la maladie. La sous-alimentation entraîne une anémie que l'on peut éviter en faisant preuve d'imagination, et surtout en changeant nos habitudes quotidiennes.

Réfléchir, et accepter quelques nouvelles règles qui ne seront jamais transgressées, sous peine de dépasser le budget qui nous est maintenant imparti. Ces règles sont relativement simples :

- acheter uniquement des produits de saison,
- cuisiner le plus souvent possible,
- ne jamais acheter les produits manufacturés que l'on pourrait réaliser soi-même,
- privilégier les produits de proximité pour des raisons économiques et écologiques,
- ne plus acheter à l'envie, mais à la nécessité.

OUI, il faut se faire à l'idée qu'on a pu acheter sans compter tout ce dont on avait besoin, alors que maintenant on achètera ce qui est nécessaire. Et rien d'autre. Prendre son temps, apprendre (ou réapprendre) à reconnaître la qualité, la fraîcheur, en faire son objectif principal et surtout, vérifier et se renseigner sans honte sur les prix : voilà notre objectif.

Nous devrons prendre l'habitude de manger moins. On consomme trop et on jette trop. Il n'y a encore pas si longtemps, nos grands-parents et nos arrière-grands-parents se contentaient le soir d'une soupe consistante, d'un morceau de fromage ou d'un fruit. Ils travaillaient davantage et bien plus durement, que nous. Or, nous procédons exactement à l'inverse : nous travaillons moins, moins durement et nous mangeons beaucoup plus. Comment s'étonner d'avoir une population obèse ?

Les saisons ? Nous les avons oubliées. Il n'y a qu'à regarder les étals pour s'en rendre compte. Tous les marchands de fruits et légumes – petits commerçants ou grande distribution – vendent les mêmes fruits et les mêmes légumes tout au long de l'année. Les saisons sont indispensables à respecter si on veut faire des économies et manger plus sainement. Il est probable que la facilité qui nous a été accordée longtemps de voyager à bas coût et de découvrir des produits exotiques sur leurs lieux de production nous a encouragés à renouveler ces expériences gustatives en rentrant chez nous. Erreur, grave erreur, ces fruits ont voyagé, passé des périodes plus ou moins longues en chambre froide avant d'être mis sur le marché en même temps que les productions locales afin de les concurrencer. La désaisonnalisation ne touche pas que les fruits et légumes, elle touche aussi la viande, les fromages, le poisson.

Calendriers de produits de saison
Légumes et fruits

Printemps	L'artichaut L'asperge La betterave La carotte Le céleri Le chou-fleur L'épinard Les laitues Le navet Le petit pois La pomme de terre Le radis	La cerise La fraise
Été	L'ail L'aubergine La bette (ou blette) Le brocoli Le concombre La courgette Les haricots à écosser Le haricot vert Le melon Le poivron et le piment La tomate	L'abricot La figue La pêche Les petits fruits rouges La prune La rhubarbe
Automne	L'avocat Le cardon Les champignons Les chicorées Les choux	La châtaigne Le coing Le kiwi La noisette La noix La poire La pomme Le raisin de table
Hiver	L'échalote Les légumes secs La mâche L'oignon L'oseille Le poireau Le potiron Le rutabaga Le salsifis Le topinambour	L'ananas La banane Le citron La clémentine et la mandarine Le fruit de la passion La goyave La lime Le litchi La mangue L'orange La papaye Le pomélo

Poissons et fruits de mer

Printemps et été	L'anchois L'araignée Le grondin rouge Le homard La langouste La langoustine La lotte ou baudroie Le maquereau Le merlu La moule Les petits coquillages Le rouget barbet La sardine Le thon Le tourteau
Automne et hiver	Les céphalopodes : calamar, seiche, poulpe La coquille Saint-Jacques Le haddock Le hareng L'huître Le lieu jaune et noir Le merlan Le mulet L'oursin La raie La sole
Toute l'année	*Toutes les espèces d'élevage :* Le bar (ou loup) Le cabillaud La crevette La daurade Le saumon Le turbot

Je m'insurge contre la désaisonnalisation, car elle est en parfaite contradiction avec les propos des diététiciens et des laudateurs du PNNS (Programme National Nutrition Santé) qui nous assènent les vertus vitaminiques des légumes verts en oubliant de préciser qu'après plusieurs jours de transport, de séjour en chambre froide, de présence sur un étal, les taux de vitamines ont baissé de près de 80 %. La désaisonnalisation est coûteuse, elle implique des frais de transport élevés qu'il faut bien répercuter dans le prix de vente, même si on nous explique que dans les pays lointains la main-d'œuvre est bon marché. Elle impose des fruits et légumes cueillis avant maturité – le mûrissement se fait plus tard, après un séjour en chambre froide, en chambre de maturation et sur les étals des commerçants. À vouloir se procurer des fraises, des radis, des asperges toute l'année, on en perd le désir et le goût. De plus, on perd complètement le sens du prix : ainsi, sur les marchés du Mans ou de Toulouse, les pommes de production locale sont vendues entre 0,40 et 0,60 euro le kilo alors que les golden ou granny smith en provenance de Nouvelle-Zélande ou d'Afrique du Sud, cueillies au plus tôt six mois avant la date d'expédition, après un séjour en chambre froide, coûtent sur ces mêmes marchés entre 2,95 et 3,63 euros le kilo. Réfléchissons et faisons nos comptes.

Il est temps de prendre conscience que le beau peut être l'ennemi du bon ; voilà quelques semaines, la toute-puissante Communauté européenne a accepté de revenir sur l'absurdité esthétique imposée, il y a une quarantaine d'années, aux fruits et légumes. Une carotte biscornue est-elle moins bonne qu'une carotte droite ? Les technocrates de Bruxelles ont été longs à procéder à la dégustation.

Les habitudes alimentaires doivent changer. Fini la barquette de carottes râpées industrielles pour tout repas à la pause déjeuner. On râpe chez soi, la veille, surtout quand on a découvert que l'écart de prix entre une carotte fraîche – râpée à la maison, arrosée d'un filet d'huile d'olive et du jus d'un demi-citron –, et le même poids de carotte, râpée et emballée par un industriel avec un conservateur, est de 633 %.

Si la qualité des cantines ne s'améliore pas, nous retrouverons les gamelles. Les plats cuisinés, rapidement réchauffés au four à micro-ondes, n'auront plus leur place ni dans le congélateur ni dans l'assiette des consommateurs. Fini le temps où nous pouvions surpayer scandaleusement le blanc de poulet à la crème aux champignons ou la blanquette de veau industrielle, nous cuisinerons nous-mêmes, congèlerons nous-mêmes, surtout si nous voulons préserver un peu de superflu.

Changer nos habitudes alimentaires et notre façon de cuisiner, c'est :
- abandonner le dépannage, aussi bien dans les achats que dans la réalisation ;
- réapprendre le mijotage, le braisage, c'est-à-dire la facilité en cuisine. Ces procédés que pratiquaient le plus souvent les anciens ne les empêchaient ni de travailler, ni d'écouter de la musique, ni de lire pendant le temps de cuisson ;
- choisir des morceaux bon marché pour les cuisiner simplement ;
- réorganiser son emploi du temps pour en consacrer davantage à la cuisine familiale ;
- aller sur les marchés le samedi matin ;
- faire ses achats chez les petits producteurs locaux ou régionaux – et non pas chez les revendeurs ;
- comparer les prix, calculette à la main, et aller au moins cher pour toute l'épicerie et les produits d'entretien ;
- dépenser du temps pour économiser de l'argent ;
- cuisiner, préparer des repas pour la semaine après les achats du week-end. Les plats cuisinés, les soupes se conservent parfaitement plusieurs jours au réfrigérateur. Les desserts également.
- Simplifier la cuisine pour le soir : soupe/fromage, soupe/salade, soupe/dessert. Pour une vie plus saine et plus économique.

Vivre plus sainement, c'est s'assurer chaque matin que toute la famille a pris un « vrai » petit déjeuner – j'entends par là, prendre la peine de s'asseoir, de trancher du pain, éventuellement le faire griller, le caresser avec du beurre et de la confiture. Cela implique de supprimer tous les gadgets coutumiers, bourrés de graisses hydrogénées (céréales, barres chocolatées, poudres cacaotées, pâtes à tartiner…). Le petit déjeuner doit redevenir un des repas principaux de la journée.

Que faire au déjeuner quand on travaille ? Plutôt qu'un sandwich acheté chez le boulanger ou le charcutier de proximité, préparez-le vous-même, chez vous ou au bureau ; faites cela pendant un mois en prenant soin de vérifier vos dépenses et vous constaterez l'économie réalisée. Plutôt que d'acheter un plat cuisiné médiocre, composé de produits dont vous ne connaissez pas l'origine, prenez l'habitude de faire quelques portions de plus lorsque vous cuisinez : vous pourrez emporter dans une boîte en plastique hermétique un déjeuner à réchauffer sur votre lieu de travail si la cantine est trop médiocre.

Certes, nous voici avec des changements d'organisation sévères, mais ce n'est que sous ces conditions que nous pourrons maintenir un minimum de pouvoir d'achat. Les déjeuners du samedi ou du dimanche pourront être plus copieux, ils devront être familiaux ou amicaux, pris ensemble, dans la générosité et la convivialité.

Nos comportements doivent changer : manifester plus de solidarité les uns vis-à-vis des autres ; éliminer la haine, l'aigreur, l'envie, la jalousie dans nos relations ; nous entraider pour dépasser les moments difficiles que nous sommes en train de vivre.

Il faut également réapprendre l'usage de la balance pour être précis dans ses achats. Un exemple : ne pas se laisser imposer un supplément de poids par un commerçant. Six cents grammes de viande pour quatre personnes sont largement suffisants pour nos besoins. Inutile d'accepter les cinquante ou cent grammes supplémentaires que les bouchers ont tendance à rajouter au poids demandé. Soyez précis pour que le commerçant le soit lui-même. Sucrez moins les desserts : médecins et diététiciens s'accordent pour le recommander.

Le gâchis sera banni. Faire les poubelles des restaurants, des boulangers, et même de certains de nos concitoyens est affligeant. On s'aperçoit de la quantité invraisemblable de déchets que nous produisons et que nous pourrions parfaitement réutiliser. Je pense au pain : on jette en France une quantité honteuse de pain, même les boulangers jettent leur pain. En temps de crise, on utilise le pain rassis pour faire des soupes, des plats salés, des desserts. Dans ce livre, nous avons développé l'usage du pain rassis par mesure d'économie et par souci de santé – le résultat est très bon.

Nous gâchons trop : à l'épluchage des légumes par exemple, beaucoup d'entre eux ne demandent pas à être épluchés, mais simplement brossés, surtout les légumes nouveaux, si on a les moyens d'en acheter ou si l'on a la chance de profiter d'un potager. Le vert des poireaux, les feuilles dures des choux et choux-fleurs, les côtes, les feuilles vertes des salades, les fanes de radis et de navets, les tiges de brocolis ou d'artichauts qu'il suffit de peler : tout ce que nous jetons actuellement peut être utilisé dans des potages, dans des hachis, dans des galettes de légumes. On peut même être encore plus économe en gardant l'eau de cuisson des légumes ou des pâtes, pour s'en resservir comme base de potage ou de sauce. Elle contient des éléments nourrissants. Le jus de cuisson des viandes parfume soupes, purées, pâtes, semoule ; le gras de cuisson peut être récupéré pour faire sauter des pommes de terre.

Tout récemment, en travaillant sur ce livre, je me suis livré à une expérience : quand on fait cuire les légumes, par exemple, on oublie souvent de baisser l'intensité du gaz ou de la plaque électrique quand l'ébullition est établie. La température de l'eau qui bout fortement ou faiblement est la même : 100 °C. La puissance du feu ne fait qu'augmenter l'évaporation de l'eau sans pour autant activer la cuisson.

Pour faire dorer biftecks, viandes, poissons, légumes, à la poêle ou en cocotte, on utilise trop de matières grasses : en passant simplement sur le fond de la poêle ou de la cocotte un pinceau de cuisine en silicone (en vente dans les quincailleries et les supermarchés) pour étaler quelques gouttes d'huile ou une noisette de saindoux, on fait une économie importante ; on peut également utiliser une poêle antiadhésive sans ajout de matières grasses.

Le mixeur est indispensable, il permet d'utiliser au mieux tous les restes et de donner une texture légère à de nombreuses préparations.

Il faut rappeler que la réalisation des pâtés et des terrines est extrêmement simple et ne demande aucune compétence particulière. J'en donne quelques recettes qui permettent de faire aussi des économies. Les pâtés de campagne ou les rillettes se conservent parfaitement au réfrigérateur pendant quelques jours : ils peuvent intervenir comme plat de résistance et, les jours suivants, dans un sandwich, pour déjeuner sur le pouce au bureau, ou en plat du soir avec simplement une salade.

Il faut surtout s'imprégner de l'idée que nous sommes des clients et que nous avons des règles à faire respecter. Nous avons le droit de discuter les prix, de demander l'origine des produits, s'ils sont mal étiquetés : le devoir du commerçant est de répondre. Le tour de marché est indispensable pour vérifier les prix avant tout achat – il faut avoir le courage de prendre un papier et un crayon. Dans une même région – le centre de la France –, nous avons trouvé des harengs frais à 3,50, 4,90, 5,90 et 8,80 euros le kilo ; les commerçants n'étaient pas éloignés les uns des autres de plus de cinq kilomètres. Cette expérience est valable pour tous les poissons, vérifiez l'origine, vérifiez la fraîcheur. Dans les achats de poissons, nous conseillons de demander au poissonnier d'ajouter quelques parures de poissons, pour faire un court-bouillon ou une soupe. Il n'y a rien de déshonorant dans cette demande. Souvent, devant un étal de fruits et légumes, on constate que certains consommateurs ne veulent pas des fanes de radis ou de navets, il faut au contraire les demander pour faire un potage. Là non plus, rien de déshonorant.

J'ai pris le risque de réintégrer dans ce livre quelques recettes de temps de guerre qui permettent de faire une mayonnaise sans huile, et, dans les recettes d'usage, de la fécule de pomme de terre ou de maïs, ou du tapioca souvent injustement oublié.

En faisant un choix judicieux parmi toutes les recettes qui vous sont présentées et qui comprennent des potages, des hors-d'œuvre, des entrées, des poissons, des plats de résistance et des desserts, vous devriez parvenir à nourrir quatre personnes avec un budget moyen de 8,50 euros par jour.

Pourquoi avons-nous fixé le budget moyen de la dépense alimentaire pour une famille de quatre personnes à 8,50 euros ?

- Parce que la famille type française est composée d'un couple et de deux enfants (de 7 et 15 ans).
- Parce que nous avons imaginé que les deux adultes bénéficient chacun d'un SMIC mensuel, soit un salaire net approximatif de 1037,53 euros (valeur du SMIC au 1er juillet 2008), autrement dit, environ 2 075 euros de revenu net par mois.
- Parce que les statistiques attestent que le budget familial consacré à l'alimentation est aujourd'hui d'environ 12 % du budget total.

Une fois, un bon potage et un dessert feront votre dîner, sachant qu'une autre fois, vous vous contenterez d'un plat de résistance. Dans l'offre que je vous propose, vous ferez le choix. Certains jours, vous dépenserez moins, d'autres, davantage, mais en respectant les règles fixées, vous pourrez quelquefois sortir de la crise par quelques achats plus festifs.

Je vous demande de ne pas juger hâtivement les propos de ce livre, mais de faire sérieusement, pendant un mois, l'expérience que je vous propose ; notez les dépenses alimentaires et à quoi elles sont destinées, et faites le compte au bout du mois. Les économies réalisées sur le budget pourront servir à des dépenses plus conviviales et plus ludiques.

Jean-Pierre COFFE

Signale les recettes permettant d'utiliser des restes (de viande, de poisson, de pain, de légumes, de riz, de pâtes…)

 Signale les recettes végétariennes

 Signale les recettes de fête

• Sauf avis contraire, les recettes sont établies pour quatre personnes.

• Certaines recettes sont proposées sous deux versions : la première utilisant des produits frais (1), la seconde utilisant des produits en conserve (2 et 3).

• Certaines recettes sont proposées avec des variantes indiquées ainsi : I et II.

ENTRÉES

Aubergines farcies

- 4 aubergines
- 3 oignons
- 2 gousses d'ail
- 4 tomates
- 1 pincée de sucre
- 2 cuillerées à soupe d'huile d'olive
- sel, poivre

Épluchez les oignons, hachez-les finement ; faites de même avec les gousses d'ail. Pelez les tomates après les avoir ébouillantées 30 secondes, éliminez les pépins et concassez la pulpe.

Dans une poêle, faites dorer dans 1 cuillerée à soupe d'huile l'ail et les oignons hachés ; ajoutez les tomates et 1 pincée de sucre ; laissez mijoter 15 à 20 minutes à demi-couvert, en remuant de temps en temps jusqu'à ce que l'eau de végétation des légumes soit évaporée ; salez, poivrez.

Préchauffez le four à 200 °C (th. 6/7).

Passez les aubergines sous l'eau, retirez le pédoncule. Coupez-les en deux dans le sens de la longueur ; retirez les graines à l'aide d'une petite cuillère ou d'un couteau ; remplissez la cavité du mélange oignons/tomates.

Rangez les aubergines ainsi farcies, tête-bêche, dans un plat à gratin ; salez, poivrez, arrosez d'un filet d'huile ; mettez le plat au four en baissant la plaque et laissez cuire 30 à 40 minutes.

Servez chaud ou froid.

Aubergines et courgettes grillées

- 2 belles aubergines
- 3 courgettes
- 2 cuillerées à soupe d'huile d'olive
- sel, poivre

Choisissez des aubergines plutôt longues que rondes.

Passez les légumes sous l'eau, coupez les deux extrémités et, sans les peler, taillez-les en tranches d'un demi-centimètre dans le sens de la longueur.

Allumez le gril du four.

Enduisez les tranches d'huile sur les deux faces à l'aide d'un pinceau de cuisine ; rangez-les bien à plat, sans se chevaucher, sur la grille de la lèchefrite ou sur une plaque à pâtisserie à revêtement antiadhésif et faites cuire une première tournée sous le gril dans le haut du four (*mais pas trop près de la rampe pour éviter qu'elles ne brûlent*). Quand la surface commence à dorer et grésiller, retournez les tranches et faites-les griller sur l'autre face. Répétez l'opération jusqu'à épuisement des ingrédients.

Servez tiède ou froid, en salant et poivrant au dernier moment.

Betteraves en vinaigrette et céleri rémoulade

- 300 g de betteraves
- 1 échalote
- 1 cuillerée à soupe de persil haché
- 3 cuillerées à soupe de vinaigrette
- 1 demi-boule de céleri-rave
- le jus d'un demi-citron
- 3 cuillerées à soupe de mayonnaise

Pelez les betteraves ; coupez-les en tranches fines ; ajoutez l'échalote pelée et hachée, la vinaigrette moutardée ou non (recette p. 342) et le persil grossièrement haché ; laissez macérer une heure avant de servir.

Épluchez le céleri-rave (*gardez l'autre moitié pour cuisiner une soupe, recette p. 72*). Passez-le au mouli-julienne, grille moyenne, ou au robot, arrosez de jus de citron. Préparez une mayonnaise à votre convenance (recettes p. 330-333), mélangez-la avec le céleri râpé ; vérifiez l'assaisonnement.

Bortsch

- 2 pommes de terre
- 2 blancs de poireau
- 1 demi-chou rouge
- 1 betterave cuite
- 1 litre de bouillon de bœuf du commerce
- 1 noix de saindoux
- 1 cuillerée à soupe de farine
- 1 cuillerée à soupe de concentré de tomates
- 1 cuillerée à soupe de vinaigre de vin
- 1 petit pot de crème fraîche épaisse
- sel, poivre

Faites fondre le saindoux dans une cocotte ; ajoutez les blancs de poireau, le chou rouge, les pommes de terre et la betterave, épluchés et coupés en julienne ; laissez-les suer à feu doux 5 minutes. Saupoudrez-les de farine, remuez, ajoutez le bouillon et le concentré de tomates et portez à ébullition. Couvrez et laissez cuire à frémissement 15 à 20 minutes. Ajoutez le vinaigre et rectifiez l'assaisonnement en sel et en poivre.

Servez très chaud avec la crème fraîche à part dans un bol.

Bouillon de volaille aux vermicelles

Pour utiliser des restes de poulet rôti et les parcelles de chair attachées à la carcasse.

- restes de poulet
- 1 litre d'eau
- 2 tablettes de bouillon de poule
- 100 g de vermicelles

Débarrassez les restes de poulet de leur peau ; coupez-les en tout petits cubes ou en effilochée, selon vos préférences.

Dans une casserole, portez à ébullition 1 litre d'eau avec les tablettes de bouillon instantané. Versez les vermicelles en pluie, remuez ; dès la reprise de l'ébullition, laissez cuire 3 minutes ; ajoutez les petits morceaux de poulet, laissez reposer à couvert 1 minute pour les réchauffer.

Vérifiez l'assaisonnement et servez sans attendre.

Boulettes au fromage

Pour utiliser les blancs d'œufs que vous avez pris la précaution de recueillir et de conserver au réfrigérateur dans un bocal ou une boîte hermétique (ils se conservent dix jours sans problème).

- 4 blancs d'œufs
- 150 g de fromage râpé
- chapelure
- sel, poivre
- bain de friture

Sortez les blancs d'œufs 1 heure ou 2 à l'avance pour les amener à température ambiante. Versez-les dans le bol du robot, ajoutez une pincée de sel ; fouettez 1 minute à vitesse moyenne pour les aérer, puis à pleine vitesse jusqu'à obtenir une neige bien ferme.

Faites chauffer l'huile de friture dans la bassine (ou, à défaut, dans une sauteuse).

Incorporez dans la neige autant de fromage râpé qu'elle pourra absorber ; salez, poivrez.

Avec ce mélange, faites des boulettes grosses comme des olives ; roulez-les dans la chapelure ; déposez-les dans l'huile fumante par petites quantités à la fois pour qu'elles ne s'agglutinent pas les unes aux autres (*elles vont gonfler et prendre une jolie couleur dorée*). Servez bien chaud avec un potage ou une salade verte.

Boulettes aux herbes

Pour accompagner un bouillon de viande ou de légumes, ou un potage un peu clair. Vous pouvez les faire cuire à l'avance.

- 2 œufs
- 1 grosse noix de beurre amolli (ou de saindoux)
- 4 cuillerées à soupe de farine
- 2 cuillerées à soupe d'huile
- 1 cuillerée à soupe de persil haché
- 1 cuillerée à soupe de cerfeuil haché
- sel, poivre

Dans un saladier, cassez les œufs, ajoutez la noix de beurre amolli, 2 cuillerées de farine, les herbes hachées, 1 pincée de sel, un peu de poivre ; mélangez et travaillez la préparation jusqu'à obtenir une pâte lisse et consistante.

Farinez la planche à pâtisserie avec le restant de farine et formez des boulettes de pâte, grosses comme des olives.

Faites chauffer l'huile dans une sauteuse ; quand elle est bien chaude, déposez les boulettes par petites quantités à la fois et laissez-les dorer. Au fur et à mesure, déposez-les sur du papier absorbant.

Mettez les boulettes dans les assiettes creuses et versez par-dessus le bouillon ou le potage brûlant.

Caviar d'aubergine

- 3 aubergines
- 2 gousses d'ail
- 5 cuillerées à soupe d'huile d'olive
- le jus d'un demi-citron
- 1 brin de thym
- 1 demi-botte de coriandre fraîche ciselée
- 1 cuillerée à café rase de cumin en poudre
- sel, poivre

Préchauffez le four à 170 °C (th. 5/6).

Passez les aubergines sous l'eau, essuyez-les. Coupez le pédoncule et partagez les aubergines en deux dans le sens de la longueur pour retirer avec une cuillère d'éventuels pépins.

Rangez-les dans une cocotte, accompagnées de l'ail en chemise écrasé et du brin de thym ; salez, poivrez ; ajoutez un filet d'huile d'olive. Couvrez la cocotte et mettez-la au four 35 minutes.

Récupérez les chairs, écrasez-les à la fourchette pour obtenir une texture rustique. Ajoutez le cumin, la coriandre, le jus de citron et le reste d'huile d'olive, mélangez le tout.

Laissez refroidir et servez avec des tranches de pain grillé.

Caviar d'aubergine au tofu

- 3 aubergines
- 4 gousses d'ail
- 200 g de tofu
- 3 cuillerées à soupe d'huile d'olive
- le jus d'un demi-citron
- 1 cuillerée à soupe de persil haché
- sel, poivre

Préchauffez le four à 200 °C (th. 6/7) en montant la plaque au tiers supérieur.

Passez les aubergines sous l'eau, essuyez-les. Coupez le pédoncule. Rangez-les entières et non pelées sur la grille du four. Retournez-les régulièrement de façon qu'elles grillent sur toutes les faces. Quand la peau est un peu noircie, sortez-les, coupez-les en deux dans le sens de la longueur et laissez refroidir.

Prélevez la pulpe avec une cuillère et passez-la au mixeur avec le tofu, les gousses d'ail épluchées, le persil, l'huile d'olive et le jus de citron jusqu'à obtenir une purée fluide et homogène ; salez et poivrez.

Reversez le caviar d'aubergine dans un bol et mettez au réfrigérateur 3 à 4 heures avant de servir avec des tranches de pain grillé.

Céleri-rave au gratin

- 1 boule de céleri-rave
- 2 noix de beurre ou de saindoux
- 4 à 5 cuillerées à soupe de bouillon de volaille instantané (ou d'eau)
- 150 g de fromage râpé
- sel, poivre

Épluchez le céleri-rave (*pour vous faciliter la tâche, commencez par le couper en quartiers*). Coupez les quartiers en petits cubes de 1 cm de côté environ.

Préchauffez le four à 200 °C (th. 6/7) en remontant la plaque.

Faites fondre une noix de beurre dans une sauteuse, ajoutez le céleri, remuez bien ; ajoutez le bouillon ou l'eau ; salez, poivrez ; laissez cuire doucement à couvert une dizaine de minutes (*le céleri doit rester un peu ferme, trop cuit, il perd toute saveur*).

Versez le céleri dans un plat beurré, parsemez de copeaux de beurre et de fromage râpé, et faites gratiner 15 minutes au four.

Céleri rémoulade

Cette préparation peut se faire deux à trois heures à l'avance. Grâce au citron, le céleri ne noircira pas et s'imbibera de la sauce.

- 1 petite boule de céleri
- 3 cuillerées à soupe de crème fraîche épaisse
- 2 cuillerées à soupe de jus de citron
- 2 cuillerées à soupe de moutarde
- 1 cuillerée à soupe de gros sel
- sel, poivre

Choisissez une boule de céleri assez jeune car les vieilles sont amères. Passez-la au robot ou au mouli-julienne, grille moyenne. Jetez la julienne 3 minutes dans de l'eau bouillante salée. Rafraîchissez rapidement à l'eau froide et égouttez (*le céleri ne doit pas cuire mais seulement s'attendrir pour éliminer son goût trop prononcé*).

Préparez une sauce en mélangeant la crème, la moutarde et le jus de citron ; salez, poivrez.

Dès que la julienne de céleri est égouttée, ajoutez-la à la sauce et remuez longuement. Rectifiez l'assaisonnement en poivre.

Chakchouka aux œufs (1)

- 4 œufs
- 3 poivrons verts
- 4 tomates bien mûres
- 3 gousses d'ail
- 2 oignons
- 1 cuillerée à café de sucre
- 2 cuillerées à soupe d'huile (d'olive de préférence)
- sel, poivre

Préchauffez le four à 170 °C (th. 5/6).

Émincez les oignons ; hachez l'ail.

Dans une cocotte, faites chauffer l'huile d'olive, ajoutez l'ail et l'oignon et laissez fondre jusqu'à transparence.

Lavez les poivrons ; pelez-les à l'aide d'un épluche-légumes (*la peau est indigeste*) ; retirez le chapeau, les côtes blanches et les pépins, coupez-les en lanières et ajoutez-les dans la cocotte. Salez, poivrez ; mélangez et laissez cuire à couvert une vingtaine de minutes.

Plongez les tomates 30 secondes dans l'eau bouillante. Pelez-les, coupez-les en quatre, épépinez-les ; ajoutez-les aux poivrons avec la cuillerée de sucre. Mélangez bien. Couvrez et prolongez la cuisson 25 minutes.

Dans un plat à gratin, versez le contenu de la cocotte, puis creusez 4 petits puits et cassez un œuf dans chacun d'entre eux. Mettez le plat au four 3 minutes.

Lorsque le jaune des œufs est voilé, retirez du four et servez.

Chakchouka aux œufs (2)

- 4 œufs
- 1 boîte de ratatouille (375 g environ)
- sel, poivre

Préchauffez le four à 170 °C (th. 5/6).

Chauffez la ratatouille ; versez-la dans un plat à gratin ; creusez 4 petits puits et cassez un œuf dans chacun d'entre eux. Salez et poivrez selon votre goût. Mettez le plat au four 3 minutes.

Lorsque le jaune des œufs est voilé, retirez du four et servez.

Crème de tomate au basilic (1)

En été, servez cette soupe froide et n'ajoutez pas de beurre.

- 4 belles tomates
- 1 petit oignon
- 50 g de riz blanc
- 1 noix de beurre
- 1 cuillerée à soupe de sucre
- 1 petit bouquet garni (1 brin de thym, 1 demi-feuille de laurier, queues de persil)
- 6 feuilles de basilic
- sel, poivre

Ébouillantez les tomates, pelez-les, coupez-les en deux pour les épépiner.

Dans une casserole, réunissez les tomates, l'oignon émincé, le bouquet garni ; salez, poivrez. Laissez cuire 20 minutes à couvert sur feu doux.

Ôtez le bouquet garni ; passez les tomates et l'oignon au mixeur ; complétez avec 1 demi-verre d'eau ; reversez dans une casserole et portez à ébullition. Ajoutez le riz et le sucre ; laissez bouillotter doucement 20 minutes, en remuant de temps en temps avec une cuillère en bois. Rectifiez l'assaisonnement.

Déposez le beurre dans une soupière, versez par-dessus le potage bien chaud ; décorez avec les feuilles de basilic déchiquetées à la main.

Crème de tomate au basilic (2)

En été, servez cette soupe froide et n'ajoutez pas de beurre.

- 1 boîte de tomates pelées au jus
- 50 g de riz blanc
- 1 cuillerée à soupe de sucre
- 6 feuilles de basilic
- 1 noix de beurre ou 1 cuillerée à soupe d'huile (d'olive de préférence)
- sel, poivre

Passez les tomates avec leur jus au mixeur ; versez dans une casserole ; portez à ébullition ; ajoutez le riz et le sucre ; laissez bouillotter doucement 20 minutes, en remuant de temps en temps avec une cuillère en bois (*ajoutez un peu d'eau chaude, si nécessaire*). Rectifiez l'assaisonnement.

Déposez le beurre (ou l'huile) dans une soupière, versez par-dessus le potage bien chaud ; décorez avec les feuilles de basilic déchiquetées à la main.

Croque-monsieur aux pommes

- 8 tranches de pain de mie
- 2 pommes
- 8 petites tranches de gouda (ou quelques fines lamelles de gruyère ou de camembert)
- 2 noix de beurre
- 3 cuillerées à soupe d'huile

Beurrez légèrement les tranches de pain, telles quelles ou écroûtées (*dans ce cas, gardez les croûtes pour un usage ultérieur, elles entrent dans la composition de nombreuses recettes de ce recueil et peuvent faire de délicieux petits croûtons frits*).

Épluchez les pommes ; coupez-les en très fines lamelles.

Préparez les croque-monsieur en intercalant une couche de pomme entre deux couches de fromage. Appuyez fortement sur les croques avec le plat de la main (*en fondant à la cuisson, le fromage servira de ciment pour le croque*).

Dans une large poêle, faites chauffer l'huile sur feu vif, déposez les 4 croques et faites-les dorer sur les deux faces. Veillez à ne pas les laisser brûler (*au besoin, ajoutez un peu d'huile*). Si vous préférez un mode de cuisson plus léger, faites simplement dorer les croques 8 minutes environ sur une feuille de papier d'aluminium dans le four préchauffé à 240 °C (th. 8).

Variante : Une fois bien dorés, coupez les croque-monsieur en quatre (ou même en huit) et servez-les en apéritif.

Crostinis (1)

- 4 tomates bien mûres
- 2 oignons
- 1 gousse d'ail
- 8 demi-tranches de pain de campagne grillées (ou 4 pitas)
- 1 pincée de sucre
- 2 cuillerées à soupe d'huile d'olive
- sel, poivre

Épluchez et hachez les oignons et l'ail. Faites-les fondre dans la poêle sur feu doux avec 1 cuillerée d'huile d'olive pendant 10 à 15 minutes, en remuant, jusqu'à ce qu'ils deviennent transparents.

Pelez, épépinez et concassez les tomates. Ajoutez-les dans la poêle et poursuivez la cuisson à découvert en les écrasant avec le dos d'une spatule ou d'une cuillère en bois. Salez à peine, poivrez généreusement, ajoutez un soupçon de sucre et un filet d'huile. Mélangez bien pour obtenir un coulis fluide.

Enduisez de coulis le pain grillé (ou l'intérieur des pitas tiédies au four).

Variante : Pelez, épépinez et hachez grossièrement les tomates ; salez, poivrez, ajoutez des feuilles de basilic déchirées à la main et laissez macérer 1 heure. Égouttez les tomates, posez-les sur le pain et arrosez d'un filet d'huile d'olive.

Crostinis (2)

- 1 boîte de tomates au jus (240 g environ)
- 2 oignons
- 1 gousse d'ail
- 8 demi-tranches de pain de campagne grillées (ou 4 pitas)
- 1 pincée de sucre
- 1 cuillerée à soupe d'huile d'olive
- sel, poivre

Versez quelques gouttes d'huile dans une poêle sur feu vif ; ajoutez les oignons et la gousse d'ail épluchés et hachés, et faites-les étuver 8 à 10 minutes en remuant avec une cuillère en bois. Ajoutez les tomates égouttées et poursuivez la cuisson à découvert en les écrasant avec le dos de la cuillère. Salez à peine, poivrez généreusement, ajoutez un soupçon de sucre et un filet d'huile. Mélangez bien pour obtenir un coulis fluide.

Enduisez de coulis le pain grillé (ou l'intérieur des pitas tiédies au four).

Croûtes aux champignons (1)

- 250 g de champignons de Paris
- 4 tranches de pain de mie (ou de campagne)
- le jus d'un demi-citron
- 1 petite noix de beurre
- 2 cuillerées à café de fécule de pomme de terre ou de maïs
- 3 cuillerées à soupe de crème fraîche
- 1 pincée de noix de muscade râpée (ou en poudre)
- sel, poivre

Épluchez les champignons, passez-les rapidement sous l'eau froide, séchez-les dans un linge ; émincez-les.

Faites fondre le beurre dans une petite casserole ; ajoutez les champignons, le jus de citron, la muscade ; couvrez et laissez cuire 4 à 5 minutes à tout petits bouillons.

Délayez la fécule dans la crème fraîche, versez sur les champignons, mélangez bien ; la sauce épaissit, laissez-lui donner un ou deux bouillons et passez la préparation au mixeur pour obtenir une purée fluide. Salez, poivrez.

Faites griller les tranches de pain, couvrez-les de purée de champignons et servez aussitôt.

Variante : Suivez la recette en doublant les proportions des ingrédients : vous aurez pour le repas du lendemain un accompagnement parfait pour une volaille ou une viande blanche.

Croûtes aux champignons (2)

- 1 boîte de champignons de Paris émincés (230 g)
- 4 tranches de pain de mie (ou de campagne)
- le jus d'un demi-citron
- 1 petite noix de beurre
- 2 cuillerées à café de fécule de pomme de terre ou de maïs
- 2 cuillerées à soupe de crème fraîche
- 1 pincée de noix de muscade râpée (ou en poudre)
- sel, poivre

Faites fondre le beurre dans une petite casserole ; ajoutez les champignons bien égouttés, le jus de citron, la muscade ; couvrez et laissez 1 à 2 minutes sur feu doux.

Délayez la fécule dans la crème fraîche, versez sur les champignons, mélangez bien ; la sauce épaissit, laissez-lui donner un ou deux bouillons et passez la préparation au mixeur pour obtenir une purée fluide. Salez, poivrez.

Faites griller les tranches de pain, couvrez-les de purée de champignons et servez aussitôt.

Variante : Suivez la recette en doublant les proportions des ingrédients : vous aurez pour le repas du lendemain un accompagnement parfait pour une volaille ou une viande blanche.

Croûtes aux sardines

- 1 boîte de sardines à l'huile
- 4 tranches de pain de mie ou 8 tranches de baguette
- le jus d'un demi-citron
- 1 cuillerée à soupe de crème fraîche épaisse (facultatif)
- poivre

Égouttez les sardines, débarrassez-les de la peau, de la queue et de l'arête centrale. Déposez-les dans une assiette creuse.

Préchauffez le four à 210 °C (th. 7).

Écrasez les filets de sardines à la fourchette, incorporez la crème fraîche et le jus de citron. Tartinez les tranches de pain avec la pâte de sardines en formant une surface bombée, poivrez.

Rangez-les dans un plat à four et faites-les cuire 5 à 10 minutes sur la plaque à mi-hauteur. Dès que le pain est doré, les croûtes aux sardines sont prêtes à servir.

Croûtons frits au fromage

- 12 tranches de baguette
- 2 cuillerées à soupe de farine
- 3 noix de beurre ou de saindoux
- 1 demi-litre de lait
- 2 œufs
- 150 g de gruyère râpé
- 1 demi-botte de persil frisé (facultatif)
- 1 pincée de noix de muscade râpée (ou en poudre)
- sel, poivre
- bain de friture

Avec le beurre, la farine et le lait, préparez une béchamel (recette p. 322). Hors du feu, en battant la pâte, incorporez les œufs un à un ; salez, poivrez, ajoutez la noix de muscade ; incorporez le fromage râpé. Laissez refroidir complètement.

Tartinez les tranches de pain d'une épaisse couche de cette sauce.

Mettez la bassine à friture sur feu vif (*vérifiez la bonne température en jetant un petit croûton de pain dans l'huile ; elle doit bouillonner mais ne pas fumer*). Plongez les croûtons à l'envers (*le côté béchamel en dessous*) par trois ou quatre pièces à la fois.

Quand ils sont bien dorés, sortez-les avec l'écumoire, retournez-les et laissez-les égoutter quelques secondes sur du papier absorbant.

Et puisque vous avez pris la peine de sortir la bassine à friture, c'est l'occasion de préparer du persil frit. Lavez le persil, égouttez-le et séchez-le dans un linge ; coupez-le en petits bouquets que vous plongerez 1 minute dans l'huile fumante ; égouttez et déposez sur du papier absorbant. Croustillants, ils seront d'excellente compagnie pour les croûtons au fromage.

Filets de harengs mimosa

- 4 filets de harengs doux
- 2 œufs durs
- 1 filet d'huile
- 1 citron

Coupez les filets de harengs en très fines lanières ; rangez-les dans une assiette creuse ou un ravier.

Écalez les œufs durs, séparez les blancs des jaunes ; écrasez-les à la fourchette dans 2 assiettes séparées. Disposez-les de part et d'autre des lanières de harengs et arrosez le poisson d'un filet d'huile. Servez bien froid avec des quartiers de citron et du pain grillé.

Variante : Accompagnez les filets de harengs de pommes à l'huile tièdes (recette p. 262).

Flan d'aubergine

- 4 aubergines (1 kg environ)
- 3 oignons
- 3 gousses d'ail
- 4 œufs
- 4 cuillerées à soupe de crème fraîche liquide ou de crème de soja
- 1 cuillerée à soupe d'huile (d'olive de préférence)
- 3 cuillerées à soupe de chapelure
- 1 pincée de sucre
- sel, poivre

Épluchez et hachez les oignons et les gousses d'ail. Faites-les fondre sur feu doux dans une sauteuse enduite d'huile à l'aide d'un pinceau de cuisine (*ils doivent être transparents, sans prendre couleur*), salez, poivrez, ajoutez une pincée de sucre. Réservez sur une assiette.

Préchauffez le four à 210 °C (th. 7).

Passez les aubergines sous l'eau, retirez le pédoncule et coupez-les en tranches d'environ 1 cm d'épaisseur. Faites-les revenir une dizaine de minutes dans la sauteuse (*inutile de la rincer*) avec 1 cuillerée à soupe d'huile sans les laisser dorer ; égouttez-les dans une passoire pour évacuer l'eau qu'elles auront rendue. Au besoin, séchez-les dans du papier absorbant.

Placez les aubergines et le hachis d'oignons et d'ail dans un plat à gratin.

Battez les œufs en omelette avec la crème ; salez, poivrez ; versez sur les légumes ; saupoudrez de chapelure et faites cuire au four 30 à 35 minutes.

Fondue de poireaux

- 1 botte de poireaux
- 1 noix de beurre
- sel, poivre

Épluchez les poireaux en gardant une partie du vert (*conservez le haut des tiges pour un potage*). Lavez-les soigneusement ; coupez-les en rondelles.

Faites fondre le beurre dans une sauteuse ; déposez les poireaux et laissez-les suer sans prendre couleur en remuant régulièrement. Baissez le feu, couvrez et faites-les étuver pendant une douzaine de minutes. Salez, poivrez.

Servez chaud. La fondue de poireaux est intéressante pour accompagner un plat de viande, volaille ou poisson, garnir une tarte ou fourrer une omelette.

Fricadelles

Pour utiliser des restes de viande bouillie ou braisée et de purée de pommes de terre.

- 300 g de restes de viande
- 200 g de purée de pommes de terre
- 1 œuf
- 1 noix de saindoux ou 1 cuillerée à soupe d'huile
- 2 cuillerées à soupe de farine
- 1 cuillerée à soupe de persil grossièrement haché
- 2 pincées de paprika
- sel, poivre

Hachez la viande au hachoir ou au couteau.

Mélangez le hachis à la purée de pommes de terre, avec l'œuf et le persil haché ; salez, poivrez, ajoutez le paprika. À l'aide d'une cuillère à soupe, formez des boulettes légèrement aplaties ; farinez-les sur la planche à découper.

Chauffez le saindoux ou l'huile dans une poêle et faites rissoler les fricadelles 3 minutes sur chaque face.

Servez avec un coulis de tomates (recettes p. 323-324) et une salade verte.

Garbure

- 1 boîte 4/4 de haricots blancs (265 g environ)
- 1 talon de jambon (à demander au charcutier qui vous en fera en principe cadeau)
- 1 litre d'eau ou de bouillon de volaille du commerce
- 1 pomme de terre
- 1 carotte
- 1 navet
- 2 poireaux
- 1 quart de chou vert
- 1 branche de céleri
- 2 noix de saindoux
- 1 pincée de sucre
- quelques tiges de cerfeuil
- sel, poivre

Épluchez et émincez finement poireaux, carotte, navet, céleri, quartier de chou (*gardez le restant de chou pour un autre plat, salade ou embeurrée, recettes p. 61 et 135*).

Faites-les étuver 10 minutes dans une casserole avec 1 noix de saindoux, le talon de jambon, 1 pincée de sel et 1 pincée de sucre. Mouillez avec la moitié du bouillon ; ajoutez la pomme de terre pelée et coupée en rondelles, prolongez la cuisson 12 minutes. Ajoutez les haricots blancs et leur jus de cuisson. Mélangez.

Rajoutez du bouillon ou de l'eau chaude si nécessaire, vérifiez l'assaisonnement en sel et en poivre, et maintenez sur feu doux le temps de réchauffer les haricots. Sortez le talon de jambon.

Versez la garbure dans la soupière ou dans des assiettes creuses.

Parsemez de quelques pluches de cerfeuil et servez bien chaud avec des petits croûtons de pain rissolés dans le restant de saindoux.

Gaspacho au tofu

- 1,2 kg de tomates
- 1 concombre moyen
- 1 poivron vert
- 1 poivron rouge
- 1 oignon émincé
- 2 gousses d'ail
- 250 g de tofu
- 1 cuillerée à soupe d'huile d'olive
- 1 cuillerée à soupe de vinaigre de vin (ou de xérès)
- 1 demi-verre d'eau froide
- quelques feuilles de basilic
- sel, poivre

Mélangez dans un saladier les tomates, le concombre et les poivrons pelés, épépinés et coupés en morceaux, l'oignon épluché et émincé, les gousses d'ail épluchées et écrasées, le tofu coupé en petits cubes, l'huile, le vinaigre, l'eau et les feuilles de basilic ; salez, poivrez ; mélangez et laissez reposer 1 heure au réfrigérateur.

Passez l'ensemble au mixeur ; ajoutez si nécessaire un peu d'eau glacée et servez bien froid dans des verres ou des coupelles individuelles.

Lentilles vertes en vinaigrette

- 150 g de lentilles vertes
- 2 carottes
- 1 gousse d'ail en chemise
- 1 blanc de poireau avec un peu de vert
- 1 cuillerée à café de cumin en poudre
- 2 cuillerées à soupe de persil plat haché
- 4 cuillerées à soupe de vinaigrette
- sel, poivre

Mettez dans une casserole les lentilles lavées à grande eau et les carottes épluchées et coupées en quatre dans leur longueur. Couvrez d'eau jusqu'à environ 2 cm au-dessus des légumes ; ajoutez la gousse d'ail légèrement écrasée ; couvrez et portez à ébullition. Laissez cuire 30 minutes à petits bouillons ; salez et poivrez, ajoutez le cumin à la fin de la cuisson ; égouttez si nécessaire.

Lavez et émincez le poireau ; faites-le cuire 10 minutes dans une casserole avec 1 demi-verre d'eau et une pincée de sel.

Rassemblez les lentilles, les carottes coupées en rondelles, la vinaigrette, le poireau et le persil haché. Laissez mariner à température ambiante.

Retirez la gousse d'ail et servez tiède ou froid.

Œufs « Bocconi »

Utilisez des ramequins individuels d'environ 25 cl, soit 9 cm de diamètre et 5 cm de hauteur.

- 4 œufs
- 40 g de parmesan râpé
- sel, poivre

Préchauffez le four à 210 °C (th. 7).
Séparez les blancs des jaunes (*attention, il ne faut pas crever les jaunes*).
Fouettez les blancs en neige avec une pincée de sel ; ajoutez la moitié du parmesan, un peu de poivre, et battez encore pour bien mélanger.
Remplissez les ramequins au tiers de leur hauteur avec les blancs battus ; déposez délicatement 1 jaune au-dessus et recouvrez avec le reste des blancs en neige. Parsemez la surface du reste du parmesan et enfournez pour 5 minutes. *Les jaunes doivent rester moelleux.*
Servez aussitôt avec une salade verte.

Œufs cocotte

Les œufs cocotte se préparent à la dernière minute, seuls ou accompagnés. Ils cuisent dans des ramequins un peu hauts. Ils peuvent se faire même si l'on est privé de four. On utilise alors une cocotte épaisse avec couvercle dont on tapisse le fond avec un journal plié pour assurer une bonne isolation. On pose les ramequins sur le journal, on remplit d'eau la cocotte à mi-hauteur des ramequins. L'eau ne doit jamais bouillir, mais seulement frémir. La cuisson s'effectue cocotte fermée, le temps de cuisson est le même que dans le four. Cette méthode permet aux blancs d'œufs de voiler davantage.

- 1 ou 2 œufs par personne
- 1 ou 2 noix de beurre amolli
- sel, poivre

Préchauffez le four à 200 °C (th. 6/7).

Beurrez le fond et les parois de chaque ramequin. Salez et poivrez. Cassez un œuf dans chaque ramequin. Placez les ramequins dans un plat en métal à bords plutôt hauts. Versez de l'eau bouillante à mi-hauteur ; laissez reprendre l'ébullition de l'eau sur la plaque de cuisson.

Mettez le plat au four et laissez cuire environ 5 minutes. *L'œuf est cuit lorsque le blanc formera une sorte de voile protégeant le jaune qui restera moelleux.*

Variantes :

- À la crème : déposez une cuillerée à café de crème épaisse dans le fond du ramequin ; salez, poivrez. Cassez l'œuf. Faites démarrer la cuisson à l'identique de la recette ci-dessus. Après 3 minutes de cuisson au four, ajoutez une cuillerée à café de crème sur chaque œuf. Salez, poivrez. Remettez au four pour 3 minutes.

- Au coulis de tomates : garnissez le fond du ramequin de coulis de tomates chaud (recette p. 323) ; cassez l'œuf sur ce fond de coulis et recouvrez l'œuf de coulis chaud. Mettez au four pendant 5 à 6 minutes.

Œufs à la coque à ma façon

C'est la méthode toute simple que je préfère et que je pratique. Les œufs doivent être sortis du réfrigérateur une à deux heures à l'avance pour être amenés à température ambiante.

- 1 ou 2 œufs par personne
- 2 cuillerées à soupe de gros sel

Déposez les œufs dans un saladier.
Portez à ébullition 1 litre d'eau salée. Versez l'eau bouillante sur les œufs dans le saladier, comptez 5 minutes, saladier couvert. *Cette méthode de cuisson permet d'obtenir à coup sûr un blanc laiteux et un jaune moelleux.*

Œufs au gratin

La béchamel peut être préparée à l'avance et réservée dans le réfrigérateur jusqu'à l'emploi.

- 4 œufs
- 100 g de fromage râpé
- 80 g de chapelure
- copeaux de beurre
- 1 bol de béchamel

Préchauffez le four à 180/200 °C (th. 6/7).
Préparez une béchamel en vous reportant à la recette p. 322 ; versez-en la moitié dans un plat creux allant au four.
Cassez les œufs un par un et déposez-les précautionneusement dans 4 petits « creux » que vous aurez formés pour les accueillir ; recouvrez-les avec le reste de béchamel.
Saupoudrez de fromage râpé et de chapelure bien mélangés ; ajoutez quelques copeaux de beurre et enfournez pour une quinzaine de minutes : c'est le temps nécessaire pour que les œufs soient saisis.

Œufs pochés au coulis de tomates

Entrée froide dont les composants (œufs pochés et coulis de tomates) peuvent être préparés à l'avance.

- 1 ou 2 œufs par personne
- vinaigre d'alcool
- coulis de tomates (recettes p. 323-324)

Sortez les œufs du réfrigérateur 2 heures avant la cuisson.

Le pochage demande un peu d'habileté, suivez bien la recette.

Dans une casserole, portez à ébullition 1 litre d'eau additionnée de 3 cuillerées à soupe de vinaigre d'alcool. Cassez les œufs dans des tasses ou des soucoupes.

Quand l'eau est à ébullition, donnez-lui à l'aide d'un fouet un mouvement tournant ; faites glisser les œufs un à un, pas plus de 2 ou 3 à la fois afin de bien maîtriser la cuisson (*le mouvement tournant permet au blanc d'envelopper immédiatement le jaune*). Laissez pocher 3 à 4 minutes en maintenant l'eau frémissante ; avec une écumoire, déposez les œufs dans un saladier d'eau glacée pour 3 à 4 secondes, le temps d'interrompre la cuisson ; égouttez sur un linge. *Les œufs pochés se salent après la cuisson.*

Garnissez le fond de chaque ramequin d'une bonne couche de coulis de tomates. Déposez au-dessus l'œuf poché froid et recouvrez-le complètement avec le restant du coulis. Servez frais.

Œufs pochés à la ratatouille (1)

- 1 ou 2 œufs par personne
- vinaigre d'alcool

pour la ratatouille :
- 400 g de courgettes
- 400 g d'aubergines
- 4 tomates
- 1 poivron vert
- 1 oignon blanc
- 1 gousse d'ail
- 1 bouquet garni avec une branche de romarin
- 3 cuillerées à soupe d'huile (d'olive de préférence)
- 1 pincée de sucre
- sel, poivre

Préparez la ratatouille. Coupez le poivron en deux dans le sens de la longueur, éliminez les graines et les cloisons ; pelez-le (*utilisez un épluche-légumes genre économe*) et coupez-le en lanières ; réservez.

Ébouillantez les tomates 30 secondes, passez-les sous l'eau froide, pelez-les, retirez les pépins ; coupez-les grossièrement en morceaux.

Lavez les courgettes et les aubergines, coupez-les en gros dés sans les peler.

Faites chauffer dans une poêle à revêtement antiadhésif 2 cuillerées d'huile, faites revenir les aubergines 6 à 7 minutes, égouttez-les et procédez à l'identique avec les courgettes.

Faites chauffer un peu d'huile dans une cocotte, déposez l'oignon émincé, remuez bien et laissez cuire 10 minutes à couvert. Ajoutez les aubergines et les courgettes, l'ail finement haché, le poivron, les tomates, la pincée de sucre (*pour atténuer l'acidité des tomates*) et le bouquet garni ; salez, poivrez et laissez cuire 30 minutes à demi-couvert. Retirez le bouquet garni. *La préparation doit être onctueuse, parfumée et sans excès d'eau. Au besoin, faites-la réduire sur feu vif en remuant vigoureusement.*

Faites pocher les œufs (recette p. 42).

Déposez 1 œuf poché (ou 2 œufs) sur chaque assiette et entourez de ratatouille.

Œufs pochés à la ratatouille (2)

- 1 ou 2 œufs par personne
- vinaigre d'alcool
- 1 boîte de ratatouille (475 g)
- 1 oignon blanc
- 1 gousse d'ail
- 1 cuillerée à soupe d'huile (d'olive de préférence)
- sel, poivre

Huilez le fond d'une cocotte à l'aide d'un pinceau de cuisine ; déposez l'oignon et la gousse d'ail épluchés et émincés, remuez bien et laissez cuire 10 minutes à couvert. Ajoutez la ratatouille et laissez mijoter quelques minutes. *La préparation doit être onctueuse, parfumée et sans excès d'eau. Au besoin, faites-la réduire sur feu vif en remuant vigoureusement. Rectifiez l'assaisonnement en sel et en poivre.*

Faites pocher les œufs (recette p. 42).

Déposez 1 œuf poché (ou 2 œufs) sur chaque assiette et entourez de ratatouille.

Œufs « à la tripe »

- 4 œufs durs
- 2 oignons
- 1 filet d'huile
pour la béchamel :
- 1 cuillerée à soupe de beurre ou de margarine
- 1 cuillerée à soupe de farine
- 25 cl de lait
- 1 pincée de noix de muscade râpée (ou en poudre)
- sel, poivre

Faites chauffer l'huile dans une poêle, ajoutez les oignons épluchés et coupés en petits morceaux ; couvrez et laissez étuver sur feu doux sans prendre couleur.

Pendant ce temps préparez la béchamel (recette p. 322).

Mélangez la béchamel et les oignons, ajoutez avec précaution les œufs durs coupés en rondelles épaisses, en évitant de les casser. Servez aussitôt.

Oignons farcis

Pour utiliser un petit reste de riz ou de vermicelles.

- 3 cuillerées à soupe de riz ou de vermicelles cuits
- 4 très gros oignons doux
- 1 cuillerée à soupe d'herbes fraîches hachées (persil, cerfeuil, ciboulette, estragon…)
- 1 jaune d'œuf
- 1 noix de saindoux (ou 1 cuillerée à soupe d'huile)
- 1 cuillerée à soupe rase de sucre
- 1 cuillerée à soupe de gros sel
- sel, poivre

Choisissez de très gros oignons (*on en trouve de la taille d'une orange*). Faites-les blanchir dans une casserole d'eau salée frissonnante pendant 25 minutes ; plongez-les dans un bain d'eau froide. Égouttez-les, réservez.

Préchauffez le four à 220 °C (th. 7/8).

Évidez les oignons refroidis à l'aide d'un vide-pommes.

Préparez la farce en mélangeant les restes de riz ou de vermicelles, les restes d'oignon, les fines herbes hachées et le jaune d'œuf ; salez, poivrez et remplissez le creux des oignons avec la farce.

Graissez abondamment de saindoux (*ou d'huile*) un plat à gratin, déposez les oignons farcis, saupoudrez de sel, de poivre et de sucre et mettez au four 25 minutes.

Déposez un oignon sur chaque assiette et arrosez de jus de cuisson que vous aurez obtenu en ajoutant un filet d'eau dans le plat pour décoller les sucs à l'aide d'une spatule.

Omelette légère

Un des secrets de la réussite d'une bonne omelette tient dans la façon dont les œufs ont été mélangés et battus. Cet exercice se fait avec un fouet, d'un mouvement large, sou-

levé, pour bien oxygéner le mélange blancs et jaunes. Avant d'avoir la parfaite maîtrise de la cuisson de l'omelette, il est préférable de se limiter à quatre œufs. Quitte à en faire deux pour un plat de résistance quand on est quatre à table.

- 4 œufs
- 1 cuillerée à café d'huile
- 1 cuillerée à café de beurre
- sel, poivre

Cassez les œufs dans un saladier ; salez, poivrez ; battez avec un fouet.

Chauffez l'huile et le beurre dans une poêle ; au tout début du grésillement, versez brutalement les œufs battus.

Avec une spatule, ramenez les bords vers l'intérieur tout en remuant l'ensemble bien au fond de la poêle pour ne pas laisser l'omelette attacher.

Quand les œufs commencent à se solidifier, donnez à l'omelette un mouvement de va-et-vient d'avant en arrière pour éviter qu'ils n'attachent ; maintenez la cuisson 1 minute (*le dessous de l'omelette doit être doré et l'extérieur moelleux*).

Faites glisser doucement l'omelette sur un plat, à moitié ; renversez la poêle pour que l'omelette se plie en deux.

On peut introduire dans une omelette ce qu'on veut – selon ses goûts et ce que l'on a sous la main. Deux méthodes : soit on mélange aux œufs battus les ingrédients généralement cuits auparavant, avant de les mettre dans la poêle chaude, soit on verse les ingrédients sur une des moitiés de l'omelette avant de la plier. Lardons, champignons, fromages, oignons, pommes de terre, tomates, ratatouille, tombée d'oseille, foies de volaille… tout est possible, tout est bon.

Pain de choux de Bruxelles (1)

- 700 g de choux de Bruxelles
- 1 tasse de mie de pain rassis
- 1 demi-verre de lait (10 cl)
- 2 jaunes d'œufs
- 50 g de saindoux
- 1 pincée de noix de muscade râpée (ou en poudre)
- 3 cuillerées à soupe de chapelure
- 1 pincée de bicarbonate de soude
- 1 cuillerée à soupe de gros sel
- sel, poivre

Faites tremper la mie de pain dans le lait chaud ; remuez avec une fourchette pour lui donner la consistance d'une pâte.

Épluchez les choux, lavez-les à grande eau, égouttez.

Plongez-les dans une casserole d'eau bouillante salée additionnée d'1 pincée de bicarbonate de soude, faites reprendre l'ébullition et maintenez-la 10 à 15 minutes à découvert ; vérifiez la tendreté des choux avant de les égoutter dans une passoire (*surtout ne les laissez pas dans l'eau de cuisson, sous peine de les voir jaunir*). Pressez-les entre vos mains pour extraire toute l'eau et passez-les au moulin à légumes ou au mixeur pour les réduire en purée.

Ajoutez le saindoux (*en gardant de quoi graisser le moule*) et la noix de muscade. Salez, poivrez. Incorporez la mie de pain et les jaunes d'œufs. Vérifiez l'assaisonnement. Mélangez bien le tout.

Graissez le moule à charlotte, ajoutez la chapelure en remuant le moule de façon à couvrir le fond et les parois. Versez la purée de choux dans le moule ; faites cuire 1 heure dans le four préchauffé à 180 °C (th. 6). Après 40 minutes de cuisson, posez une petite feuille de papier d'aluminium sur la surface du pain pour éviter qu'elle ne brûle (*elle doit rester dorée*).

Démoulez en renversant le moule sur un plat au moment de servir.

Pain de choux de Bruxelles (2)

- 1 boîte de choux de Bruxelles (530 g)
- 1 tasse de mie de pain rassis
- 1 demi-verre de lait (10 cl)
- 2 jaunes d'œufs
- 50 g de saindoux
- 1 pincée de noix de muscade râpée (ou en poudre)
- 3 cuillerées à soupe de chapelure
- sel, poivre

Faites tremper la mie de pain dans le lait chaud ; remuez avec une fourchette pour lui donner la consistance d'une pâte.

Égouttez les choux de Bruxelles et passez-les au moulin à légumes ou au mixeur pour les réduire en purée.

Ajoutez le saindoux (*en gardant de quoi graisser le moule*) et la noix de muscade. Salez, poivrez. Incorporez la mie de pain et les jaunes d'œufs. Vérifiez l'assaisonnement. Mélangez bien le tout.

Graissez le moule à charlotte, ajoutez la chapelure en remuant le moule de façon à couvrir le fond et les parois. Versez la purée de choux dans le moule ; faites cuire 1 heure dans le four préchauffé à 180 °C (th. 6). Après 40 minutes de cuisson, posez une petite feuille de papier d'aluminium sur la surface du pain pour éviter qu'elle ne brûle (*elle doit rester dorée*).

Démoulez en renversant le moule sur un plat au moment de servir.

Pain de laitue

- 3 belles laitues (ou scaroles, ou chicorées)
- 1 noix de beurre amolli
- 1 cuillerée à soupe de farine
- 1 cuillerée à soupe de crème fraîche épaisse
- 2 œufs + 2 blancs
- le jus d'un demi-citron ou 1 giclée de Tabasco
- 1 cuillerée à soupe de gros sel
- sel, poivre

Détachez les feuilles vertes des trois laitues (*gardez les cœurs pour une salade*). Lavez-les dans plusieurs eaux ; égouttez-les ; hachez-les grossièrement au couteau ; plongez-les dans une casserole d'eau bouillante salée et laissez cuire une dizaine de minutes. Égouttez-les dans une passoire et pressez-les pour bien les essorer.

Préchauffez le four à 210 °C (th. 7).

Versez-les dans un saladier, ajoutez le beurre amolli, la farine, 2 œufs entiers, la crème, le jus de citron (ou le Tabasco) en remuant vigoureusement ; salez, poivrez. Incorporez les blancs d'œufs battus en neige ferme avec une pincée de sel.

Versez la préparation dans un moule à charlotte beurré (ou huilé) et mettez à cuire au four pendant 45 minutes. Vérifiez la cuisson avec une lame de couteau : elle doit ressortir nette, au besoin prolongez la cuisson de quelques minutes.

Démoulez et servez chaud avec un coulis de tomates (recette p. 323).

Pannequets de laitue

- 3 belles laitues (ou scaroles)
- 120 g de farce de viande (recette p. 326)
- 1 verre de bouillon instantané (20 cl)
- 2 noix de saindoux
- quelques pluches de cerfeuil
- 1 cuillerée à soupe de gros sel
- sel, poivre

Détachez les feuilles vertes des trois salades (*gardez les cœurs pour une salade*). Lavez-les dans plusieurs eaux ; égouttez-les. Plongez-les 3 minutes dans une casserole d'eau bouillante salée, puis passez-les sous l'eau froide : essorez-les soigneusement dans un torchon. Partagez-les en quatre portions égales. Partagez également la farce en quatre.

Pour chaque portion, empilez les feuilles les unes sur les autres (les plus larges au-dessous) ; déposez au centre une part de farce ; pliez les feuilles pour emballer complètement la farce, et constituer un petit pannequet. Renouvelez l'opération pour les trois autres portions.

Rangez les pannequets les uns contre les autres dans un plat à gratin ; ajoutez le saindoux et le bouillon ; couvrez le plat avec un papier d'aluminium et faites cuire 30 minutes au four préchauffé à 180 °C (th. 6).

Déposez un pannequet sur chaque assiette, ajoutez un peu de poivre et arrosez du jus de cuisson (*au besoin, faites-le réduire rapidement sur feu vif*) ; coiffez de quelques pluches de cerfeuil et servez bien chaud.

Piperade

- 4 œufs
- 3 poivrons (2 rouges et 1 vert)
- 2 tomates
- 1 oignon
- 2 gousses d'ail
- 4 tranches fines de jambon de Bayonne
- 3 cuillerées à soupe d'huile
- sel, poivre

Lavez les poivrons et pelez-les grossièrement avec un économe (*la peau est indigeste*). Ouvrez-les, éliminez les graines et les cloisons ; coupez-les en lanières.

Ébouillantez les tomates 30 secondes, puis passez-les sous l'eau froide avant de les peler et de les épépiner.

Pelez et hachez l'oignon et l'ail.

Faites chauffer l'huile dans une poêle. Déposez l'oignon et l'ail hachés et laissez fondre 2 minutes sur feu doux en remuant ; ajoutez les poivrons ; laissez cuire 5 minutes en mélangeant bien ; ajoutez les tomates ; salez, poivrez ; poursuivez la cuisson 20 minutes en remuant souvent. Ajoutez le jambon coupé en fines lanières, puis les œufs battus en omelette. Mélangez rapidement. Vérifiez l'assaisonnement. Remuez la piperade jusqu'à cuisson à votre convenance. Servez aussitôt.

Poireaux vinaigrette

- 4 gros poireaux (ou 8 petits)
- 1 cuillerée à soupe de gros sel
pour la vinaigrette :
- 1 cuillerée à café de moutarde
- 5 cuillerées à soupe d'huile
- 2 cuillerées à soupe de vinaigre
- sel, poivre

Épluchez les poireaux en ne gardant que le blanc et les feuilles vert clair (*gardez la partie la plus verte pour un potage*). Coupez-les en deux dans le sens de la longueur et lavez-les méticuleusement dans plusieurs eaux.

Ficelez-les en deux bottillons et faites-les cuire une vingtaine de minutes dans une casserole d'eau bouillante salée (*réservez l'eau de cuisson pour un potage ou des pâtes*). Égouttez les poireaux, retirez les ficelles ; réservez.

Préparez une vinaigrette bien émulsionnée et nappez-en les poireaux tièdes.

Variante : Nappez les poireaux encore chauds de quelques cuillerées de béchamel enrichie à la crème (recette p. 322), poivrez et versez par-dessus la vinaigrette ; parsemez de quelques pluches de cerfeuil et servez chaud ou tiède.

Pommes au four (version salée)

Pour utiliser des restes de camembert, de brie, de Boursin ou de fromage de chèvre qui s'abandonnent sur le plateau de fromage.

- 4 belles pommes fermes, croquantes et acidulées
- restes de fromage (*camembert, brie, munster ou fromage de chèvre*)
- 4 tranches de pain de mie, ou de campagne
- 1 noisette de beurre ou 1 filet d'huile pour graisser le plat
- poivre

Préchauffez le four à 170 °C (th. 5/6).

Passez les pommes sous l'eau, évidez-les à l'aide d'un vide-pommes ou d'un petit couteau. Enfoncez par le haut un morceau de fromage écroûté ou non, selon votre préférence. Évitez de saler, mais poivrez légèrement.

Rangez les tranches de pain dans un plat à gratin beurré ou huilé. Posez une pomme sur chacune d'elles. Enfournez pour une trentaine de minutes.

Déposez une pomme dans chaque assiette et servez bien chaud.

Potage aux petits pois

- 1 boîte de petits pois (environ 500 g)
- 1 filet d'huile
- 1 noix de beurre
- 1 oignon blanc
- 1 poignée de vert de salade
- quelques tiges de cerfeuil
- sel, poivre

Épluchez et émincez très finement l'oignon.

Versez un filet d'huile dans une cocotte et étalez-la au pinceau de cuisine ; jetez l'oignon émincé dans la cocotte et faites suer 5 minutes sans prendre couleur. Ajoutez une grosse poignée de vert de salade coupé en lanières, mélangez et poursuivez la cuisson 3 minutes tout en remuant. Ajoutez le contenu de la boîte de petits pois (*jus compris*) ; portez à petit bouillottement une dizaine de minutes. Passez l'ensemble au mixeur. Vérifiez l'assaisonnement en sel et en poivre ; ajoutez la noix de beurre. Parsemez de pluches de cerfeuil.

Servez chaud ou froid.

Variante : Pour un potage un peu plus consistant, ajoutez en fin de cuisson 3 cuillerées à soupe de tapioca délayé dans un demi-verre d'eau et laissez bouillotter quelques minutes.

Potage aux poireaux, courgettes et pommes de terre

- 3 grosses pommes de terre farineuses
- 2 poireaux
- 2 courgettes
- 1 noix de beurre ou de saindoux
- 3 cuillerées à soupe de crème fraîche (ou 2 cuillerées à soupe de lait en poudre)
- 1 litre et demi d'eau
- 2 cuillerées à soupe de persil haché, pluches de cerfeuil ou ciboulette ciselée
- sel, poivre

Épluchez les poireaux en éliminant une partie du vert, lavez-les soigneusement et coupez-les en tranches épaisses. Pelez les pommes de terre, coupez-les en gros morceaux. Passez les courgettes sous l'eau et coupez-les en tranches épaisses, sans les peler.

Faites fondre le beurre dans une casserole. Versez-y les poireaux et laissez-les suer sans prendre couleur pendant 5 minutes en remuant avec une cuillère en bois.

Ajoutez les pommes de terre, couvrez d'eau, salez légèrement ; laissez cuire à couvert, à petits bouillons, une trentaine de minutes ; ajoutez les courgettes 10 minutes avant la fin de la cuisson. *Vérifiez : les légumes doivent être parfaitement tendres.*

Videz une partie de l'eau de cuisson dans un bol et réservez.

Écrasez les légumes au moulin à légumes ou au robot.

Ajoutez de l'eau de cuisson pour obtenir la consistance voulue.

Vérifiez l'assaisonnement en sel, poivrez, ajoutez la crème fraîche et servez la soupe très chaude, parsemée d'herbes fraîches.

Potage aux pommes de terre et aux fines herbes

- 4 pommes de terre farineuses
- 1 oignon
- 1 noix de beurre
- 1 jaune d'œuf ou de saindoux
- 2 cuillerées à soupe de crème fraîche
- 1 litre de bouillon de volaille
- 6 cuillerées à soupe d'herbes fraîches hachées ou ciselées (persil, cerfeuil, ciboulette, oseille, estragon)
- sel, poivre

Pelez, lavez les pommes de terre ; coupez-les en petits dés ou en rondelles.

Épluchez et hachez l'oignon ; hachez ou ciselez toutes les herbes.

Dans une cocotte, chauffez le beurre, ajoutez les herbes et l'oignon, et faites revenir à feu doux en remuant avec une cuillère en bois. Lorsqu'ils sont bien fondus, ajoutez les pommes de terre et le bouillon froid ; salez parcimonieusement (*le bouillon est déjà salé*), poivrez ; couvrez et laissez bouillotter 25 minutes.

Dans un bol, mélangez la crème et le jaune d'œuf, versez dans la cocotte hors du feu, en remuant bien. Servez aussitôt.

Potage au potiron

- 500 g de potiron
- 2 pommes de terre
- 1 poireau
- 1 carotte
- 3 verres de lait (60 cl)
- 1 noix de beurre
- 2 cuillerées à soupe de crème fraîche
- 1 pincée de noix de muscade râpée (ou en poudre)
- sel, poivre

Épluchez et lavez les légumes.

Faites fondre 1 noix de beurre dans une cocotte ; ajoutez la carotte et le poireau émincés finement ; laissez suer quelques minutes ; ajoutez le potiron coupé en morceaux et les pommes de terre en fines rondelles. Salez, poivrez, ajoutez la noix de muscade. Recouvrez avec le lait, mélangez et laissez cuire doucement en remuant avec une cuillère en bois pour éviter que le lait ne prenne au fond de la casserole. Comptez 30 minutes de cuisson (*si nécessaire, ajoutez quelques cuillerées de lait ou d'eau*).

Passez au moulin à légumes ou au robot. Ajoutez la crème. Servez bien chaud avec des petits croûtons de pain de mie ou de baguette, grillés ou rissolés à la poêle dans un peu d'huile.

Variante : Potage au potiron et au lait de soja : remplacez le lait et la crème par 1 litre de lait de soja et les pommes de terre par 2 cuillerées à soupe de flocons d'avoine.

Purée d'oignons, dite purée Soubise

- 500 g d'oignons
- 3 noix de beurre (ou de saindoux)
- 1 cuillerée à soupe de farine
- 1 pincée de noix de muscade râpée ou en poudre (facultatif)
- 1 pincée de sucre
- 2 cuillerées à soupe de crème fraîche (facultatif)
- sel, poivre

Épluchez les oignons, coupez-les en rondelles (*s'ils sont vieux, plongez-les dans l'eau bouillante salée pendant 5 minutes pour les attendrir, puis égouttez-les*).

Faites fondre une noix de beurre dans une sauteuse ou une casserole à fond épais, ajoutez les rondelles d'oignons, couvrez et laissez cuire sur feu doux sans prendre couleur en remuant fréquemment. *Le temps de cuisson est variable, 20 à 30 minutes environ ; en fin de cuisson, ils doivent être en compote*. Ajoutez la pincée de sucre, remuez.

Faites fondre le restant de beurre dans une petite casserole, ajoutez la farine et laissez cuire sans cesser de remuer avec une cuillère en bois jusqu'à ce que le mélange devienne mousseux et dore très légèrement. Versez immédiatement ce roux dans la sauteuse et mélangez vigoureusement avec les oignons en compote. Laissez cuire quelques instants jusqu'aux premiers bouillons, la préparation s'épaissit et le jus de cuisson est entièrement absorbé.

Passez le tout au mixeur pour réduire en purée. Ajoutez la crème, la muscade ; salez, poivrez.

Servez bien chaud, avec des petits croûtons de pain de mie ou de baguette grillés ou rissolés à la poêle dans un peu d'huile.

Variante :

Sauce Soubise : suivez la recette et ajoutez un peu d'eau chaude ou de bouillon avant de passer la préparation au mixeur.

Purée de poireaux

- 1 botte de poireaux
- 1 noix de beurre
- 1 cuillerée à soupe de farine
- 1 demi-verre de lait (10 cl)
- 2 jaunes d'œufs
- 1 cuillerée à soupe de crème fraîche (facultatif)
- 1 pincée de noix de muscade râpée (ou en poudre)
- 1 cuillerée à soupe de gros sel
- sel, poivre

Épluchez les poireaux, lavez-les soigneusement. Coupez en rondelles le blanc et la partie vert clair (*conservez le haut des tiges pour un potage*) ; faites-les blanchir 5 bonnes minutes dans une casserole d'eau bouillante additionnée de gros sel. Égouttez.

Dans une casserole sur feu doux, déposez le beurre ; quand il commence à mousser, ajoutez le poireau, remuez et laissez cuire à découvert et en remuant – *la préparation doit se dessécher et prendre de la consistance sans prendre couleur*. Salez, poivrez, ajoutez la noix de muscade.

Délayez la farine dans le lait, versez sur les poireaux, remuez avec une cuillère en bois jusqu'à ce que le mélange épaississe ; après quelques bouillons, incorporez les jaunes d'œufs. La purée est prête (*vous pourrez l'améliorer en ajoutant 1 cuillerée à soupe de crème fraîche*).

Vérifiez l'assaisonnement et servez chaud avec des croûtons dorés à la poêle dans un peu d'huile ou de saindoux – *c'est l'occasion d'utiliser des restes de baguette ou de pain de campagne rassis.*

Variante : Tartinez de purée de poireaux 4 tranches de pain grillé ou 4 biscottes, saupoudrez de chapelure mélangée à du fromage râpé et faites gratiner 8 minutes environ dans le four préchauffé à 240 °C (th. 8).

Quenelles au fromage

- 125 g de farine
- 200 g de fromage râpé
- 1 œuf
- 1 cuillerée à soupe de gros sel
- 2 pincées de sel fin

Dans un saladier, mélangez la farine, les 2 pincées de sel, le fromage râpé ; incorporez l'œuf entier et travaillez tous les ingrédients pour former une pâte compacte. Déposez-la sur une planche farinée ; façonnez-la en boudin, détaillez en quenelles de 6 à 8 cm de long.

Dans une casserole, portez à ébullition 1 litre et demi d'eau additionnée de gros sel. Déposez les quenelles en évitant qu'elles ne se collent les unes aux autres (*au besoin, procédez en deux tournées*) ; laissez pocher 10 à 15 minutes à frémissement (*vérifiez, elles doivent être fermes au toucher*).

Égouttez et servez les quenelles nappées de béchamel tomatée (recette p. 322).

Variantes :

- Remplacez la béchamel tomatée par un coulis de tomates (recettes p. 323-324).

- Rangez les quenelles dans un plat allant au four, recouvrez-les de béchamel, de fromage râpé et de quelques copeaux de beurre et faites gratiner au four à 240 °C (th. 8).

Quiche lorraine

La quiche peut se faire à l'avance et se réchauffer à four doux.

- 1 rouleau de pâte brisée du commerce (ou recette p. 334)
- 4 œufs
- 125 g de lardons fumés
- 4 cuillerées à soupe de crème fraîche
- poivre

Faites revenir les lardons dans une poêle sans matière grasse.

Préchauffez le four à 220 °C (th. 7/8).

Étalez la pâte, déposez-la dans un moule graissé et piquez le fond avec une fourchette.

Dans un saladier, battez les œufs et la crème ; poivrez (*évitez le sel, les lardons sont déjà salés*). Versez cet appareil sur la pâte.

Mettez au four 25 minutes ; piquez les bulles qui pourraient se former à la surface.

Sortez la quiche du four, démoulez-la sur un plat.

Servez chaud ou tiède avec une salade verte.

Rillettes de sardines

- 2 boîtes de sardines à l'huile
- 2 noix de beurre
- 1 filet de vinaigre ou de jus de citron
- 30 g d'olives vertes dénoyautées
- 30 g d'olives noires dénoyautées
- 1 cuillerée à soupe de persil haché

Passez au mixeur le contenu d'une boîte et demie de sardines bien égoutté avec le beurre pour obtenir une pommade de la consistance du beurre mou.

Dans une assiette creuse, écrasez grossièrement à la fourchette les sardines restantes ; incorporez délicatement à la pommade au beurre. Rectifiez l'assaisonnement avec du vinaigre ou du jus de citron. Rajoutez éventuellement un peu d'huile de la boîte pour apporter davantage d'onctuosité.

Concassez la moitié des olives vertes et noires. Ajoutez-les à la préparation.

Tartinez de rillettes des petites tranches de baguette toastées ou, mieux, du pain aux olives. Décorez avec le restant des olives et le persil haché.

Variante : Utilisez des sardines à la tomate et suivez la recette en remplaçant les olives par des petits dés de tomate fraîche épépinée, et décorez avec de fines rondelles de chorizo et des feuilles de basilic déchiquetées à la main. Servez avec une salade de frisée, de roquette ou de scarole et des tranches de pain de campagne grillées.

Salade de betterave crue

- 300 g de betteraves rondes
- 1 cuillerée à soupe de vinaigre
- 1 cuillerée à café de moutarde
- sel, poivre

pour la vinaigrette :
- 3 cuillerées à soupe d'huile

Épluchez les betteraves (*il faut un couteau bien aiguisé*) ; passez-les sous l'eau, essuyez-les avec du papier absorbant et passez-les au mouli-julienne ou au robot comme vous le feriez pour des carottes râpées.

Préparez la vinaigrette, versez-la sur les betteraves ; mélangez bien.

Salade de chou rouge ou vert

- 1 chou rouge ou vert
- 150 g de lardons fumés ou demi-sel
- 3 cuillerées à soupe d'huile
- 2 cuillerées à soupe de vinaigre de vin
- 1 cuillerée à soupe de bicarbonate de soude
- sel, poivre

Choisissez un chou bien pommé et bien ferme. Après avoir retiré les feuilles extérieures et éliminé le trognon, plongez-le 2 à 3 minutes dans une casserole d'eau bouillante additionnée de bicarbonate de soude. Sortez-le et mettez-le dans un bain d'eau glacée. Égouttez et émincez le chou en fines lanières ; salez, poivrez, ajoutez l'huile, mélangez et laissez macérer.

Faites revenir les lardons dans une poêle sans ajout de matière grasse ; versez le vinaigre dans le jus de cuisson et grattez le fond de la poêle pour récupérer les sucs. Reversez sur le chou et remuez pour qu'il soit bien imprégné.

Variante : On peut ajouter des raisins secs, des pommes râpées, des grains de raisin noir ou blanc, des gésiers confits.

Salade de courgettes

- 4 petites courgettes
- 2 yaourts nature
- 1 cuillerée à soupe de crème fraîche (facultatif)
- 2 cuillerées à soupe d'huile
- le jus d'un demi-citron
- 1 cuillerée à soupe de moutarde
- 1 branche de menthe fraîche
- sel, poivre

Passez les courgettes sous l'eau, éliminez les deux extrémités et émincez-les sans les peler à la mandoline ou au mouli-julienne (grille pommes chips) ; assaisonnez-les d'huile et de jus de citron, salez, poivrez, mélangez bien.

Fouettez les yaourts, la crème et la moutarde pour obtenir une consistance légère et homogène ; versez sur les courgettes et parsemez de feuilles de menthe fraîche grossièrement hachées.

Variante : Plus simplement, vous pouvez râper les courgettes au mouli-julienne, comme vous le feriez pour des carottes, et les assaisonner d'une vinaigrette moutardée et bien poivrée.

Salade de fenouil, oranges, olives

- 2 petits bulbes de fenouil
- 3 oranges
- 1 douzaine d'olives noires dénoyautées
- le jus d'un demi-citron
- 4 cuillerées d'huile (d'olive de préférence)
- sel, poivre

Lavez les bulbes de fenouil (*réservez les plumets verts pour fleurir la salade*) ; émincez-les finement dans un saladier (*il est préférable de le tailler en lanières dans le sens inverse des fibres pour lui permettre de dégager davantage de parfum*) ; arrosez de jus de citron, ajoutez l'huile ; salez, poivrez ; mélangez et laissez macérer pendant 1 heure.

Pelez les oranges à vif et séparez les quartiers à cru sur une planche à rigole pour récupérer le jus.

Mélangez au fenouil les quartiers d'orange et le jus récupéré, ajoutez les olives coupées en rondelles, remuez bien.

Décorez avec les plumets de fenouil et servez frais.

Salade au pomélo

- 1 salade verte (laitue, batavia, romaine, scarole, frisée, au choix)
- 2 pomélos (roses ou jaunes)
- 3 cuillerées à soupe d'huile
- sel, poivre

Pelez les pomélos à vif : pour cela, posez-les sur une planche à rigole, coupez la peau extérieure sur toutes les faces ;

à l'aide d'un couteau passé entre les parois blanches, sortez les quartiers l'un après l'autre et déposez-les dans une assiette creuse. Jetez les pépins et récupérez le jus qui remplacera le vinaigre dans l'assaisonnement de la salade.

Épluchez et lavez la salade à grande eau, égouttez, essorez dans un linge.

Coupez les feuilles, avec des ciseaux ou au couteau, en lanières de 2 cm de large, plus fines (1 cm), s'il s'agit de frisée (*la présentation sera meilleure et, surtout, la salade sera plus facile à manger*).

Préparez l'assaisonnement : jus des pomélos, huile, sel et poivre ; versez-le sur la salade et fatiguez-la en la remuant bien. Partagez-la dans les assiettes ou dans les bols individuels.

Rangez les quartiers de pomélos sur le dessus, disposés en étoiles.

Variantes :

• Remplacez les pomélos par 2 oranges navel pelées à vif et saupoudrez de noix concassées.

• Remplacez les pomélos par des petites tranches de branches de céleri et de pommes, et assaisonnez à l'huile et au jus de citron.

Salade romaine aux rillettes

- 1 salade romaine
- 1 petit pot de rillettes de porc (ou d'oie ou de lapin)
- 1 cuillerée à soupe de vinaigre de vin
- 1 cuillerée à soupe de moutarde
- poivre

Épluchez la salade, lavez les feuilles à grande eau, égouttez-les, essorez-les dans un torchon. Coupez les feuilles en lanières.

Dans un saladier, délayez la moutarde dans le vinaigre, amalgamez les rillettes (*la graisse des rillettes remplace l'huile*). Inutile de saler mais il est bon de poivrer.

Ajoutez la salade et remuez délicatement les feuilles en les tournant et les retournant pendant quelques instants.

Variantes :

• Remplacez la romaine par de la chicorée frisée que vous couperez en tranches aussi fines que possible (*elle s'imprégnera mieux de rillettes et sera plus facile à manger*). Ajoutez éventuellement quelques croûtons de pain frits à l'huile, dorés et croustillants.

• Romaine au roquefort : remplacez les rillettes par un petit morceau de roquefort (ou de bleu d'Auvergne) écrasé à la fourchette dans lequel vous incorporerez 3 cuillerées à soupe de crème fraîche et un filet de vinaigre de vin. Pas de sel, mais un peu de poivre. À défaut de crème, servez-vous d'huile.

Salade de thon

- 240 g de thon blanc au naturel en conserve
- 3 cuillerées à soupe de mayonnaise
- 1 tomate
- 1 petit oignon finement haché
- 1 cuillerée à soupe de câpres
- 1 cuillerée à soupe de ketchup
- sel, poivre

Pelez la tomate, retirez les pépins et coupez-la en tout petits dés.

Égouttez le thon, écrasez-le à la fourchette et ajoutez la mayonnaise (recette p. 330), l'oignon haché, les dés de tomate, les câpres et, éventuellement, le ketchup. Vérifiez l'assaisonnement.

Mélangez bien, couvrez avec un film alimentaire et gardez au réfrigérateur jusqu'au moment de servir. Servez avec des tranches de pain grillé.

Variantes :

• Ajoutez des petits cubes de concombre qui donneront du croquant à la salade.

• Pour un plat plus consistant, ajoutez le contenu d'une petite boîte de maïs doux.

Scarole aux foies de volaille et à l'effilochée de lapin

Bonne salade composée qui permet d'utiliser des restes de lapin. Elle peut faire office d'entrée ou de plat principal selon la quantité de viande dont vous disposez.

- 1 scarole
- restes de lapin en effilochée, émiettés ou coupés en tout petits morceaux
- 150 g de foies de volaille (350 g pour un plat principal)
- 2 œufs durs
- 1 filet d'huile
- 1 cuillerée à soupe de vinaigre de vin
- 1 demi-verre de vinaigrette (10 cl)
- quelques tiges de persil plat
- sel, poivre

Épluchez et lavez la salade ; égouttez-la, essorez-la dans un torchon ; coupez des feuilles de 3 cm environ.

À l'aide d'un pinceau de cuisine, enduisez d'huile une large poêle. Déposez les foies de volaille après avoir séparé les lobes et faites-les dorer sur toutes les faces ; salez, poivrez. Comptez 5 minutes de cuisson tout au plus et terminez par une rasade de vinaigre de vin. Débarrassez sur une assiette.

Déposez la salade dans un grand saladier, ajoutez la vinaigrette, les œufs durs coupés en gros dés, l'effilochée de lapin et les foies de volaille écrasés à la fourchette. Fatiguez la salade et parsemez de quelques feuilles de persil plat.

Soufflé au fromage I

Pour des soufflés individuels, utilisez des ramequins classiques d'environ 25 cl, soit 9 cm de diamètre et 5 cm de hauteur.

- 4 petits-suisses de 60 g chacun, à 30 % de matières grasses
- 4 œufs
- 50 g de fromage râpé
- sel, poivre

Préchauffez le four à 210 °C (th. 7).

Déposez dans un saladier les petits-suisses et les jaunes d'œufs ; mélangez au fouet.

Dans le bol du mixeur, battez les blancs en neige avec 1 pincée de sel. Faites tourner pendant 1 minute à vitesse moyenne pour aérer les blancs. Puis faites-les tourner à grande vitesse en prenant soin d'arrêter avant qu'ils ne soient trop fermes. *Ils doivent rester un peu coulants, ils conservent ainsi de la puissance à la cuisson.*

Mélangez délicatement les deux préparations à l'aide d'une écumoire ou d'une cuillère en bois ; ajoutez le fromage râpé ; salez, poivrez.

Remplissez les moules jusqu'au bord ; rangez-les sur la plaque à pâtisserie. Enfournez pour 12 à 15 minutes. Servez immédiatement.

Soufflé au fromage II

Utilisez un moule à soufflé d'une contenance de 1,5 à 2 litres, ou des ramequins.

- 5 jaunes d'œufs
- 6 blancs d'œufs
- 150 g de fromage râpé
- 2 pincées de noix de muscade râpée (ou en poudre)
- sel, poivre

pour la béchamel :
- 3 noix de beurre + 1 pour le moule
- 3 cuillerées à soupe de farine
- 1 demi-litre de lait

Préchauffez le four à 220 °C (th. 7/8).

Faites fondre le beurre ; à l'aide d'un pinceau, enduisez le fond et les parois du moule ou des ramequins que vous placerez 15 minutes au réfrigérateur. Quand le beurre est figé, renouvelez l'opération.

Préparez une béchamel (recette p. 322) ; laissez tiédir. Ajoutez les jaunes d'œufs ; incorporez le fromage râpé, la muscade ; salez, poivrez ; mélangez.

Battez les blancs en neige dans le bol du robot en ajoutant 1 pincée de sel. Incorporez-les délicatement à la béchamel au fromage.

Remplissez le moule ou les ramequins ; enfournez à mi-hauteur.

Comptez 20 minutes de cuisson pour un moule de un litre et demi ; 25 minutes pour un moule de 2 litres ; 15 minutes pour des ramequins. Servez immédiatement.

Soupe aux fanes de navets

- 1 botte de navets
- 2 grosses pommes de terre farineuses
- 2 noix de beurre ou de saindoux
- 25 cl de crème fraîche
- sel, poivre

Lavez les navets ; coupez grossièrement les fanes.

Émincez la moitié des navets (*le reste servira pour une autre recette, comme Gésiers de poulet aux navets, par exemple, p. 151*).

Épluchez les pommes de terre, lavez-les, coupez-les en rondelles.

Dans une casserole, faites fondre le beurre (*ou le saindoux*). Ajoutez les fanes de navets bien égouttées. Lorsqu'elles se sont affaissées et que toute leur eau de constitution s'est évaporée, ajoutez les pommes de terre et les navets ; salez, poivrez.

Ajoutez de l'eau dans la casserole de façon à immerger les légumes ; portez à ébullition ; couvrez ; laissez cuire 30 minutes à frémissement.

Passez la soupe au mixeur, ajoutez la crème fraîche, rectifiez l'assaisonnement et la consistance (*si la soupe est trop épaisse, ajoutez un peu d'eau*). Servez bien chaud.

Soupe froide de concombre à la menthe

- 1 concombre (350 à 400 g)
- 8 yaourts nature
- quelques feuilles de menthe fraîche
- 1 cuillerée à soupe de vinaigre (de vin blanc de préférence)
- sel, poivre

Pelez le concombre, coupez-le en deux dans la longueur, retirez les pépins. Passez la chair au mixeur ; ajoutez les yaourts, le vinaigre, la menthe fraîche grossièrement hachée ; salez, poivrez ; passez encore quelques instants au mixeur pour obtenir une texture mousseuse. Laissez rafraîchir 2 heures au réfrigérateur.

Servez très frais dans des verres ou des coupelles individuelles.

Variante : Plutôt que de passer le concombre au mixeur, on peut le couper en tout petits dés et on peut remplacer la menthe fraîche par de l'aneth.

Soupe froide au yaourt de soja

Pour utiliser un reste de riz cuit à l'eau ; la soupe peut se préparer à l'avance.

- 100 g de riz cuit
- 4 yaourts de soja
- 1 gousse d'ail
- 1 verre de bouillon de légumes ou de volaille (20 cl)
- 1 filet d'huile (d'olive de préférence)
- 1 cuillerée à soupe d'aneth ciselé
- sel, poivre

Dans une casserole sur feu doux, faites fondre dans un petit peu d'huile la gousse d'ail épluchée et écrasée (*elle doit devenir transparente, sans prendre couleur*) ; ajoutez le bouillon et le riz ; maintenez sur le feu pendant 4 à 5 minutes ; salez et poivrez ; laissez refroidir.

Battez les yaourts de soja au fouet électrique ; incorporez-les délicatement à la préparation.

Versez la soupe dans des verres ou des coupelles et mettez-les au réfrigérateur pendant 2 heures au minimum. Servez bien froid après avoir parsemé la surface de feuilles d'aneth ciselées.

Soupe froide vichyssoise

- 4 pommes de terre
- 2 poireaux
- 3 cuillerées à soupe de crème fraîche
- 1 litre et demi de bouillon instantané (ou d'eau)
- 2 cuillerées à soupe de pluches de cerfeuil
- piment de Cayenne
- sel, poivre

Épluchez les pommes de terre ; coupez-les en rondelles épaisses. Mettez-les à cuire 7 à 8 minutes dans le bouillon, à couvert, avec un peu de sel et une pointe de couteau de piment de Cayenne.

Épluchez et lavez les poireaux ; émincez-les finement ; ajoutez-les à la cuisson des pommes de terre ; laissez cuire 25 minutes à bon feu, sans couvercle. Passez au moulin à légumes ou au mixeur. Reversez dans la casserole ; ajoutez la crème et donnez un bouillon. Rectifiez l'assaisonnement et laissez refroidir.

La soupe doit être servie un peu épaisse, froide et parsemée de pluches de cerfeuil.

Variante : Si vous souhaitez lui donner une couleur vert émeraude, ajoutez en fin de cuisson une poignée d'épinards frais, préalablement passés au mixeur.

Soupe au céleri-rave

- 1 pomme de terre
- 1 demi-boule de céleri-rave
- 1 poireau
- 2 oignons
- 1 noix de saindoux
- 1 litre d'eau (ou de bouillon du commerce)
- 1 pincée de sucre
- sel, poivre

Pelez la pomme de terre et la moitié du céleri-rave (*gardez l'autre moitié pour préparer un céleri rémoulade*). Coupez-les au robot ou à la mandoline en tranches aussi fines que possible.

Épluchez le poireau et les oignons ; coupez-les en fines rondelles.

Mettez tous les légumes dans une cocotte avec la noix de saindoux et faites-les étuver 15 minutes sur feu très doux sans prendre couleur, en remuant fréquemment avec une cuillère en bois (*les légumes doivent s'affaisser mais en aucun cas rissoler*) ; salez, poivrez, ajoutez la pincée de sucre ; couvrez les légumes d'eau (ou de bouillon), laissez bouillotter une dizaine de minutes.

Servez bien chaud, avec des miettes de pain rassis rissolées dans un peu de saindoux.

Soupe à l'oignon

- 3 gros oignons
- 3 noix de saindoux
- 4 cuillerées à soupe de farine
- 150 g de fromage râpé
- 16 tranches de baguette rassise
- 1 litre et demi d'eau (ou de bouillon du commerce)
- sel, poivre

Épluchez et coupez les oignons en rondelles.

Dans une cocotte, faites chauffer le saindoux, ajoutez les oignons et faites-les roussir légèrement pendant 10 minutes.

Saupoudrez de farine, remuez pour bien les enrober. Ajoutez l'eau (*ou le bouillon*) ; salez (*modérément si vous utilisez du bouillon*), poivrez ; couvrez et laissez bouillotter 1 demi-heure. Vérifiez l'assaisonnement.

Allumez le gril du four. Grillez les tranches de pain d'un seul côté.

Remplissez de soupe aux trois quarts 4 bols à gratin individuels en porcelaine ou en verre à feu ; disposez le pain au-dessus, la face non grillée en contact avec le liquide. Saupoudrez de fromage râpé. Faites gratiner 6 à 7 minutes sous la rampe du gril et servez aussitôt.

Soupe au pain

- 150 g de restes de pain rassis
- 2 poireaux
- 1 litre et demi de bouillon de volaille du commerce
- 1 noix de beurre ou de saindoux
- sel, poivre

Épluchez et lavez les poireaux ; coupez-les en rondelles.

Dans un saladier, mettez le pain rassis avec sa croûte (*baguette, campagne, peu importe, mais pas du pain frais*), coupé en petits morceaux ; recouvrez avec le bouillon bien chaud (*gardez-en un peu pour le rajouter éventuellement à la soupe en fin de cuisson*) et laissez le pain s'imbiber pendant une dizaine de minutes.

Chauffez le beurre ou le saindoux dans une cocotte ; ajoutez les rondelles de poireau, et faites-les étuver sur feu doux pendant 6 à 8 minutes. Ajoutez le pain imbibé de bouillon et portez à ébullition en remuant avec une cuillère en bois ; baissez le feu et laissez mitonner doucement pendant 20 minutes (*évitez de remuer la panade pendant la cuisson, ce qui la ferait attacher au fond de la casserole*).

La cuisson terminée, remuez vigoureusement pour obtenir une crème onctueuse ; au besoin, ajoutez un peu de bouillon. Vérifiez l'assaisonnement en sel et en poivre et servez bien chaud.

Soupe au pistou

Une bonne soupe d'été, quand les légumes du Midi ne sont pas hors de prix.

- 500 g de haricots blancs
- 2 oignons
- 2 poireaux
- 2 pommes de terre
- 2 navets
- 2 courgettes
- 2 tomates
- 1 gousse d'ail
- 3 feuilles de bettes (facultatif)
- 1 cuillerée à soupe d'huile d'olive
- sel, poivre

pour le pistou :
- 3 cuillerées à soupe de parmesan râpé
- 1 gousse d'ail
- 5 feuilles de basilic
- 2 cuillerées à soupe d'huile d'olive

Écossez les haricots blancs.

Épluchez les oignons, poireaux, pommes de terre, navets, gousse d'ail et coupez-les en rondelles ou en petits cubes ainsi que les courgettes non pelées ; coupez les feuilles de bettes en lanières.

Pelez et épépinez les tomates, concassez-les grossièrement.

Dans une cocotte, faites blondir les oignons dans l'huile d'olive, puis ajoutez l'ail, les poireaux, les tomates concassées et laissez réduire à feu moyen pendant cinq bonnes minutes avant d'ajouter le reste des légumes et les haricots écossés.

Couvrez d'eau chaude non salée et laissez cuire à couvert, à petits bouillons pendant 40 minutes. Prolongez la cuisson si nécessaire en ajoutant au besoin un peu d'eau chaude. Salez et poivrez.

Pendant la cuisson de la soupe, préparez le pistou. Épluchez l'ail, pilez-le finement au mortier avec les feuilles de basilic lavées et séchées au torchon ou dans du papier absorbant ; ajoutez le parmesan râpé en mélangeant à la fourchette et incorporez l'huile versée en filet.

Ajoutez le pistou à la soupe hors du feu (*le pistou ne doit jamais cuire*), mélangez, vérifiez l'assaisonnement et servez aussitôt.

Variante : À défaut de haricots blancs frais, vous pouvez utiliser des haricots secs, en les faisant cuire jusqu'à ce qu'ils soient tendres dans de l'eau non salée avant de les mélanger à la soupe. Ou, tout simplement, utilisez une boîte de haricots blancs en conserve que vous verserez dans la cocotte quand les autres légumes seront cuits.

Soupe aux pois cassés

On peut ajouter à mi-cuisson une poignée de petits pois congelés, ou quelques feuilles d'épinard pour donner un peu de couleur à la soupe. On peut aussi faire cuire une ou deux pommes de terre avec les pois cassés (elle sera moins goûteuse mais les enfants la préféreront ainsi).

- 250 g de pois cassés
- 1 oignon
- 2 tablettes de bouillon de volaille
- 3 branches de persil
- 2 cuillerées à soupe de crème fraîche
- sel, poivre

Mettez dans une casserole les pois cassés, l'oignon, le persil, les tablettes de bouillon, et couvrez d'eau froide non salée. Portez à ébullition, écumez la mousse en surface pour éviter tout débordement ; laissez frémir à couvert sur feu doux pendant 40 minutes en ajoutant un peu d'eau chaude de temps à autre car les pois cassés en absorbent énormément.

Passez la soupe au mixeur ; salez, poivrez ; ajoutez la crème.

Si la soupe est trop épaisse, délayez-la avec un peu d'eau chaude.

Variante : Remplacez la crème par des lardons et des petits morceaux de pain rassis, dorés à la poêle.

Soupe de poisson

Une soupe avantageuse : quelques légumes et des parures de poissons – celles que vous aurez récupérées en suivant une de mes recettes (poissons au court-bouillon, au four, en papillotes...) et celles que vous donnera gracieusement votre poissonnier.

- parures de poissons
- 2 poireaux
- 3 oignons
- 2 carottes
- 1 petite branche de céleri
- 1 bouquet garni (1 branche de thym, 1 feuille de laurier, quelques branches de persil)
- 3 cuillerées à soupe de tapioca
- 1 verre de vin blanc sec (facultatif)
- 1 cuillerée à soupe de gros sel
- 1 cuillerée à café de poivre en grains
- sel, poivre

Épluchez les légumes, lavez-les et émincez-les.

Mettez-les dans une cocotte avec les parures de poissons, couvrez largement d'eau froide additionnée de gros sel ; ajoutez le vin blanc, le bouquet garni, la branche de céleri, les grains de poivre ; portez à ébullition, couvrez et laissez bouillotter 35 minutes. Filtrez le bouillon à travers un chinois en pressant avec le dos de l'écumoire. Ajoutez le tapioca versé en pluie et prolongez la cuisson 10 minutes en remuant à plusieurs reprises. Vérifiez l'assaisonnement et servez bien chaud.

Tarte aux hors-d'œuvre

Pour utiliser un reste de purée de pommes de terre.

- 1 rouleau de pâte brisée du commerce (ou recette p. 334)
- reste de purée de pommes de terre
- restes de hors-d'œuvre
- 15 cl de vinaigrette moutardée

Préchauffez le four à 220 °C (th. 7/8).

Installez la pâte brisée dans le moule à tarte, piquez le fond avec les dents d'une fourchette ; déposez une feuille de papier sulfurisé que vous recouvrirez de légumes secs. Enfournez pour environ 25 minutes. Vérifiez la cuisson de la pâte, sortez le moule du four, retirez le papier sulfurisé et les légumes secs, démoulez la tarte et laissez-la refroidir sur une grille. Recouvrez-la de purée de pommes de terre assaisonnée de vinaigrette et donnez libre cours à votre imagination en la garnissant de restes de « hors-d'œuvre » divers : rondelles de betterave rouge, céleri rémoulade, pluches de radis roses, rondelles d'œufs durs, lamelles de cornichons…

Tarte à l'oignon

- 1 rouleau de pâte brisée du commerce (ou recette p. 334)
- 4 à 8 oignons selon grosseur (600 g)
- 1 petite noix de saindoux
- 2 pincées de sucre
- 1 cuillerée à soupe de farine
- 1 verre d'eau (20 cl)
- sel, poivre

Préchauffez le four à 220 °C (th. 7/8).

Installez la pâte brisée dans le moule à tarte ; piquez le fond avec les dents d'une fourchette, couvrez avec un papier sulfurisé et déposez des petits cailloux bien propres ou des haricots secs.

Enfournez pour 25 minutes, retirez le papier, les petits cailloux ou les haricots secs, et gardez la tarte au chaud, four éteint et porte entrouverte.

Pendant la cuisson de la tarte, préparez la garniture. Épluchez et hachez les oignons. Chauffez le saindoux dans une casserole, versez les oignons hachés et faites-les rissoler sur feu vif en remuant avec une cuillère en bois pendant environ 5 minutes. Ajoutez 1 demi-verre d'eau, 2 pincées de sucre, salez modérément, poivrez, couvrez et poursuivez la cuisson à petit feu pendant 15 minutes.

Diluez la cuillerée de farine dans le demi-verre d'eau restant, versez sur les oignons en tournant vigoureusement. La préparation épaissit ; après 3 ou 4 bouillons, retirez du feu, versez la purée d'oignons sur le fond de tarte et servez aussitôt.

Tarte aux poireaux ou flamiche

- 1 rouleau de pâte brisée du commerce (ou recette p. 334)
- 350 g de poireaux
- 1 noix de beurre ou de saindoux
- 2 œufs
- 1 cuillerée à soupe de crème fraîche
- 60 g de fromage râpé
- 1 verre de bouillon de bœuf (20 cl)
- 1 pincée de noix de muscade en poudre
- sel, poivre

Épluchez et lavez soigneusement les poireaux. Émincez finement la partie blanche et vert tendre (*gardez les feuilles vertes pour un potage*).

Préchauffez le four à 220 °C (th. 7/8).

Installez la pâte dans le moule à tarte ; piquez le fond avec les dents d'une fourchette ; déposez une feuille de papier sulfurisé que vous recouvrirez de légumes secs.

Enfournez le moule garni de pâte brisée pour une quinzaine de minutes ; n'éteignez pas le four à la fin de cette précuisson. Pendant ce temps, faites fondre le beurre dans une casserole ; ajoutez les poireaux ; faites-les étuver 5 minutes, sans les colorer, en remuant souvent. Versez le bouillon chaud et laissez cuire à découvert jusqu'à ce qu'il n'y ait pratiquement plus de liquide. Retirez du feu et laissez tiédir 10 minutes.

Battez les œufs en omelette, incorporez la crème, la noix de muscade et la moitié du fromage ; salez, poivrez. Versez cette préparation sur les poireaux. Mélangez et reversez le tout sur le fond de tarte précuit, débarrassé de son papier et de ses haricots. Saupoudrez du reste de fromage râpé.

Mettez au four 15 à 20 minutes jusqu'à ce que la tarte soit bien dorée.

Tarte aux tomates et à la moutarde

- 1 rouleau de pâte brisée du commerce (ou recette p. 334)
- 500 g de tomates de même calibre
- 150 g de gruyère (ou comté, beaufort, gouda)
- 2 à 3 cuillerées à soupe de moutarde forte
- 1 branche de basilic
- 1 filet d'huile (d'olive de préférence)
- poivre

Préchauffez le four à 220 °C (th. 7/8).

Installez la pâte dans le moule à tarte ; piquez le fond avec les dents d'une fourchette.

Tartinez copieusement de moutarde le fond de tarte, couvrez de rondelles de tomates en les faisant se chevaucher (*elles vont réduire à la cuisson*), puis de lamelles de fromage et de feuilles de basilic déchiquetées à la main. Poivrez légèrement ; arrosez d'un filet d'huile d'olive. Faites cuire 25 minutes au four.

Servez la tarte chaude ou tiède.

Variante : S'il vous reste seulement une ou deux tomates et que vous manquez de basilic, faites avec les moyens du bord. Mélangez une cuillerée à soupe de farine, 1 ou 2 œufs entiers et un petit verre de lait : versez dans le fond de pâte au-dessus de la moutarde et des tomates ; ajoutez les lamelles de fromage et un filet d'huile avant de mettre au four. Vous obtiendrez une tarte un peu soufflée – et des compliments tout à fait justifiés.

Terrine de chèvre frais aux figues

À préparer la veille.

- 2 fromages de chèvre frais
- 3 à 4 cuillerées à soupe de confiture de figues
- 1 demi-botte de ciboulette ou quelques feuilles de menthe fraîche
- 2 cuillerées à soupe d'huile (d'olive de préférence)
- sel, poivre

Écrasez à la fourchette les fromages de chèvre frais avec la ciboulette ou les feuilles de menthe finement ciselées ; salez, poivrez ; incorporez l'huile petit à petit et mélangez bien.

Déposez la moitié de la préparation au fond d'une petite terrine ; étalez par-dessus la confiture de figues sur une épaisseur de 1 cm environ, recouvrez avec le restant de chèvre frais. Couvrez la terrine ; mettez-la dans le bac à légumes du réfrigérateur et attendez 12 heures avant de l'entamer.

Terrine de foies de volaille

À prévoir vingt-quatre heures à l'avance. Pour un repas de fête, elle remplace très honorablement et à moindres frais un foie gras de canard ou d'oie. Recette pour huit personnes.

- 350 g de foies de volaille
- 150 g de beurre
- 1 échalote
- 3 cuillerées à soupe de porto ou de xérès
- 3 cuillerées à soupe de cognac (facultatif)
- 1 pincée de noix de muscade râpée (ou en poudre)
- sel, poivre

Parez soigneusement les foies s'ils ne le sont pas déjà. Mettez-les dans un bol avec le porto, salez, poivrez et laissez macérer une heure au minimum.

Faites fondre 1 noix de beurre dans la poêle. Déposez les foies et faites-les blondir sur toutes les faces. Ajoutez l'échalote épluchée et hachée menu, et le porto de macération. Laissez cuire à feu doux 5 à 6 minutes (*les foies doivent rester roses à l'intérieur*). Arrosez avec le cognac et faites flamber ou non, à votre choix.

Hors du feu, écrasez les foies à la fourchette en les mélangeant bien au jus de cuisson – *si vous avez utilisé une poêle à revêtement antiadhésif, il est impératif de transvaser les foies dans un plat creux pour les écraser*.

Ajoutez le restant de beurre amolli et coupé en petits morceaux, la noix de muscade râpée et quelques tours de moulin à poivre. Mélangez bien le tout.

Versez la préparation dans une terrine à pâté ; secouez la terrine pour bien tasser les foies. Ajustez le couvercle (*à défaut de terrine, utilisez un moule en porcelaine, en verre à feu ou en terre cuite, et couvrez hermétiquement avec du papier d'aluminium*). Gardez au réfrigérateur 24 heures avant de l'entamer.

Servez bien froid, en tranches minces, avec du pain grillé.

Toasts au fromage et au vin blanc

- 4 biscottes
- 1 verre de vin blanc (20 cl)
- 3 cuillerées à soupe de lait en poudre
- 1 cuillerée à café de fécule de pomme de terre
- 1 belle cuillerée à soupe de moutarde
- 60 g de fromage râpé
- 2 cuillerées à soupe de chapelure
- 4 copeaux de beurre
- 1 pincée de noix de muscade râpée (ou en poudre)
- sel, poivre

Dans une petite casserole, délayez la fécule et le lait en poudre dans le vin blanc ; ajoutez 1 pincée de sel, un peu de poivre et la noix de muscade. Portez le mélange à ébullition sur feu vif sans cesser de remuer avec une cuillère en bois ; dès qu'il épaissit, retirez la casserole du feu ; laissez refroidir et incorporez la moutarde et le fromage râpé (*gardez-en un peu pour saupoudrer les toasts*) ; mélangez soigneusement.

Préchauffez le four en position gril.

Tartinez les biscottes avec la préparation (*attention ! elles sont fragiles, maniez-les avec précaution*). Saupoudrez la surface avec le restant de fromage râpé et la chapelure ; déposez par-dessus les copeaux de beurre.

Disposez les biscottes sur la plaque du four recouverte d'une feuille de papier sulfurisé ou d'aluminium et faites-les gratiner sous la rampe chaude du gril (*porte du four ouverte*).

En vous aidant d'une spatule, posez délicatement un toast sur chaque assiette.

Tomates au four

Choisissez de préférence des oignons nouveaux et des tomates pas trop grosses et bien calibrées (elles sont plus parfumées de juillet à octobre).

- 600 g de tomates
- 500 g d'oignons blancs
- 2 cuillerées à soupe d'huile (d'olive de préférence)
- sel, poivre

Préchauffez le four à 220 °C (th. 7/8).
Épluchez les oignons.
Coupez les tomates en deux dans le sens de la largeur, pressez-les entre vos mains pour éliminer les graines et l'eau de végétation.
Rangez les moitiés de tomates dans un plat à gratin en les serrant bien les unes contre les autres. Comblez les interstices avec les oignons entiers ou coupés en deux selon leur grosseur. Arrosez d'huile d'olive.
Mettez au four 30 minutes. Salez (à peine) et poivrez en fin de cuisson.

Variante : Pour une entrée plus consistante, couvrez les tomates et les oignons en fin de cuisson d'un mélange de chapelure et de fromage râpé, et faites gratiner au four à 240 °C (th. 8).

Tomates marinées à l'huile d'olive

- 4 belles tomates
- 1 botte d'oignons nouveaux ou 3 oignons doux
- 2 cuillerées à soupe de persil plat ciselé
- 4 cuillerées d'huile d'olive
- 1 pincée de sucre
- 1 pincée de gros sel
- sel, poivre

Pelez, épépinez les tomates ; saupoudrez-les d'1 pincée de gros sel et faites-les dégorger dans une passoire avant de les couper en petits morceaux.

Épluchez et hachez grossièrement les oignons (*pour les oignons nouveaux, conservez les tiges sur une dizaine de centimètres et coupez-les en rondelles*).

Mélangez tomates et oignons avec le persil ciselé et 1 pincée de sucre ; salez à peine, poivrez abondamment et recouvrez d'huile d'olive.

Couvrez la terrine et laissez macérer au réfrigérateur 12 heures au moins avant de servir.

La préparation peut se conserver 3 à 4 jours au réfrigérateur.

Tortilla

- 6 œufs
- 400 g de pommes de terre à chair ferme
- 2 oignons
- 1 demi-bouquet de persil plat
- 3 cuillerées à soupe d'huile (d'olive de préférence)
- sel, poivre

Épluchez, lavez et émincez les pommes de terre. Pelez et émincez les oignons.

Chauffez l'huile dans une grande poêle ; faites cuire les oignons et les pommes de terre 25 minutes environ sans les laisser colorer, jusqu'à ce qu'ils soient fondants. Égouttez le tout dans une passoire en récupérant l'huile de cuisson. Reversez celle-ci dans la poêle.

Dans une jatte, battez les œufs au fouet avec sel et poivre. Incorporez le mélange oignons/pommes de terre et le persil ciselé.

Versez la préparation dans la poêle bien chaude ; couvrez ; laissez cuire jusqu'à ce que les œufs soient pris. À l'aide du couvercle, retournez la tortilla dans la poêle.

Faites-la dorer sur l'autre face, puis faites-la glisser sur le plat de service.

Variante : La tortilla fera office de plat de résistance si vous l'accompagnez de tranches de jambon serrano et/ou d'une salade verte, assaisonnée d'une vinaigrette aillée. On peut aussi la servir tiède ou froide, coupée en petits morceaux, et la manger avec les doigts à l'heure des tapas.

Velouté de brocoli à l'émincé de dinde

- 1 kg de brocoli
- 300 g d'émincé de dinde
- 1 litre de bouillon de volaille (ou d'eau)
- 2 cuillerées à soupe de crème fraîche épaisse
- 1 cuillerée à café de gingembre frais râpé ou en poudre (ou 1 cuillerée à café de galanga)
- 1 pincée de bicarbonate de soude
- 2 cuillerées à soupe de gros sel
- sel, poivre

Coupez grossièrement le brocoli en morceaux. Faites-le blanchir quelques minutes dans de l'eau bouillante salée, additionnée de bicarbonate de soude ; égouttez.

Portez à ébullition le bouillon de volaille. Plongez-y le brocoli précuit et l'émincé de dinde ; faites reprendre l'ébullition et laissez cuire 15 à 20 minutes à petits bouillons.

Passez au mixeur avec le gingembre ou le galanga. Ajoutez la crème fraîche, mélangez ; rectifiez l'assaisonnement. Servez bien chaud en soupière ou dans des assiettes creuses.

Variantes :

• Au lieu de crème fraîche épaisse, déposez sur le velouté 1 cuillerée à soupe de crème liquide fouettée en chantilly (mais non sucrée).

• Réservez un bouquet de brocoli avant de mettre la cuisson en route ; râpez-le finement et parsemez-le en surface, au moment de servir, pour obtenir un agréable mariage entre le croquant du brocoli cru et le velouté du potage.

• Pour un repas végétarien, suivez la recette en supprimant l'émincé de dinde et en utilisant du bouillon de légumes et de la crème de soja.

Velouté de carottes

- 1 botte de carottes
- 100 g de riz
- 1 petite noix de beurre
- 1 demi-verre de lait ou de crème liquide (10 cl)
- le jus d'une orange
- 1 litre et demi de bouillon de volaille du commerce
- 1 cuillerée à café de cumin en poudre
- sel, poivre

Épluchez les carottes ; coupez-les en rondelles.

Dans une cocotte, chauffez le beurre, ajoutez les carottes, 1 demi-verre de bouillon et laissez cuire 7 à 8 minutes à petit feu ; ajoutez le reste de bouillon, le cumin en poudre et le riz versé en pluie (*vous pouvez également utiliser un reste de riz cuit : dans ce cas, attendez 15 minutes avant de l'incorporer*). Portez à ébullition et laissez bouillotter 30 minutes.

Passez au moulin à légumes ou au mixeur. Ajoutez le lait ou la crème liquide et le jus d'orange ; salez, poivrez.

Servez chaud ou glacé.

Variante : Vous pouvez remplacer le riz par une cuillerée à soupe de farine ou de fécule de pomme de terre pour assurer la liaison. Vous pouvez également parsemer la soupe de zeste d'orange râpé ou de feuilles de menthe fraîche finement ciselées.

Velouté de chou-fleur

À défaut de crème fraîche, utilisez un demi-verre de lait ou deux cuillerées à soupe de lait en poudre.

- 1 chou-fleur (1,5 kg environ)
- 1 litre de bouillon de volaille, ou de légumes, ou d'eau
- 2 cuillerées à soupe de crème fraîche épaisse (ou 1 demi-verre de lait, ou de lait de soja)
- 1 pincée de curry ou de noix de muscade en poudre
- 1 pincée de bicarbonate de soude
- 1 cuillerée à soupe de gros sel
- sel, poivre

Épluchez le chou-fleur (*ne gaspillez pas : les feuilles sont délicieuses à manger ; elles méritent d'être tronçonnées et cuites cinq minutes de plus que les sommités ; servez-les tièdes avec une vinaigrette aux fines herbes*).

Coupez grossièrement le chou-fleur en 5 ou 6 morceaux, faites-les précuire dans de l'eau bouillante salée, additionnée d'1 pincée de bicarbonate de soude. Égouttez.

Versez le bouillon dans une casserole ; portez à ébullition ; ajoutez le chou-fleur et laissez bouillotter 15 minutes ; passez l'ensemble au moulin à légumes ou, mieux, au mixeur. Reversez dans la casserole, faites reprendre l'ébullition ; ajoutez la crème fraîche, le curry ou la noix de muscade ; vérifiez l'assaisonnement en sel et poivre et servez bien chaud.

Variante : On peut donner plus de consistance au velouté en mélangeant 1 cuillerée à soupe de fécule de pomme de terre ou de maïs à la crème fraîche et en maintenant la cuisson à feu doux jusqu'à épaississement.

Vert de chicorée ou de scarole au gratin

- 1 poignée de vert de chicorée frisée ou de scarole
- 1 demi-bol de béchamel (recette p. 322)
- 70 g de fromage râpé
- quelques copeaux de beurre
- 1 cuillerée rase de gros sel
- sel, poivre

Faites cuire à l'eau bouillante salée toutes les feuilles extérieures et vertes de la salade, 8 à 10 minutes. Égouttez. Pressez pour éliminer l'eau de cuisson.

Préchauffez le four à 200 °C (th. 6/7).

Une fois la salade refroidie, formez des boules, coupez-les en morceaux ; étalez-les dans un plat à gratin. Recouvrez de béchamel agrémentée préalablement de la moitié du fromage râpé. Saupoudrez le plat du reste du gruyère râpé. Ajoutez quelques copeaux de beurre. Mettez au four 10 minutes, puis sous la rampe bien chaude du gril 5 minutes pour gratiner.

PLATS

Ailerons de dinde aux navets glacés

- 8 ailerons de dinde
- 150 g de poitrine de porc fraîche
- 2 bottes de navets nouveaux
- 1 filet d'huile
- 2 noix de beurre ou de saindoux
- 1 verre à liqueur de banyuls ou de vin blanc doux
- 2 cuillerées à soupe rases de sucre
- 1 cuillerée à soupe de gros sel
- sel, poivre

Coupez la poitrine de porc en lardons. À l'aide d'un pinceau, enduisez d'huile le fond d'une cocotte ; faites dorer les lardons et les ailerons de dinde ; salez, poivrez. Ajoutez le banyuls (*ou le vin*), couvrez et laissez cuire à feu très doux pendant 50 minutes (*vérifiez et prolongez la cuisson si nécessaire*).

Pendant la cuisson de la viande, préparez les navets glacés. Coupez les fanes à 3 cm environ de hauteur (*gardez les feuilles pour un potage*). Lavez les navets et plongez-les entiers dans une casserole d'eau froide salée sur feu vif ; comptez 4 à 5 minutes de cuisson à partir de l'ébullition. Égouttez.

Reversez les navets dans la casserole avec le beurre (*ou le saindoux*), saupoudrez de sucre et laissez cuire à découvert 5 à 6 minutes pour les glacer en surface. Rectifiez l'assaisonnement en sel et en poivre.

Disposez les ailerons de dinde et les lardons dans un plat, entourez-les de navets glacés et servez bien chaud.

Variante : À défaut de navets fanes, prenez une douzaine de petits navets d'égale grosseur et prolongez leur cuisson à l'eau de 2 à 3 minutes.

Beignets de cervelle

- 4 cervelles de porc
- 2 cuillerées à soupe de vinaigre d'alcool
- 3 cuillerées à soupe de farine
- 1 reste de pâte à beignets (recette p. 333)
- bain de friture
- citron
- 1 demi-botte de persil frisé
- gros sel
- sel, poivre

À l'aide d'un petit couteau, enlevez sous un filet d'eau froide la pellicule de vaisseaux sanguins qui recouvre les cervelles.

Portez à ébullition 1 litre d'eau avec le vinaigre et 1 cuillerée à soupe de gros sel ; plongez les cervelles dans l'eau bouillante, laissez cuire 4 à 5 minutes à petit bouillottement. Égouttez-les et séchez-les sur un torchon plutôt qu'un papier absorbant.

Une fois bien refroidies, coupez-les en tranches ou en gros dés ; farinez-les ; trempez-les dans la pâte à beignets et immergez-les dans l'huile à 170 °C jusqu'à ce que les morceaux soient dorés et croustillants (*vérifiez la bonne température de l'huile en jetant un petit croûton de pain : elle doit bouillonner et ne pas fumer*).

Égouttez les beignets sur du papier absorbant ; salez, poivrez et servez aussitôt avec des quartiers de citron et le persil passés 1 minute dans le bain de friture et égouttés sur du papier absorbant.

Beignets de pommes de terre

- 4 grosses pommes de terre farineuses
- 2 œufs
- 1 noix de beurre (ou de saindoux)
- 1 cuillerée à soupe de persil haché
- bain de friture
- 1 cuillerée à soupe de gros sel
- sel, poivre

Épluchez les pommes de terre, coupez-les en morceaux ; mettez-les dans une casserole d'eau froide salée sur feu vif ; couvrez et laissez bouillotter 15 à 20 minutes à partir de l'ébullition (*vérifiez la cuisson et prolongez-la si nécessaire*).

Égouttez-les ; écrasez-les au moulin à légumes, grille fine, ou au pilon perforé (*surtout pas au mixeur*) ; ajoutez le beurre (*ou le saindoux*), les jaunes d'œufs, le persil haché ; mélangez ; salez, poivrez ; incorporez délicatement les blancs d'œufs battus en neige ferme avec 1 pincée de sel.

Faites chauffer le bain de friture à 170 °C (*vérifiez la bonne température de l'huile en jetant un petit croûton de pain : elle doit bouillonner et ne pas fumer*).

À l'aide de 2 cuillères à café, prélevez des petits morceaux de pâte et plongez-les dans l'huile, par petites quantités à la fois. La pâte va gonfler et former des beignets soufflés. Égouttez-les et séchez-les au fur et à mesure sur du papier absorbant.

Salez légèrement et servez aussitôt.

Blanc de dinde et tofu au curry

- 250 g de blanc de dinde
- 250 g de tofu
- Farine
- 1 filet d'huile
- 1 cuillerée à soupe de persil haché
- 1 cuillerée à soupe de curry en poudre
- sel, poivre

Coupez le pavé de tofu en morceaux d'environ 1,5 cm de côté.

Coupez le blanc de dinde en morceaux de grosseur égale et farinez-les. Versez un filet d'huile dans une poêle, étalez-la au pinceau de cuisine ; ajoutez les dés de dinde et de tofu, et faites cuire à feu vif pendant 5 à 6 minutes ; salez, poivrez, ajoutez le curry, remuez bien. Versez la préparation dans un plat ou dans les assiettes et servez bien chaud, saupoudré de persil haché.

En accompagnement : du riz, de la semoule ou du boulgour.

Blancs de poulet aux épices

- 3 blancs de poulet
- 1 filet d'huile
- 1 noix de beurre
- le jus d'un citron
- 1 cuillerée à café rase de cumin ou de curry en poudre
- 1 pincée de quatre-épices
- quelques feuilles de coriandre
- sel, poivre

Coupez les blancs de poulet en biais, dans la largeur, pour obtenir de fines lanières.

Huilez une large poêle en vous aidant d'un pinceau de cuisine (*inutile si la poêle est à revêtement antiadhésif*) ; déposez les lanières de poulet, bien à plat, en évitant de les faire se chevaucher, pour les faire raidir, et laissez-les dorer

2 à 3 minutes (*pas davantage*) sur feu vif en remuant constamment (*pour une quantité plus importante, il est bon d'utiliser deux poêles ou de faire l'opération en deux temps, sinon le poulet rejette de l'humidité et ne dore pas*).

Ajoutez le beurre coupé en petits morceaux, le jus du citron ; salez, poivrez et saupoudrez avec les épices. Remuez vivement le tout, versez dans le plat de service ou dans les assiettes, parsemez de coriandre hachée et servez aussitôt.

En accompagnement : du riz long grain à l'eau ou des oreillons d'abricots secs coupés en deux et chauffés dans la poêle avec un peu de beurre et 1 pincée de poivre. Ou un curry de légumes (recette p. 129).

Blancs de poulet à la mangue

- 3 blancs de poulet
- 1 mangue
- 1 filet d'huile
- 1 cuillerée à soupe de farine
- 2 ou 3 cuillerées de moutarde forte
- sel, poivre

Dénoyautez la mangue : coupez le fruit en deux et faites pivoter les deux moitiés en sens inverse pour séparer facilement la chair du noyau. *Si la mangue n'est pas à maturité, retirez la peau et détachez des lambeaux de chair du mieux que vous pourrez.* Passez au mixeur la pulpe avec la moutarde pour obtenir une sauce onctueuse et homogène.

Coupez les blancs de poulet en petits morceaux, salez, poivrez. Versez la farine dans une assiette et faites rouler les morceaux de poulet pour bien les enrober. Faites-les dorer 2 à 3 minutes sur feu moyen dans une poêle huilée au pinceau de cuisine, en remuant constamment. Déposez-les sur un plat ou dans les assiettes tenues au chaud.

Entourez d'un cordon de sauce moutardée à la mangue et servez avec un mélange de trois riz (blanc, rouge, sauvage) cuit à l'eau ou en pilaf.

Blanquette de dinde

- 800 g de viande de dinde (moitié blanquette, moitié sauté)
- 2 oignons
- 3 tomates
- 1 noix de beurre ou de saindoux
- 1 cuillerée à soupe de farine
- 50 cl de bouillon instantané (bœuf ou volaille)
- 2 jaunes d'œufs
- 3 cuillerées à soupe de crème fraîche épaisse
- le jus d'un demi-citron
- 1 branche de thym, 1 feuille de laurier
- 1 petite botte de persil
- sel, poivre

Dans une cocotte, faites roussir le beurre ; déposez les morceaux de dinde et faites-les revenir (*ils doivent être bien dorés*) ; éliminez le beurre de cuisson, saupoudrez la viande de farine ; remuez. Faites dorer la farine, ajoutez les oignons entiers, les tomates pelées, épépinées et coupées en quatre, le thym, le laurier, la botte de persil et le bouillon. Laissez cuire à tout petit bouillottement pendant 1 h 15.

Retirez thym, laurier et persil.

Dans un bol, mélangez les jaunes d'œufs, la crème et le jus de citron avec 1 louche de bouillon. Versez dans la cocotte, baissez le feu et remuez jusqu'à ce que la sauce épaississe et donne 2 ou 3 bouillons. *Il est préférable de monter lentement la température de la liaison jaunes d'œufs/crème plutôt que de verser directement cette liaison dans le liquide bouillant, cela évite aux jaunes d'œufs de cuire.*

Servez dans un plat creux et accompagnez de riz ou de pommes de terre vapeur.

Si le plat devait attendre, réchauffez-le au four à micro-ondes pour ne pas risquer de faire tourner la sauce.

Blanquette de veau

- 750 g de veau (tendron, flanchet) coupé en morceaux
- 1 quart de litre d'eau
- 1 noix de beurre
- 1 cuillerée à soupe de farine
- 2 cuillerées à soupe de crème fraîche épaisse
- 1 jaune d'œuf
- 1 gros oignon coupé en deux (ou 6 petits oignons entiers)
- 1 carotte
- 1 bouquet garni (1 brin de thym, 1 demi-feuille de laurier, queues de persil)
- le jus d'un demi-citron (facultatif)
- sel, poivre

Déposez la viande dans une cocotte ; ajoutez l'eau, le jus de citron (*il permet à la viande de veau de garder sa couleur blanche*) ; portez à ébullition ; écumez la surface.

Ajoutez le bouquet garni, la carotte épluchée et coupée en grosses rondelles (*une seule carotte, sinon la sauce sera trop sucrée*), l'oignon épluché et coupé en deux (*ou les petits oignons entiers*), salez, poivrez. Laissez mijoter 1 h 15 à petits bouillons. (*Vérifiez la tendreté de la viande et prolongez la cuisson si nécessaire.*) Retirez le bouquet garni. Déposez les morceaux de viande et les légumes dans un plat creux tenu au chaud.

Faites fondre le beurre dans une petite casserole, ajoutez la farine en remuant, sans laisser roussir. Quand le mélange devient mousseux, délayez-le avec une louche de bouillon de cuisson sans cesser de remuer (*gardez le reste pour un potage*). Laissez bouillotter quelques minutes sur feu doux.

Dans un bol, mélangez au fouet la crème et le jaune d'œuf avec 3 cuillerées à soupe de bouillon. Versez dans la cocotte, baissez le feu et remuez bien pour lier la sauce (*elle ne doit en aucun cas bouillir*). Arrosez de sauce la viande et les légumes et servez aussitôt.

Si le plat devait attendre, réchauffez-le au four à micro-ondes pour ne pas risquer de faire tourner la sauce.

Bœuf bouilli à la viennoise

À préparer la veille.

- 650 g de viande de bœuf (gîte à la noix, macreuse, basses côtes)
- 1 os de veau
- 2 gros poireaux
- 2 oignons
- 1 carotte
- 2 navets
- 1 quart de boule de céleri-rave
- 1 gousse d'ail
- 1 bouquet garni (1 brin de thym, 1 demi-feuille de laurier, queues de persil)
- 1 cuillerée à café de grains de coriandre
- 5 ou 6 grains de poivre
- 1 cuillerée à soupe de gros sel
- sel, poivre

en accompagnement :
- 1 raifort très finement râpé (à défaut, un petit pot de raifort en conserve)
- 2 pommes acidulées
- 2 cuillerées à soupe de crème fraîche épaisse
- 1 demi-botte de ciboulette

La veille, mettez dans une grande marmite l'os de veau, les grains de poivre et de coriandre, le bouquet garni et la cuillerée de gros sel. Couvrez d'eau froide ; portez à ébullition, plongez les morceaux de viande. À la reprise de l'ébullition, baissez le feu, couvrez et laissez cuire à frémissement pendant 1 h 30 en écumant la surface de temps à autre.

Quand la viande est tendre, sortez-la avec l'écumoire, mettez-la dans un récipient, laissez-la refroidir puis couvrez avec un film alimentaire et placez au réfrigérateur. Jetez l'os et filtrez le bouillon à travers un chinois au-dessus d'un saladier. Laissez refroidir, couvrez et placez au réfrigérateur pour retirer aisément le gras durci, remonté à la surface (*gardez ce gras pour faire des pommes de terre sautées*).

Le jour de la recette, épluchez et lavez les légumes ; coupez les poireaux en deux dans le sens de la longueur, puis en tronçons de 3 à 4 cm (*gardez le vert pour un potage*). Coupez la carotte en rondelles, les oignons, les navets et le céleri-rave en tranches.

Reversez le bouillon dégraissé dans la marmite, ajoutez la viande, les légumes et la gousse d'ail épluchée et écrasée ; couvrez et laissez frémir sur feu doux 15 à 18 minutes : les légumes doivent être juste cuits mais encore un peu fermes (*vérifiez et prolongez la cuisson, si nécessaire*). Rectifiez l'assaisonnement.

Pendant ce temps, préparez les accompagnements : pommes pelées, coupées en tranches, cuites dans un peu d'eau, écrasées à la fourchette, auxquelles vous mélangerez le raifort râpé (frais ou en conserve) ; crème fraîche épaisse salée, poivrée, mélangée avec la ciboulette finement ciselée.

Répartissez la viande et les légumes bien chauds dans des assiettes creuses et présentez les accompagnements dans des petits bols.

Bœuf braisé à la bière

- 650 g de bœuf à braiser (macreuse, gîte à la noix, jumeau, basses côtes)
- 1 os de veau
- 2 oignons
- 2 carottes
- 1 clou de girofle
- 1 bouquet garni (1 brin de thym, 1 demi-feuille de laurier, quelques queues de persil)
- 25 cl de bière
- sel, poivre

Épluchez les oignons et les carottes. Passez le morceau de viande à la poêle sèche sur feu vif pour le dorer sur toutes les faces (*l'extérieur doit être croûté*).

Mettez la viande et l'os de veau dans une cocotte, ajoutez les oignons entiers (*l'un d'eux piqué d'un clou de girofle*), les carottes en rondelles, le bouquet garni ; salez, poivrez, mouillez avec la bière.

Couvrez la cocotte et laissez cuire à frémissement pendant 1 h 45 sur feu doux – *ou, à votre convenance, dans le four préchauffé à 180 °C (th. 6)*. Retournez la viande et remuez les carottes à mi-cuisson. *Vérifiez la tendreté de la viande, prolongez la cuisson si nécessaire.*

Retirez le bouquet garni et l'os de veau. Coupez la viande en tranches, rangez-les dans un plat creux.

Ajoutez les oignons et les rondelles de carottes. Faites réduire le jus de cuisson sur feu vif jusqu'à obtenir une consistance sirupeuse et versez-le sur le plat.

Bœuf aux carottes

- 650 g de bœuf à braiser (gîte à la noix, basses côtes, macreuse)
- 1 kg de carottes
- 3 beaux oignons
- 5 échalotes
- 1 gousse d'ail
- 1 litre de bouillon de bœuf du commerce
- 1 filet d'huile
- 1 pincée de sucre
- 1 bouquet garni (1 brin de thym, 1 demi-feuille de laurier, quelques queues de persil)
- 2 cuillerées à soupe de persil haché
- sel, poivre

Épluchez les légumes ; coupez les carottes en fines rondelles, épluchez et émincez les oignons et les échalotes, pelez et écrasez l'ail.

Préchauffez le four à 180 °C (th. 6).

Versez un filet d'huile dans une cocotte et étalez-la au pinceau de cuisine. Déposez la viande et faites-la revenir sur feu vif. Quand l'extérieur est bien croûté, sortez la viande et réservez sur une assiette.

Versez dans la cocotte (*sans la rincer*) la moitié des carottes et les oignons ; salez, poivrez, ajoutez le sucre ; déposez la viande, le bouquet garni, l'ail et les échalotes. Couvrez avec le restant des carottes. Ajoutez 1 demi-litre de bouillon (*conservez l'autre moitié au cas où, à mi-cuisson, le fond du plat attacherait*). Couvrez. Mettez au four pendant environ 1 h 45. À mi-cuisson, faites passer les carottes du dessous au-dessus et retournez la viande (*vérifiez la cuisson et prolongez-la, si nécessaire*).

Sortez la viande, tranchez-la un peu épais, déposez dans un plat creux. Répartissez les carottes autour.

Faites rapidement réduire le jus de cuisson sur feu vif jusqu'à obtenir une consistance sirupeuse. Nappez-en la viande et saupoudrez de persil grossièrement haché.

Variante :
Bœuf en gelée :

En augmentant de moitié la proportion des ingrédients, vous pouvez préparer dans la foulée un second plat pour le repas du lendemain. Avant de faire réduire la sauce, mettez la moitié de la viande et des carottes de côté. Égouttez les carottes dans une passoire fine au-dessus d'un récipient pour récupérer le jus ; laissez-le refroidir pour le dégraisser aisément avec une cuillère. Ajoutez à ce jus dégraissé 1 demi-litre de gelée instantanée du commerce préparée en suivant les indications données sur l'emballage. Déposez un peu de gelée refroidie au fond d'un moule (à cake, à charlotte ou en couronne, peu importe) ; disposez la viande grossièrement tranchée et les légumes, et ajoutez le restant de gelée. Couvrez avec un film alimentaire et placez le moule 2 heures dans le réfrigérateur (le bœuf en gelée peut se garder ainsi deux à trois jours sans problème).

Démoulez au dernier moment en retournant le moule sur le plat de service. Pour aider au démoulage, posez le moule dans un fond d'eau très chaude pendant quelques instants.

Servez bien froid avec une salade verte ou une salade de pommes de terre.

Bœuf en miroton

Pour utiliser des restes de bœuf bouilli.

- 450 g de bœuf bouilli (gîte à la noix, basses côtes, macreuse, plat de côtes)
- quelques copeaux de beurre ou de saindoux
- 1 petit verre de vin blanc (15 cl)
- 1 verre de bouillon de bœuf du commerce (20 cl)
- 3 à 4 oignons (selon grosseur)
- 3 cuillerées à soupe de chapelure
- sel, poivre

Épluchez et émincez finement les oignons. Graissez au pinceau de cuisine le fond d'une sauteuse ; mettez sur feu doux et faites-les dorer pendant 5 minutes. Ajoutez le vin blanc et le bouillon, un peu de poivre ; à ébullition, couvrez et laissez mijoter 15 à 20 minutes jusqu'à obtenir la consistance d'une sauce (*si nécessaire, faites-la réduire à découvert*). Vérifiez l'assaisonnement.

Coupez les restes de bœuf bouilli en tranches, en éliminant les nerfs et le gras ; déposez les tranches et les débris sur les oignons dans la sauteuse pour réchauffer la viande pendant 7 à 8 minutes.

Allumez le four en position gril.

Disposez la viande dans un plat allant au four, ajoutez la sauce à l'oignon ; saupoudrez de chapelure, parsemez de quelques copeaux de beurre (*ou de saindoux*) et faites gratiner 8 minutes sous la rampe bien chaude, porte du four ouverte.

Bœuf aux pruneaux

- 650 g de bœuf à braiser (basses côtes, gîte à la noix, jumeau)
- 1 noisette de saindoux
- 2 gros oignons
- 6 à 8 pruneaux
- 1 demi-verre de vin rouge
- 1 demi-verre d'eau
- sel, poivre

Épluchez et hachez les oignons. Coupez la viande en morceaux de 2 cm de côté. Coupez les pruneaux en deux et dénoyautez-les.

Graissez au pinceau de cuisine le fond d'une cocotte ; déposez les oignons hachés et faites-les blondir 8 à 10 minutes en remuant souvent ; réservez sur une assiette.

Mettez les morceaux de viande dans la cocotte (*sans la rincer*) et faites-les rissoler sur toutes les faces en remuant constamment ; ajoutez le hachis d'oignons, le vin rouge et l'eau ; salez, poivrez ; couvrez et laissez mijoter 1 h 15 à petits bouillons.

Ajoutez les pruneaux et poursuivez la cuisson pendant 30 minutes. Faites réduire la sauce quelques minutes à découvert.

Servez bien chaud avec du riz, du boulgour, de la semoule, des pommes de terre à l'eau…

Boulettes de dinde

- 1 filet de dinde entier (800 g)
- 1 litre et demi de bouillon de volaille du commerce (ou d'eau froide)
- 2 œufs
- 2 cuillerées à soupe de crème
- 1 carotte
- 1 oignon
- 1 bouquet garni (1 brin de thym, 1 feuille de laurier, quelques queues de persil)
- 1 demi-botte de persil plat haché
- 50 g de chapelure
- 1 filet d'huile pour graisser le plat
- sel, poivre

Mettez le filet de dinde dans une cocotte, recouvrez de bouillon ; portez à ébullition. Ajoutez le bouquet garni, la carotte et l'oignon épluchés ; salez (modérément), poivrez ; laissez cuire à bouillottement 1 h 15 ; égouttez ; retirez le bouquet garni ; laissez refroidir (*gardez le bouillon pour préparer un potage de légumes ou pour y faire cuire 60 g de vermicelles pour le repas suivant).*

Préchauffez le four à 170 °C (th. 5/6).

Hachez grossièrement la viande, la carotte et l'oignon au hachoir, grille moyenne, ou au couteau (*évitez le robot*). Ajoutez les œufs entiers, la crème, la chapelure, le persil haché. Vérifiez l'assaisonnement.

Partagez en quatre la farce ainsi obtenue et formez 4 grosses boulettes, légèrement aplaties. Rangez-les dans un plat à gratin huilé et faites-les cuire 25 minutes au four.

Servez avec un coulis de tomates maison (recette p. 323) ou en boîte.

La farce restante pourra être utilisée pour préparer des tomates ou des pommes de terre farcies pour le repas du lendemain.

Boulettes de harengs à la suédoise

La compote d'airelles est l'accompagnement traditionnel de ce plat nordique ; à défaut, proposez un citron coupé en quartiers.

- 2 harengs frais
- 3 pommes de terre farineuses
- 2 oignons
- 1 cuillerée à soupe d'huile + 1 filet pour la cuisson des oignons
- 2 cuillerées à soupe de farine
- 1 pincée de noix de muscade râpée (ou en poudre)
- 1 cuillerée à soupe de gros sel
- sel, poivre

Demandez au poissonnier de lever les filets des harengs. Essuyez-les avec un papier absorbant et hachez-les finement. Réservez.

Épluchez les pommes de terre, coupez-les en morceaux et mettez-les à cuire dans de l'eau froide salée ; portez à ébullition et laissez-les cuire une vingtaine de minutes. Pendant la cuisson des pommes de terre, épluchez et hachez les oignons ; faites-les fondre sur feu doux dans une poêle avec un filet d'huile pendant une dizaine de minutes, sans prendre couleur.

Égouttez les pommes de terre et passez-les au moulin à légumes, grille fine, ou au pilon perforé, pour les réduire en purée.

Mélangez la purée, les oignons, le hachis de poisson et la noix de muscade ; salez, poivrez. Quand le mélange est bien homogène, formez des boulettes un peu aplaties. Farinez-les légèrement.

Déposez les boulettes dans la poêle où vous avez fait cuire les oignons et faites-les dorer 3 minutes sur chaque face en veillant à ne pas les laisser brûler.

Servez bien chaud.

En accompagnement : une salade croquante (chicorée frisée ou scarole).

Boulettes de viande I

Pour utiliser des restes de pain rassis.

- 400 g de viande hachée (moitié bœuf, moitié porc)
- 1 bol de mie de pain rassis émiettée
- 1 œuf
- 1 noix de beurre ou de saindoux ou 1 cuillerée à soupe d'huile
- 2 échalotes
- 1 gousse d'ail
- 1 brin de thym émietté, 1 demi-feuille de sauge ciselée
- 1 cuillerée à café de paprika
- sel, poivre

Épluchez et émincez les échalotes ; épluchez et écrasez la gousse d'ail.

Mélangez dans un saladier la mie de pain, les échalotes, l'ail et l'œuf entier ; ajoutez le thym, la sauge et le paprika ; salez, poivrez ; pétrissez le tout avec les doigts (*pas de mixeur*).

Ajoutez la viande hachée, pétrissez encore, puis formez des boulettes moyennes, un peu aplaties.

Faites chauffer dans une poêle la matière grasse choisie et faites revenir les boulettes. Ajoutez un peu d'eau, couvrez et laissez cuire 10 à 15 minutes. Séchez-les dans un papier absorbant.

Servez les boulettes, nappées ou non de coulis de tomates (recette p. 323), avec des frites.

Boulettes de viande II

Pour utiliser des restes de viande (braisée, bouillie ou rôtie, peu importe).

- 400 g de restes de viande
- 2 jaunes d'œufs
- 2 cuillerées à soupe de farine
- 2 cuillerées à soupe d'huile ou 2 noix de saindoux
- sel, poivre

Hachez la viande au hachoir ou au couteau (*évitez le robot*). Incorporez les jaunes d'œufs, salez et poivrez légèrement, et pétrissez la préparation. Formez 8 petites galettes un peu épaisses. Farinez-les sur les deux faces.

Chauffez l'huile (*ou le saindoux*) dans une sauteuse sur feu vif ; déposez les galettes et faites-les dorer rapidement (*il faut que la croûte soit caramélisée et que l'intérieur ne soit pas pénétré par la graisse de cuisson.*)

Servez aussitôt avec une purée de pommes de terre ou une purée de carottes bien relevée en poivre.

Brochettes de congre

- 600 g de congre
- 2 citrons
- 2 cuillerées à soupe d'huile
- sel, poivre

Demandez au poissonnier de lever les filets du poisson et de vous donner les parures ainsi que les têtes, peau et arêtes d'autres poissons pour un usage ultérieur (court-bouillon, soupe de poisson).

Essuyez les filets dans du papier absorbant ; coupez-les en petits morceaux ; piquez-les dans les brochettes en intercalant 1 demi-tranche très fine de citron entre chaque morceau de poisson (*surtout ne pelez pas le citron*).

Faites mariner les brochettes 1 heure dans 1 cuillerée à soupe d'huile avec du sel et du poivre, en les retournant pour bien les imprégner.

Posez un gril en fonte sur la plaque de cuisson et badigeonnez-le d'huile à l'aide d'un pinceau de cuisine. Quand il est bien chaud, rangez les brochettes côte à côte et faites-les juste dorer quelques instants sur toutes les faces. Vérifiez l'assaisonnement et servez aussitôt.

Carottes Vichy

- 500 g de carottes
- 1 oignon blanc
- 2 noisettes de beurre
- 1 cuillerée à café de sucre
- sel, poivre

Épluchez les carottes et l'oignon et émincez-les finement à la mandoline ou au robot. Versez-les dans une casserole avec le beurre, ajoutez le sucre, salez, poivrez ; couvrez et laissez cuire 25 minutes à feu doux en remuant de temps à autre. Retirez le couvercle et laissez quelques minutes sur le feu en les remuant doucement, pour faire réduire le jus de cuisson et dorer légèrement les carottes.

Servez chaud.

Caudière

- 1 tronçon de 600 g de congre, d'églefin ou de roussette
- parures de poissons
- 4 pommes de terre à chair ferme
- 3 oignons
- 1 gousse d'ail
- 1 clou de girofle
- 1 branche de thym, 1 demi-feuille de laurier
- 2 cuillerées à café de fécule de pomme de terre
- 1 demi-verre de vin blanc sec (10 cl)
- 1 cuillerée à soupe de crème fraîche épaisse

Demandez à votre poissonnier de lever les filets du poisson, de vous donner les parures et d'y ajouter des parures d'autres poissons. Rincez les parures.

Dans une casserole, sur feu moyen, faites chauffer 1 litre d'eau. Ajoutez 1 oignon pelé et coupé en quartiers, le clou de girofle, le thym, le laurier et toutes les parures de poissons ; portez à ébullition, couvrez, et laissez bouillotter 20 minutes.

Épluchez les pommes de terre, coupez-les en rondelles.

Épluchez et hachez les oignons restants et la gousse d'ail.

Dans une sauteuse, répartissez en couches les rondelles de pommes de terre et le hachis d'ail et d'oignons. Mouillez avec le vin et le contenu de la casserole filtré à travers une passoire fine. Faites cuire 10 minutes à feu moyen.

Posez les filets de poisson sur les pommes de terre qui doivent être recouvertes par le bouillon. Maintenez la cuisson pendant 10 à 15 minutes (*vérifiez la cuisson et prolongez-la, si nécessaire*).

Dans un bol, délayez la fécule et la crème fraîche avec un peu de bouillon de cuisson. Versez le contenu du bol dans la sauteuse, mélangez délicatement.

Servez dans un plat creux ou dans une soupière.

Variante : Si vous avez cuisiné la veille des moules marinière (recette p. 190), ajoutez le restant de l'eau de cuisson dans le bouillon et les quelques moules restantes, décortiquées, dans la sauce.

Cervelles de porc à la grenobloise

- 4 cervelles de porc
- 1 carotte
- 1 oignon
- 1 bouquet garni (1 brin de thym, 1 feuille de laurier, quelques queues de persil)
- 1 citron
- 3 cuillerées à soupe de crème fraîche épaisse
- 1 cuillerée à café de fécule de pomme de terre
- 1 verre de vin blanc sec (20 cl)
- 1 verre d'eau (20 cl)
- 1 cuillerée à soupe de vinaigre d'alcool
- 1 cuillerée à soupe de persil haché
- 1 cuillerée à soupe de câpres
- sel, poivre

À l'aide d'un petit couteau, enlevez sous un filet d'eau froide la pellicule de vaisseaux sanguins qui recouvre les cervelles.

Faites-les dégorger en les immergeant dans un saladier d'eau froide additionnée de 1 cuillerée à soupe de vinaigre d'alcool et de 2 cuillerées à soupe de sel fin pour 50 cl d'eau ; complétez avec quelques glaçons, couvrez et réservez au réfrigérateur pendant 2 heures au minimum.

Pelez et émincez la carotte et l'oignon ; coupez le citron en deux, pressez le jus d'une moitié, coupez l'autre moitié en fines rondelles.

Versez dans une casserole le vin blanc et l'eau. Ajoutez la carotte et l'oignon émincés, le bouquet garni et le jus de citron ; salez, poivrez. Portez à ébullition et laissez cuire 20 minutes à frémissement ; laissez tiédir.

Plongez les cervelles dans le court-bouillon et laissez frémir 10 minutes (*vérifiez la cuisson et prolongez-la, si néces-*

saire). Égouttez, tenez-les au chaud dans du papier d'aluminium et réservez.

Filtrez le bouillon à travers un chinois, faites-le réduire de moitié sur feu vif. Liez avec la crème mélangée à la fécule en remuant pour que la sauce épaississe et prenne de la consistance.

Déposez les cervelles dans des assiettes creuses et nappez-les de sauce ; ajoutez les câpres, décorez de fines rondelles de citron et d'une pincée de persil finement haché.

Servez aussitôt.

Cervelles de porc mimosa

- 4 cervelles de porc
- 2 œufs durs
- 1 noix de saindoux
- 1 tasse de mie de pain rassis
- 1 litre d'eau
- 3 cuillerées à soupe de vinaigre d'alcool
- sel, poivre

Enlevez sous un filet d'eau froide, à l'aide d'un petit couteau, la pellicule de vaisseaux sanguins qui recouvre les cervelles (toutes les cervelles). Faites-les dégorger en les immergeant dans un saladier d'eau froide additionnée de 1 cuillerée à soupe de vinaigre d'alcool et de 2 cuillerées à soupe de sel fin pour 50 cl d'eau ; complétez avec quelques glaçons, couvrez et réservez au réfrigérateur pendant 2 heures au minimum.

Coupez les cervelles en biais, en tranches de 1 à 2 cm d'épaisseur.

Dans une casserole, portez 1 litre d'eau à ébullition avec 2 cuillerées de vinaigre d'alcool et 1 cuillerée à café de sel fin ; plongez les tranches de cervelle ; laissez cuire 4 à 5 minutes à frémissement *(vérifiez la cuisson et prolongez-la, si nécessaire)*. Égouttez, séchez-les sur un torchon ou du papier absorbant et dressez-les sur un plat chaud, salez (modérément), poivrez.

Dans une poêle sur feu vif, faites rapidement dorer dans le saindoux la mie de pain rassis émiettée. Répandez-la sur les cervelles en même temps que les œufs durs finement hachés. Servez aussitôt avec des pommes de terre vapeur ou du riz.

Variante : Arrosez les cervelles d'un filet de vinaigre de vin ou de xérès et parsemez de quelques câpres avant d'ajouter les miettes de pain croustillantes et les œufs durs hachés.

Chaud-froid de poulet

Un plat froid pour douze personnes à préparer la veille.

- 8 à 12 blancs de poulet selon grosseur
- 1 litre de bouillon de poule du commerce
- 4 noix de beurre
- 4 cuillerées de farine
- 2 jaunes d'œufs
- 3 cuillerées à soupe de crème fraîche
- 1 pincée de noix de muscade râpée (ou en poudre)
- 1 sachet de gelée instantanée
- 1 demi-bouquet d'estragon
- sel, poivre

Les blancs de poulet achetés en barquette se présentent en différents formats ; s'ils sont très épais, séparez-les en deux ou en trois à l'aide d'un petit couteau.

Dans une cocotte, versez le bouillon, ajoutez 1 branche d'estragon et faites pocher les blancs de poulet dans le liquide frémissant pendant 6 à 8 minutes, selon l'épaisseur des morceaux (*ils doivent être juste cuits et rester un peu fermes*).

Égouttez-les à l'aide d'une écumoire et posez-les bien à plat sur une planche pour qu'ils refroidissent sans se déformer ; réservez le bouillon.

Dans une petite casserole, faites fondre le beurre, ajoutez la farine en remuant avec une cuillère en bois ; dès que la préparation mousse, ajoutez 1 louche ou 2 de bouillon de cuisson en remuant vigoureusement. Aux premiers bouillons, retirez du feu.

Dans la béchamel ainsi obtenue, incorporez les jaunes d'œufs, un par un, en remuant bien, puis la crème fraîche et la noix de muscade. Vérifiez l'assaisonnement. *La béchamel doit être fluide, ni trop liquide ni trop épaisse ; au besoin, détendez-la avec un peu de bouillon.*

Commence alors l'opération de chaufroitage. Plongez les morceaux de poulet, l'un après l'autre, dans la béchamel pour bien les enduire de sauce (*celle-ci doit être presque froide : tiède, elle ne se fixerait pas sur les blancs de poulet ; trop froide, elle formerait des grumeaux*). Rangez-les au fur et à mesure dans un grand plat sans les faire se chevaucher (*ou alors, à peine*).

Chauffez doucement le restant de béchamel et versez-le avec précaution dans le plat pour combler les interstices. Laissez refroidir.

Pendant ce temps, préparez la gelée en suivant le mode d'emploi indiqué sur le sachet ; laissez refroidir.

Arrosez le contenu du plat, cuillerée après cuillerée, avec la moitié de la gelée fondue et refroidie ; mettez le plat au réfrigérateur. Réservez le restant de gelée à température ambiante.

Vérifiez que la gelée s'est solidifiée à la surface du plat, sortez-le du réfrigérateur et répétez l'opération avec le reste de gelée refroidie mais encore liquide (*elle va former une pellicule transparente sur les morceaux de poulet*).

Décorez avec des feuilles d'estragon posées à plat sur les blancs de poulet.

Placez le plat 2 heures dans le réfrigérateur. Sortez-le 15 minutes avant le service.

Chili con carne (1)

À préparer vingt-quatre heures à l'avance.

- 650 g de joue de bœuf parée
- 500 g de petits haricots rouges
- 1 gousse d'ail
- 1 demi-poivron rouge
- 2 oignons
- 2 carottes
- 3 cuillerées à soupe d'huile (d'olive de préférence)
- 2 cuillerées à soupe de chili en poudre
- 1 cuillerée à café de cumin en poudre
- 3 cuillerées à soupe de concentré de tomates
- 1 litre de bouillon de volaille du commerce
- 2 clous de girofle
- 1 bouquet garni (1 branche de thym, 1 feuille de laurier, quelques queues de persil)
- sel, poivre

La veille : mettez les haricots dans une casserole d'eau tiède, portez à ébullition. Dès les premiers bouillons, retirez la casserole du feu. Couvrez. Laissez reposer 15 minutes ; égouttez.

Épluchez les oignons, les carottes, la gousse d'ail et le demi-poivron.

Reversez les haricots dans la casserole ; couvrez d'eau. Ajoutez 1 carotte, 1 oignon piqué de 2 clous de girofle et le bouquet garni. Laissez cuire à petits bouillons pendant 2 heures à 2 h 30 (*ils doivent être bien tendres sans se déliter*). Égouttez.

Coupez la joue de bœuf en cubes de 2 cm de côté.

Passez au mixeur l'oignon et la carotte restants, l'ail et le demi-poivron. Ajoutez les épices, 1 cuillerée à soupe d'huile d'olive. Mélangez ce hachis avec la viande et réservez au réfrigérateur 24 heures.

Le jour de la recette : préchauffez le four à 180 °C (th. 6).

Dans une cocotte, chauffez 2 cuillerées à soupe d'huile d'olive ; faites rissoler les petits morceaux de viande avec le hachis. Ajoutez le bouillon, le concentré de tomates ; salez, poivrez. Couvrez et mettez la cocotte au four pour 3 heures.

Après 2 h 30 de cuisson, ajoutez les haricots déjà cuits et égouttés. Vérifiez la tendreté de la viande, laissez reposer au frais pour que le gras remonte à la surface et soit facile à retirer.

Faites réchauffer doucement avant de servir.

Variante : Remplacez la joue de bœuf par du gîte à la noix bien dénervé.

Chili con carne (2)

À préparer vingt-quatre heures à l'avance.

- 650 g de joue de bœuf parée
- 1 boîte 4/4 de haricots rouges
- 1 gousse d'ail
- 1 demi-poivron rouge
- 1 oignon
- 1 carotte
- 2 cuillerées à soupe d'huile (d'olive de préférence)
- 2 cuillerées à soupe de chili en poudre
- 1 cuillerée à café de cumin en poudre
- 3 cuillerées à soupe de concentré de tomates
- 75 cl de bouillon de volaille du commerce
- sel, poivre

Coupez la joue de bœuf en cubes de 2 cm de côté.

Épluchez l'oignon, l'ail, le demi-poivron et la carotte. Passez-les au mixeur. Ajoutez les épices, 1 cuillerée à soupe d'huile d'olive. Mélangez ce hachis avec la viande et réservez au réfrigérateur 24 heures.

Le jour de la recette : préchauffez le four à 180 °C (th. 6).

Dans une cocotte, chauffez l'huile ; faites rissoler les petits morceaux de viande avec le hachis. Couvrez avec le bouillon (*gardez-en un peu pour ajouter en fin de cuisson si nécessaire*) ; ajoutez le concentré de tomates ; salez, poivrez.

Couvrez et mettez la cocotte au four pour 3 heures. Après 2 h 30 de cuisson, ajoutez les haricots rouges égouttés. Vérifiez la tendreté de la viande, laissez reposer au frais pour que le gras remonte à la surface et soit facile à retirer.

Faites réchauffer doucement avant de servir.

Variante : Remplacez la joue de bœuf par du gîte à la noix bien dénervé.

Choux farcis

- 1 chou vert
- 300 g de chair à saucisse
- 150 g de crépine de porc
- 2 cuillerées à soupe de persil haché
- 1 gousse d'ail
- 1 échalote
- 2 noix de saindoux
- 1 verre de vin blanc (20 cl)
- 1 cuillerée à soupe de concentré de tomates
- 1 pincée de bicarbonate de soude
- gros sel
- sel, poivre

Épluchez et lavez le chou feuille à feuille.

Dans un grand faitout, portez à ébullition 3 litres d'eau additionnée de 3 cuillerées à soupe de gros sel et d'1 pincée de bicarbonate de soude ; faites cuire les feuilles de chou 6 à 7 minutes à petits bouillons.

Remplissez l'évier d'eau froide, déposez les feuilles de chou blanchies à l'aide d'une écumoire. Une fois refroidies, égouttez-les. Enlevez les plus grosses côtes.

Pelez et hachez l'ail et l'échalote ; incorporez-les avec le persil haché à la chair à saucisse. Salez, poivrez, mélangez.

Faites 4 parts de la crépine étalée sur la table. Sur chaque lambeau de crépine, alternez en couches successives 2 feuilles de chou et un peu de farce. Refermez la crépine, en lui donnant la forme d'une grosse orange.

Préchauffez le four à 180 °C (th. 6).

Dans une cocotte, chauffez le saindoux. Rangez les choux, côté fermeture au fond de la cocotte ; couvrez ; laissez cuire 6 à 7 minutes, sur feu doux, sans les retourner.

À l'aide d'une écumoire, sortez-les et déposez-les dans un plat à gratin.

Dans la cocotte, faites réduire le vin blanc 3 minutes, puis ajoutez 1 demi-verre d'eau et le concentré de tomates. Faites reprendre l'ébullition et mitonner quelques minutes à feu doux.

Versez le jus de la cocotte sur les choux. Enfournez pour 35 à 40 minutes. Après 15 minutes de cuisson, couvrez le plat d'une feuille de papier d'aluminium. Arrosez les choux à l'aide d'une cuillère toutes les 10 minutes environ.

Servez très chaud.

Chou aux pommes

- 1 chou vert
- 4 pommes fermes et acidulées
- 2 noix de saindoux (ou de graisse d'oie, ou de canard)
- 1 cuillerée à café de bicarbonate de soude
- 1 cuillerée à soupe de gros sel
- sel fin

Retirez les feuilles extérieures et le trognon du chou, coupez-le en quatre, puis coupez les quatre parts en fines lanières. Lavez-les à grande eau et plongez-les dans une casserole d'eau bouillante jusqu'à reprise de l'ébullition ; égouttez dans une passoire sous le robinet d'eau froide.

Répétez l'opération dans de l'eau bouillante additionnée de gros sel et de la cuillerée à café de bicarbonate de soude (*ce qui facilite la digestion*), laissez bouillotter 3 à 4 minutes ; égouttez dans la passoire sous l'eau froide et pressez entre les mains pour retirer l'excès d'eau.

Épluchez les pommes et coupez-les en tranches.

Dans une cocotte, faites fondre le saindoux, déposez une couche de chou, puis une couche de pommes. Continuez ainsi jusqu'à épuisement des ingrédients. Salez légèrement (*évitez le poivre qui développe l'âcreté du chou ; contentez-vous de poser le poivrier sur la table pour les irréductibles*) ; couvrez et laissez cuire à feu doux.

Après 1 heure, mélangez la préparation à l'aide d'une cuillère en bois et poursuivez la cuisson pendant 30 minutes. Rectifiez l'assaisonnement. Servez bien chaud.

En accompagnement : pommes de terre vapeur, riz ou boulgour.

Cœur de veau braisé aux carottes

- 1 cœur de veau (environ 1 kg)
- 1 noix de saindoux
- 1 kg de carottes
- 1 gros oignon
- 1 gousse d'ail
- 1 bouquet garni (1 branche de thym, 1 feuille de laurier, quelques queues de persil)
- 1 verre de vin blanc sec (20 cl)
- 1 demi-litre de bouillon du commerce (bœuf ou volaille)
- 1 cuillerée à café de sucre
- sel, poivre

Pelez l'oignon, émincez-le grossièrement. Épluchez les carottes et coupez-les en rondelles. Épluchez l'ail.

Dans une cocotte, chauffez le saindoux et faites dorer le cœur de veau sur toutes ses faces. Ajoutez l'oignon et le sucre ; couvrez et laissez cuire 5 bonnes minutes à feu doux. Ajoutez le vin blanc et laissez réduire à découvert 3 minutes.

Ajoutez le bouillon, le bouquet garni, l'ail et les carottes ; salez, poivrez ; couvrez et laissez mijoter environ 2 heures à petit feu (*vérifiez la cuisson et prolongez-la, si nécessaire*).

Sortez la viande, coupez-la en tranches, placez-la dans un plat, entourée de carottes. Faites rapidement réduire le jus de cuisson sur feu vif et versez-le sur le plat.

Servez bien chaud avec des pommes de terre vapeur ou en purée.

Compote de lapin

À *préparer vingt-quatre heures à l'avance.*

- 750 g environ de lapin coupé en morceaux
- 1 filet d'huile
- 1 verre et demi de vin blanc sec (35 cl)
- 1 cuillerée à soupe de cognac (facultatif)
- 1 feuille de gélatine
- 1 oignon piqué d'un clou de girofle
- quelques branches de coriandre fraîche
- 1 brin de thym, 1 feuille de laurier
- 1 cuillerée à café de coriandre en grains
- 1 pincée de quatre-épices
- sel, poivre

La veille, mettez les morceaux de lapin dans une terrine, ajoutez les aromates, le cognac, l'oignon le vin blanc (*la viande doit être immergée ; au besoin, ajoutez un peu d'eau*) ; couvrez et laissez mariner dans le réfrigérateur pendant 24 heures.

Le jour de la recette, égouttez les morceaux de lapin, épongez-les dans du papier absorbant et faites-les dorer dans la cocotte avec un filet d'huile.

Ajoutez la marinade ; salez, poivrez ; couvrez et laissez cuire pendant 1 h 30 (*la chair du lapin doit être bien tendre et se déliter*). Sortez les morceaux avec l'écumoire, détachez la chair des os et déposez-la dans une terrine ou un compotier.

Remettez les os dans la cocotte et faites réduire la marinade à découvert pendant 1 demi-heure. Préparez une gelée avec 1 feuille de gélatine du commerce en suivant les indications de l'emballage ; laissez-la refroidir.

Filtrez la marinade à travers un chinois en pressant avec le dos de l'écumoire. Laissez-la refroidir de façon à la dégraisser avec une cuillère ; mélangez-la avec la gelée obtenue et versez sur les morceaux de lapin.

Laissez prendre la gelée au frais ou dans le réfrigérateur pendant 3 heures. *La compote de lapin doit être servie à la température de la pièce : pensez à la sortir du réfrigérateur 2 heures à l'avance.*

Parsemez de coriandre fraîche ciselée et servez avec une salade verte.

Congre à la bretonne

- 2 darnes de congre de 350 g chacune
- 2 petites noix de beurre ou 2 cuillerées d'huile
- 12 oignons grelots
- 1 bouquet garni (1 brin de thym, 1 demi-feuille de laurier, quelques queues de persil)
- 1 cuillerée à soupe rase de farine
- 2 verres de vin blanc (ou d'eau)
- 4 pruneaux dénoyautés et coupés en deux
- 50 g de raisins secs
- sel, poivre

Demandez au poissonnier des darnes dans la partie proche de la tête et priez-le de les couper en deux, de façon à faire 4 portions.

Chauffez le beurre (*ou l'huile*) dans une large poêle ; ajoutez la farine en remuant, laissez-la roussir ; mouillez avec le vin blanc (*ou l'eau*) ; ajoutez les oignons grelots pelés, le bouquet garni, les pruneaux et les raisins secs ; salez, poivrez. Déposez les darnes. Couvrez et laissez cuire sur feu très doux pendant 15 à 20 minutes (*vérifiez la cuisson et prolongez-la, si nécessaire*).

Déposez 1 demi-darne sur chaque assiette. Faites réduire la sauce sur feu vif et versez-la sur le poisson. Servez aussitôt.

En accompagnement : riz long, pommes de terre à l'eau, ou semoule.

Variante : On peut accommoder de la même façon l'églefin, la julienne, le lieu noir, en adaptant le temps de cuisson à chaque variété de poisson.

Congre à l'italienne

- 1 tronçon de congre (500 g environ)
- 100 g de lardons
- 1 cuillerée à soupe d'huile
- 1 oignon
- 1 échalote
- 1 verre d'eau (ou mi-eau mi-vin blanc)
- 250 g de macaronis
- 60 g de fromage râpé
- 4 cuillerées à soupe de chapelure
- 1 cuillerée à soupe de gros sel
- sel, poivre

Demandez au poissonnier de lever les filets du poisson et de vous donner les parures ainsi que les têtes, peau et arêtes d'autres poissons pour un usage ultérieur (court-bouillon, soupe de poisson).

Piquez la chair du poisson de lardons (*fumés ou demi-sel, selon vos préférences*). Épluchez et émincez l'oignon et l'échalote.

Faites chauffer l'huile dans une sauteuse ; ajoutez l'oignon et l'échalote : laissez-les fondre quelques minutes ; ajoutez les filets de poisson et faites-les dorer légèrement sur les deux faces, 3 minutes, à feu doux. Mouillez avec l'eau ou le mélange eau/vin blanc ; salez, poivrez ; couvrez et laissez cuire environ 15 minutes à feu doux (*vérifiez la cuisson et prolongez-la, si nécessaire, sachant que la cuisson se poursuivra au four*). Réservez.

Pendant ce temps, faites cuire les macaronis à l'eau bouillante salée (*le temps de cuisson est indiqué sur l'emballage*). Égouttez-les.

Préchauffez le four à 220 °C (th. 7/8).

Sortez le poisson avec une écumoire ; réservez sur une assiette. Faites réduire le jus de cuisson sur feu vif jusqu'à obtenir une consistance sirupeuse.

Mélangez les macaronis, le poisson et le jus de cuisson ; versez dans un plat à gratin, couvrez d'un mélange de fromage râpé et de chapelure et faites gratiner 10 minutes au four.

Variante : On peut accommoder de la même façon l'églefin, la julienne, le lieu noir, en adaptant le temps de cuisson à chaque variété de poisson.

Congre marinière

- 1 tronçon de congre (700 g environ)
- 1 cuillerée à soupe d'huile + quelques gouttes pour huiler la cocotte
- 2 oignons
- 1 gousse d'ail
- 1 clou de girofle
- 1 bouquet garni (1 brin de thym, 1 demi-feuille de laurier, quelques queues de persil)
- 1 cuillerée à soupe de câpres
- 1 anchois
- 1 cornichon
- 1 cuillerée à soupe de persil haché
- 1 demi-verre de vinaigre de vin blanc (10 cl)
- 1 verre d'eau
- sel, poivre

pour la marinade :
- 3 cuillerées d'huile (d'olive de préférence)
- 1 demi-verre de vinaigre (10 cl)

Demandez au poissonnier de parer le poisson et de vous donner les parures ainsi que les têtes, peau et arêtes d'autres poissons pour un usage ultérieur (court-bouillon, soupe de poisson).

Faites mariner le morceau de congre avec du poivre, du sel, du vinaigre et de l'huile pendant 1 heure, en le retournant à plusieurs reprises.

Versez quelques gouttes d'huile dans une cocotte, étalez-la au pinceau de cuisine ; faites dorer les oignons épluchés et émincés pendant 5 minutes ; ajoutez la gousse d'ail écrasée, le clou de girofle, le bouquet garni, le vinaigre de vin blanc et l'eau ; salez, poivrez ; portez à ébullition et laissez bouillotter 6 à 8 minutes.

Sortez le poisson de la marinade, déposez-le dans la cocotte (*le liquide doit affleurer le poisson*) et poursuivez la cuisson à frémissement pendant 15 à 20 minutes (*vérifiez la cuisson et prolongez-la, si nécessaire*). Retirez le bouquet garni. Ajoutez les câpres, et le persil, l'anchois et le cornichon hachés.

Servez chaud, tiède ou froid.

Variante : On peut accommoder de la même façon l'églefin, la julienne, le lieu noir, en adaptant le temps de cuisson à chaque variété de poisson.

Congre à la normande

- 1 tronçon de congre d'environ 700 g
- 500 g d'oignons
- 1 noix de beurre
- 1 cuillerée à soupe de farine
- 2 cuillerées à soupe de crème fraîche
- 1 verre de cidre ou d'eau (20 cl)
- sel, poivre

Demandez au poissonnier de parer le poisson et de vous donner les parures ainsi que les têtes, peau et arêtes d'autres poissons pour un usage ultérieur (court-bouillon, soupe de poisson).

Épluchez et émincez les oignons ; faites-les revenir dans une cocotte avec le beurre en remuant pendant une dizaine de minutes. Saupoudrez de farine, laissez roussir ; déposez le poisson et mouillez avec le cidre ou l'eau ; salez, poivrez ; couvrez et laissez mijoter 15 à 20 minutes à feu doux (*vérifiez la cuisson et prolongez-la, si nécessaire*). Sortez le poisson à l'aide d'une écumoire ; déposez-le sur le plat de service.

Faites réduire la sauce quelques instants sur feu vif ; ajoutez la crème fraîche, vérifiez l'assaisonnement et nappez le poisson.

Servez bien chaud avec du riz, de la semoule, ou des pommes de terre vapeur.

Variante : On peut accommoder de la même façon l'églefin, la julienne, le lieu noir, en adaptant le temps de cuisson à chaque variété de poisson.

Congre rôti

- 1 tronçon de congre d'environ 700 g
- 1 oignon
- 1 cuillerée à soupe d'huile
- 1 verre de vin blanc sec (20 cl)
- sel, poivre

Demandez au poissonnier de parer le poisson et de vous donner les parures ainsi que les têtes, peau et arêtes d'autres poissons pour un usage ultérieur (court-bouillon, soupe de poisson).

Préchauffez le four à 210 °C (th. 7).

Essuyez le morceau de poisson avec un papier absorbant ; déposez-le dans un plat à four ; arrosez-le d'huile et retournez-le dans le plat pour qu'il soit imprégné sur toutes les faces ; salez, poivrez ; ajoutez l'oignon épluché et haché, et le vin blanc ; faites cuire 15 à 20 minutes au four en arrosant le poisson à plusieurs reprises avec le jus de cuisson (*vérifiez la cuisson et prolongez-la, si nécessaire*).

Servez bien chaud avec du riz long, du boulgour, des pommes de terre vapeur, des épinards.

Coquillettes à la brouillade d'œufs et de tomates

- 250 g de coquillettes (ou autres pâtes de votre choix)
- 6 œufs
- 1 gros oignon émincé
- 4 tomates
- 1 branche de céleri hachée
- 1 feuille de laurier, 1 brindille de thym
- 1 filet d'huile
- 1 noix de beurre
- 75 g de fromage râpé
- 1 pincée de sucre
- gros sel
- sel, poivre

Versez un filet d'huile dans une poêle, étalez-la au pinceau de cuisine ; ajoutez l'oignon épluché et émincé ; faites-le fondre 8 minutes à feu doux, sans prendre couleur. Ajoutez les tomates pelées, épépinées et coupées en morceaux, la branche de céleri hachée, le laurier, le thym et la pincée de sucre ; salez, poivrez. Laissez cuire à découvert sur feu très doux pendant 20 à 25 minutes en remuant de temps à autre avec une cuillère en bois pour éviter que la fondue n'attache. Quand l'eau de végétation est bien évaporée, gardez en attente.

Faites cuire les coquillettes dans une grande casserole d'eau bouillante additionnée d'une cuillerée à soupe de gros sel (*le temps de cuisson est indiqué sur l'emballage*). Quand elles sont *al dente*, égouttez-les dans une passoire ; ajoutez le beurre et le fromage râpé, mélangez, disposez-les en couronne dans un plat en ménageant un espace vide au centre et tenez le plat au chaud.

Battez les œufs en omelette, versez-les dans la poêle contenant la fondue de tomates et faites cuire sur feu doux en raclant le fond de la poêle et en remuant vivement. Lorsque cette brouillade est ferme, déposez-la dans l'espace réservé au milieu des coquillettes. Servez aussitôt.

Variante : Ajoutez au-dessus de la brouillade des petits croûtons rissolés à l'huile ou au saindoux, dorés et croustillants.

Côtelettes de dinde à la grenobloise

- 4 côtelettes de dinde d'environ 125 g chacune
- 2 oignons
- 1 cuillerée à soupe d'huile
- 2 cuillerées à soupe de farine
- 25 cl de bouillon de volaille du commerce
- 1 quart de verre de vin blanc sec
- 4 ou 5 cornichons au vinaigre
- sel, poivre

Épluchez et hachez grossièrement les oignons.

Versez quelques gouttes d'huile dans une casserole, étalez-la avec un pinceau de cuisine. Ajoutez les oignons, laissez-les fondre 10 minutes sans prendre couleur. Saupoudrez-les avec 1 cuillerée à soupe de farine et remuez jusqu'à ce que l'ensemble devienne roux clair. Ajoutez le vin blanc et le bouillon. Remuez jusqu'à ce que le mélange épaississe légèrement ; couvrez et laissez mijoter très doucement.

Pendant ce temps, farinez légèrement les côtelettes de dinde. Dans une poêle à feu moyen, faites fondre le restant d'huile. Déposez les côtelettes côte à côte ; laissez-les dorer doucement 4 minutes de chaque côté. Salez, poivrez. Rangez-les sur un plat chaud.

Ajoutez les cornichons coupés en fines rondelles dans la sauce à l'oignon. Vérifiez l'assaisonnement. Versez la sauce sur les côtelettes et servez aussitôt.

Courgettes farcies

- 4 courgettes de 20 cm environ de long et d'égale grosseur
- 200 g de farce (recettes p. 326-330)
- 1 filet d'huile pour graisser le plat
- 1 cuillerée à soupe de gros sel

Passez les courgettes sous l'eau, supprimez la queue, coupez-les en deux dans le sens de la longueur, sans les peler ; creusez au centre de chacune une rigole en laissant 1 cm de pulpe sur les bords et un peu plus dans le fond (*elles prennent ainsi la forme d'une barquette*). Réservez la pulpe pour l'ajouter dans la farce.

Plongez les courgettes dans une grande casserole d'eau salée portée à ébullition. Laissez bouillotter 8 à 10 minutes, pas davantage (*elles finiront de cuire dans le four*). Tâtez-les pour vérifier le juste point de cuisson ; dès qu'elles fléchissent sous le doigt, sortez-les délicatement avec l'écumoire et laissez-les égoutter à plat sur une grille au-dessus de l'évier.

Allumez le four en position gril.

Rangez les courgettes dans un plat à gratin huilé ; à l'aide d'une petite cuillère, garnissez-les de la farce de votre choix dans laquelle vous aurez incorporé la pulpe des courgettes. Lissez la farce avec la lame d'un couteau en la faisant bomber légèrement.

Faites gratiner 8 à 10 minutes sous la rampe du gril (porte du four ouverte) en veillant à ce qu'elles dorent mais ne brûlent pas.

Crêpes de pommes de terre

- 4 pommes de terre à chair ferme
- 1 tasse de mie de pain rassis
- 1 demi-tasse de lait
- 2 œufs
- 2 cuillerées à soupe de tapioca
- 1 demi-verre d'eau (10 cl)
- 2 cuillerées à soupe de saindoux (ou d'huile)
- 1 demi-bouquet de ciboulette ciselée
- 1 pincée de noix de muscade râpée (ou en poudre)
- sel, poivre

Faites tremper la mie de main dans le lait chaud et le tapioca dans un demi-verre d'eau.

Épluchez et lavez les pommes de terre ; passez-les au mouli-julienne, grille fine, ou au robot, comme vous le feriez pour des carottes râpées ; séchez-les dans un torchon ou du papier absorbant. Mélangez-les aussitôt (*pour éviter qu'elles ne noircissent*) avec la mie de pain bien égouttée, les œufs entiers battus en omelette et le tapioca dilué dans l'eau ; salez, poivrez, ajoutez la noix de muscade et la ciboulette finement ciselée. Vous obtiendrez une sorte de pâte à crêpes.

Faites chauffer le saindoux dans une poêle sur feu vif ; à l'aide d'une cuillère à soupe, déposez des petits tas de pâte dans la poêle, en les espaçant car ils vont s'aplatir et former des galettes de 3 ou 4 cm de diamètre. Faites-les dorer pendant 1 minute ou 2, retournez-les avec une spatule pour les faire dorer sur l'autre face. Égouttez-les sur du papier absorbant, déposez-les sur le plat de service, salez légèrement et servez bien chaud.

Croquettes de nouilles

- 100 g de nouilles (ou de coquillettes)
- 100 g de mie de pain émiettée
- 2 oignons
- 2 tomates
- 1 œuf
- 2 noix de saindoux + 1 noisette pour graisser la poêle
- 3 cuillerées à soupe de farine
- 1 zeste d'un citron
- 1 cuillerée à soupe de gros sel
- sel, poivre

Faites cuire les pâtes *al dente* dans une casserole d'eau bouillante salée (*le temps de cuisson est indiqué sur l'emballage*).

Graissez une poêle au pinceau de cuisine ; déposez les oignons préalablement épluchés et hachés menu. Laissez-les dorer sur feu doux, ajoutez les tomates épépinées et grossièrement concassées, et laissez mijoter 8 à 10 minutes, puis réduire à découvert jusqu'à obtenir une « fondue » de bonne consistance.

Mélangez dans un saladier les nouilles (*ou les coquillettes*) égouttées, l'œuf, la mie de pain émiettée, le zeste de citron finement haché, la fondue de tomates et oignons ; salez, poivrez.

Farinez la planche à découper (ou un torchon posé sur la table). Prélevez à mains nues 4 grosses boulettes du mélange pâtes/mie de pain, passez-les dans la farine et donnez-leur la forme de galettes.

Faites chauffer le reste de saindoux dans la poêle ; déposez les galettes une par une, en veillant à les espacer suffisamment, et laissez rissoler 1 minute ou 2, puis retournez-les à l'aide d'une spatule pour les faire dorer sur l'autre face.

Déposez-les dans le plat de service ou sur chaque assiette et servez bien chaud avec un coulis de tomates maison (recettes p. 323) ou en boîte.

Curry de légumes

Ce plat permet d'utiliser tous les légumes que vous avez dans votre garde-manger mais en quantité insuffisante pour les accommoder seuls.

- 3 oignons
- 2 poireaux
- 2 navets
- 1 carotte
- 1 courgette
- 2 tomates
- 1 poivron rouge ou vert
- 1 bulbe de fenouil
- 1 gousse d'ail
- 1 pomme acide
- 3 cuillerées à soupe de raisins secs
- 1 morceau de racine de gingembre frais
- 1 cuillerée à soupe de curry en poudre
- 1 petite noix de beurre
- 2 cuillerées à soupe de crème fraîche (ou 2 yaourts nature, ou 2 yaourts au soja)
- sel, poivre

Épluchez et lavez les légumes que vous avez à votre disposition.

Coupez en rondelles oignons, poireaux, navets, carotte, courgette (*sans les peler*), fenouil. Pelez le poivron avec un épluche-légumes (*la peau est indigeste*) ; partagez-le en deux, enlevez le pédoncule, les graines, les filaments blancs. Coupez-le en fines lanières puis en tout petits carrés (*avec des ciseaux, c'est plus facile*). Coupez les tomates en morceaux, sans les peler mais en éliminant les graines ; épluchez le gingembre et la gousse d'ail.

Dans une cocotte, faites fondre le beurre, versez les oignons et les poireaux ; laissez suer sans prendre couleur. Ajoutez le morceau de gingembre, les raisins secs, l'ail écrasé et, par petites poignées introduites peu à peu, les autres légumes (gardez pour la fin les tomates, la pomme épluchée et coupée en cubes) ; saupoudrez de poudre de curry ; ajoutez 2 à 3 cuillerées à soupe d'eau ; mélangez bien le tout.

Laissez cuire à découvert une quinzaine de minutes, en remuant de temps en temps. Couvrez la cocotte et prolongez la cuisson 15 minutes en remuant deux à trois fois et en vérifiant la cuisson (*le plat est plus savoureux si les légumes sont juste cuits, encore un peu fermes*).

Retirez le morceau de gingembre, salez, poivrez et faites évaporer l'excédent de jus de cuisson.

Juste avant de servir, ajoutez la crème fraîche ou les yaourts. Servez avec du riz long.

Variante : Pour un plat plus consistant, on peut ajouter en fin de cuisson un restant de pommes de terre cuites à la vapeur et coupées en petits morceaux.

Darnes de congre, fondue d'endives

- 4 darnes de congre (environ 130 g chacune)
- 4 endives
- 2 cuillerées à soupe de farine
- 1 noix de beurre
- 1 cuillerée à soupe d'huile
- le jus d'un demi-citron
- 1 cuillerée à soupe de persil haché
- sel, poivre

Supprimez les trognons des endives et coupez-les en rondelles de 1 cm de large environ.

Chauffez le beurre dans une sauteuse, versez les endives et laissez cuire à feu moyen une dizaine de minutes, en remuant souvent, jusqu'à évaporation complète du jus de végétation. Ajoutez un filet de jus de citron ; réservez.

Salez et poivrez les darnes ; farinez-les sur les deux faces, secouez-les pour ôter l'excédent de farine.

Versez l'huile dans une poêle et faites dorer les darnes 3 à 4 minutes ; retournez-les avec une spatule et poursuivez la cuisson 3 minutes.

Répartissez la fondue d'endives dans chaque assiette, déposez les darnes bien dorées, saupoudrez de persil haché et servez aussitôt.

Daube de dinde

À préparer vingt-quatre ou quarante-huit heures à l'avance.

- 800 g de viande de dinde (haut de cuisse et blanquette)
- 80 g de lardons demi-sel
- 15 oignons grelots
- 4 gousses d'ail
- 1 bouquet garni (1 brin de thym, 1 feuille de laurier, quelques queues de persil)
- 1 cuillerée à soupe d'huile (d'olive de préférence)
- 1 noix de saindoux
- 1 cuillerée à soupe de farine
- 1 cuillerée à soupe de concentré de tomates
- 50 cl de bouillon de poule instantané
- 1 cuillerée à soupe de cognac
- 1 cuillerée à soupe de sucre
- sel, poivre

pour la marinade :
- 1 bouteille de vin rouge
- 1 carotte
- 1 oignon
- 1 échalote
- 1 demi-branche de céleri
- 1 cuillerée à soupe d'huile (d'olive de préférence)

Épluchez et lavez les légumes de la marinade : carotte, oignon, échalote, céleri. Passez-les au mixeur ou coupez-les en très petits dés.

Huilez soigneusement chaque morceau de dinde (*il n'est pas recommandé de saler et poivrer la viande à mariner car le sel cuit les chairs*). Mettez-les dans un récipient avec les légumes, ajoutez le vin rouge. Couvrez d'un film alimentaire et réservez au réfrigérateur pendant 24 à 48 heures.

Le jour de la recette, égouttez la viande ; essuyez chaque morceau dans un papier absorbant ; filtrez la marinade à travers une passoire fine au-dessus d'une casserole et faites-la réduire de moitié, à feu moyen.

Dans une cocotte, faites rissoler doucement les lardons sans ajout de matière grasse ; retirez du feu ; réservez sur une assiette.

Déposez dans la cocotte les oignons grelots épluchés ; faites-les dorer 5 minutes dans la graisse rendue par les lardons, en remuant ; sortez-les avec une écumoire ; réservez.

Rajoutez le saindoux et 1 cuillerée d'huile dans la cocotte ; déposez la viande, saupoudrez-la de sucre et faites-la rissoler 8 minutes ; versez la farine en pluie et laissez-la roussir sans cesser de remuer. Ajoutez le cognac, le vin réduit de la marinade, le bouquet garni, les gousses d'ail légèrement écrasées, le concentré de tomates délayé dans le bouillon ; salez, poivrez. Couvrez et faites cuire 1 h 30 à petits bouillons ; ajoutez les oignons grelots et les lardons ; poursuivez la cuisson 15 minutes.

Égouttez la viande et gardez-la au chaud sous un papier d'aluminium. Retirez le bouquet garni et faites réduire la sauce jusqu'à ce qu'elle soit onctueuse.

Servez aussitôt avec des pommes de terre en purée ou en robe des champs (*avec la peau*), un gratin dauphinois, ou des pâtes.

Dinde façon saltimbocca

- 4 escalopes de dinde larges et fines
- 4 fines tranches de jambon cru
- 4 fines tranches de fromage (gruyère, comté ou gouda)
- 2 cuillerées à soupe d'huile
- 1 cuillerée à soupe de crème fraîche épaisse
- le jus d'un demi-citron
- 5 feuilles de sauge fraîche
- sel, poivre

Sur chaque escalope, posez une tranche de jambon, une tranche de fromage et une feuille de sauge. Roulez l'escalope sur elle-même et maintenez-la fermée avec une pique en bois.

Versez l'huile dans une poêle avec la feuille de sauge restante hachée menu, et faites revenir à petit feu les escalopes roulées, en les retournant régulièrement. Au bout de 15 minutes, retirez les escalopes et tenez-les au chaud sous un papier d'aluminium.

Versez dans la poêle le jus de citron. Avec une spatule, grattez pour récupérer les sucs caramélisés. Ajoutez la crème. Salez, poivrez. Portez rapidement à ébullition. Remuez. Nappez les saltimbocca de sauce.

Servez avec une purée de céleri-rave, de navets ou de haricots blancs.

Échine de porc au lait

À *préparer la veille.*

- 800 g d'échine de porc désossée
- 1 petite noix de saindoux
- 1 litre de lait
- 150 g d'oignons
- 2 feuilles de sauge, 1 brindille de thym
- sel, poivre

Épluchez les oignons, coupez-les en rondelles très fines.

Dans une cocotte, faites chauffer le saindoux sur feu doux ; ajoutez les oignons, couvrez et laissez étuver pendant 25 minutes (*ils doivent être transparents*).

Déposez le morceau d'échine sur le lit d'oignons fondus, ajoutez les feuilles de sauge et le thym ; couvrez avec le lait.

Posez le couvercle sur la cocotte en laissant un espace de 1 cm environ et laissez cuire à feu doux pendant 45 minutes. *Le lait porté à ébullition a tendance à s'échapper ; pour éviter le débordement, mettez une soucoupe dans le fond de la cocotte ou une cuillère en bois posée en travers.*

Retournez le morceau de viande et prolongez la cuisson à feu doux une trentaine de minutes. Laissez refroidir dans le lait.

Sortez la viande, éliminez les grumeaux de lait qui s'y attachent à l'aide d'un papier absorbant ; enveloppez-la dans un film alimentaire ; serrez fortement, mettez au réfrigérateur pendant au moins 12 heures.

Servez en tranches fines avec une salade croquante, légèrement aillée.

Échine de porc au tofu et au chou chinois

- 800 g d'échine de porc désossée
- 250 g de tofu
- 1 chou chinois
- 1 oignon
- 2 gousses d'ail
- 1 cuillerée à soupe de sauce nuoc-mâm
- 2 cuillerées à soupe d'huile
- 1 demi-bouquet de coriandre fraîche
- 1 pincée de bicarbonate de soude
- 1 cuillerée à café de cumin en poudre
- 1 cuillerée à soupe de vinaigre de vin
- 1 cuillerée à soupe de gros sel
- sel, poivre

Coupez la viande en petits morceaux d'égale grosseur et le pavé de tofu en petits dés. Mettez le tofu à mariner 15 minutes au frais avec 1 cuillerée de vinaigre de vin, un peu de sel et de poivre, 1 cuillerée à café de cumin en poudre et un filet d'huile, en les remuant à deux ou trois reprises.

Épluchez et hachez l'oignon ; épluchez et écrasez les gousses d'ail.

Coupez le chou chinois en fines lanières et faites-le cuire 10 à 12 minutes dans une casserole d'eau bouillante salée additionnée d'1 pincée de bicarbonate de soude. Égouttez et réservez.

Chauffez un filet d'huile dans une sauteuse, étalez-la au pinceau de cuisine ; faites rissoler la viande, l'oignon haché et l'ail écrasé pendant 5 minutes en remuant constamment. Ajoutez, en fin de cuisson, la sauce nuoc-mâm, mélangez bien et réservez.

Sans la rincer, ajoutez dans la sauteuse le restant d'huile et faites dorer 3 minutes, sur toutes les faces, les petits morceaux de tofu préalablement égouttés.

Reversez dans la sauteuse viande, oignon, chou et tofu et laissez cuire 3 minutes à feu vif (*vérifiez la cuisson et prolongez-la, si nécessaire*).

Disposez dans le plat de service ou sur chaque assiette, saupoudrez de coriandre ciselée et servez bien chaud avec du riz long grain ou de la semoule.

Embeurrée de chou

- 1 chou vert
- 50 g de beurre (ou de saindoux)
- 1 demi-verre de vinaigre d'alcool
- 1 pincée de bicarbonate de soude
- 1 cuillerée à soupe de gros sel
- sel fin

Mettez à bouillir un grand faitout d'eau additionnée de gros sel et de bicarbonate de soude.

Retirez les grosses feuilles dures de l'extérieur du chou. Séparez les feuilles une à une ; retirez les côtes ; lavez les feuilles dans de l'eau vinaigrée et jetez-les dans l'eau bouillante. Couvrez et laissez cuire 20 minutes. Égouttez-les et rincez-les à l'eau froide. Hachez-les grossièrement au couteau.

Mettez le chou parfaitement égoutté dans une cocotte avec le beurre (*ou le saindoux*) ; mélangez jusqu'à ce que la matière grasse choisie soit fondue et bien incorporée au chou. Vérifiez l'assaisonnement en sel (*pas de poivre, il développerait l'âcreté du chou)*. Couvrez et laissez mitonner 8 à 10 minutes.

Émincé de dinde au paprika

- 600 g d'émincé de dinde (coupé en fines lanières dans le filet ou l'escalope)
- 1 cuillerée à soupe de farine
- 2 oignons
- 3 tomates
- 1 petite noix de saindoux
- 1 cuillerée à soupe de crème fraîche
- 1 demi-verre de bouillon du commerce (10 cl)
- 1 cuillerée à soupe de concentré de tomates
- 2 cuillerées à café de paprika
- sel, poivre

Pelez, épépinez, coupez en morceaux les tomates. Épluchez et hachez finement les oignons. Farinez très légèrement les lanières de dinde, secouez pour éliminer l'excédent de farine.

Chauffez le saindoux dans une cocotte ; faites revenir vivement la viande pendant 2 minutes ; retirez-la à l'aide d'une écumoire ; réservez.

Versez les oignons hachés dans la cocotte (*sans la rincer*) ; baissez le feu ; laissez cuire doucement à découvert 4 à 5 minutes ; salez, poivrez ; saupoudrez de paprika, mélangez bien afin que les oignons s'imprègnent de l'épice. *Le paprika développe son arôme au contact de l'oignon et du saindoux.*

Ajoutez le concentré de tomates délayé dans le bouillon et les tomates. Laissez cuire à petit bouillottement jusqu'à ce que la sauce épaississe. Ajoutez la crème, délayez, puis la viande et le jus qu'elle a rendu ; mélangez bien ; vérifiez l'assaisonnement.

Servez bien chaud avec du riz, des pâtes ou des pommes de terre vapeur.

Épaule d'agneau aux pommes de terre et aux tomates

Vous pourrez utiliser les restes de viande et de sauce pour parfumer un plat de pâtes.

- 1 épaule d'agneau désossée (900 g environ) ou 1 kg de collier
- 6 à 8 pommes de terre à chair ferme
- 4 gros oignons
- 4 tomates
- 2 verres d'eau ou de vin blanc doux (40 cl)
- sel, poivre

Épluchez les pommes de terre, coupez-les en grosses rondelles ; épluchez et émincez les oignons ; pelez, épépinez et concassez les tomates.

Détachez avec un petit couteau les parcelles de gras de la viande ; faites-les fondre dans une cocotte (ou une grande casserole). Faites revenir la viande sur toutes les faces dans ce gras fondu. Quand elle est bien dorée, ajoutez 2 verres d'eau (*ou de vin blanc*), les oignons, les pommes de terre, les tomates. Salez, poivrez. Couvrez la cocotte (*si vous avez utilisé une casserole, couvrez-la avec une assiette contenant de l'eau froide que vous renouvellerez en cours de cuisson*).

Laissez mijoter à petit feu pendant 2 bonnes heures (*vérifiez la cuisson avec la pointe d'un couteau et prolongez-la, si nécessaire*).

Sortez la viande pour la trancher sur la planche à découper, déposez les tranches au-dessus des légumes et posez la cocotte sur la table.

Épigrammes d'agneau grillés

- 900 g d'épigrammes d'agneau
- 1 cuillerée à soupe de gros sel
- sel, poivre

Les épigrammes (ou haut de côtes) se présentent en longues bandes. Coupez les bandes entre les os, en portions de 4 à 5 cm. Déposez-les dans une grande casserole, recouvrez d'eau froide additionnée de gros sel. Portez à ébullition, couvrez et ramenez la cuisson à frémissement pendant 20 minutes. Égouttez. Épongez dans du papier absorbant.

Allumez le gril du four.

Quand il est bien rouge, faites griller les morceaux de viande rangés côte à côte sur une grille posée au-dessus de la lèchefrite, à 10 cm de la rampe, pendant 8 minutes, en les retournant à mi-cuisson. *Si vous utilisez un gril rainuré en fonte, faites-le chauffer sur la plaque de cuisson, sans matière grasse, et faites dorer les épigrammes sur les deux faces.*

Quand ils sont bien dorés, déposez-les sur un plat chaud, salez, poivrez et servez aussitôt avec une purée de pommes de terre, de céleri-rave ou de haricots blancs en conserve. C'est l'occasion de goûter le rutabaga, de sinistre mémoire pour certains mais formidablement savoureux cuit à l'eau et réduit en purée… à condition, toutefois, d'y incorporer le même poids (ou presque) de beurre ou de saindoux.

Épluchures de pommes de terre frites

Une bonne idée pour utiliser les épluchures de pommes de terre. Surtout si vous n'avez pas d'économe et que vos épluchures sont un peu épaisses. Les épluchures des pommes de terre bien brossées et impeccablement propres sont délicieuses frites. Les vitamines sont généralement dans tous les fruits et légumes en plus grande quantité dans les épluchures.

- épluchures de 4 ou 5 pommes de terre farineuses
- bain de friture
- sel fin

Faites chauffer le bain de friture – *il doit fumer légèrement.*

Plongez les copeaux d'épluchures par petites poignées. Laissez frire 2 à 3 minutes jusqu'à ce qu'elles soient croustillantes.

Égouttez sur un papier absorbant et saupoudrez de sel fin.

Escalopes de dinde au caramel de citron

- 4 escalopes de dinde
- 1 cuillerée à soupe de farine
- 7 cuillerées à soupe de sucre
- 1 filet d'huile
- 1 noix de beurre
- 1 oignon
- 1 citron
- 1 petite branche de romarin, 1 feuille de sauge
- 1 verre d'eau (20 cl)
- sel, poivre

Épluchez et hachez l'oignon. Farinez légèrement les escalopes et secouez-les pour éliminer l'excédent de farine.

Versez un filet d'huile dans une sauteuse, étalez-la avec un pinceau de cuisine, déposez l'oignon pelé et émincé, le romarin et la sauge ; couvrez et laissez suer pendant 5 minutes.

Posez les escalopes sur les oignons et poursuivez la cuisson 5 à 10 minutes, selon l'épaisseur de l'escalope. Retirez la branche de romarin et la feuille de sauge. Salez, poivrez.

Prélevez et hachez le zeste d'un demi-citron ; récupérez son jus. Coupez l'autre moitié en petits cubes.

Versez le sucre dans une petite casserole, mouillez avec l'eau et le jus de citron ; laissez fondre le sucre sur feu doux, puis caraméliser. Quand le caramel commence à blondir, incorporez le beurre, les zestes et les petits cubes de citron en remuant avec une cuillère en bois.

Présentez les escalopes sur la réduction d'oignons et nappez avec le caramel au citron.

En accompagnement : une purée, des pâtes, du boulgour.

Escalopes de dinde à la neige

Pour l'emploi de blancs d'œufs non utilisés que vous aurez pris la précaution de garder au réfrigérateur dans un récipient hermétique.

- 4 escalopes de dinde
- 4 blancs d'œufs
- 1 noix de beurre ou de saindoux
- 80 g de fromage râpé
- 3 cuillerées à soupe de chapelure
- 1 verre de vin blanc (20 cl)
- sel, poivre

Sortez les blancs d'œufs du réfrigérateur 1 heure à l'avance pour les amener à température ambiante.

Préchauffez le four à 180 °C (th. 6).

Déposez les escalopes dans un plat à four beurré, salez et poivrez légèrement.

Battez les blancs en neige ferme avec 1 pincée de sel. Étalez la neige sur les escalopes en couche régulière, recouvrez de fromage râpé mélangé à la chapelure et ajoutez le vin blanc.

Enfournez pour 30 minutes. Servez sans attendre.

Escalopes de dinde viennoise

- 4 escalopes larges et fines de 125 g chacune
- 4 œufs
- 150 g de chapelure
- 3 cuillerées à soupe de farine
- 1 noix de beurre ou de saindoux, ou 2 cuillerées à soupe d'huile
- 3 cuillerées à soupe de câpres
- 4 anchois roulés à l'huile
- 1 citron
- sel, poivre

Mettez 2 œufs à durcir ; passez-les sous l'eau froide, écalez-les, puis passez-les à la moulinette.

Hachez grossièrement les câpres.

Procédez au panage des escalopes. Prenez trois assiettes ; dans la première, mettez la farine ; dans la deuxième, 2 œufs entiers battus en omelette ; dans la troisième, la chapelure. Passez chaque escalope sur les 2 faces, d'abord dans la farine, puis dans les œufs battus, enfin dans la chapelure. Salez, poivrez.

Mettez le corps gras choisi dans une poêle à feu moyen ; quand il grésille, déposez les escalopes panées, faites-les dorer ; baissez le feu ; laissez cuire 2 minutes, puis retournez-les avec une spatule et faites de même de l'autre côté. Déposez les escalopes sur du papier absorbant pour les sécher recto verso.

Servez à l'assiette, avec des quartiers de citron, en répandant sur chaque escalope des câpres hachées et les œufs moulinés. Ajoutez 1 petit anchois roulé.

En accompagnement : des bettes ou des blancs de céleri au beurre, ou des épinards.

Filet de dinde braisé aux olives

- 1 filet de dinde entier (environ 800 g)
- 1 cuillerée à soupe de farine
- 1 oignon
- 1 carotte
- 1 branche de céleri
- 1 brin de romarin
- 2 cuillerées à soupe d'huile (d'olive de préférence)
- 200 g d'olives vertes dénoyautées
- 10 filets d'anchois à l'huile
- 1 verre de vin blanc sec (20 cl)
- sel, poivre

Entrouvrez le filet de dinde. Poivrez.

Hachez au robot les olives dénoyautées, les anchois, l'oignon, la carotte, la branche de céleri et le brin de romarin effeuillé. Farcissez le filet de dinde avec cette purée. Ficelez-le.

Faites chauffer l'huile dans une cocotte. Ajoutez la viande légèrement farinée pour lui permettre de dorer. Ajoutez le vin blanc. Couvrez et laissez mijoter à feu doux pendant 1 heure en retournant la viande régulièrement.

Retirez la viande. Laissez-la reposer une dizaine de minutes, emballée dans un papier d'aluminium.

Faites légèrement réduire la sauce si nécessaire et rectifiez l'assaisonnement.

Coupez la viande en tranches. Servez aussitôt.

En accompagnement : ratatouille en conserve, semoule, ou riz.

Filet de dinde froid à la sauce au thon

À préparer la veille.

- 1 filet de dinde entier (environ 800 g)
- 200 g de thon au naturel en conserve
- 1 demi-verre de vin blanc (10 cl)
- 1 citron
- 20 g d'anchois
- 20 g de câpres
- 1 feuille de laurier
- 2 cuillerées à soupe de mayonnaise (recette p. 330)
- gros sel
- sel, poivre

La veille : faites bouillir 3 litres d'eau avec 2 cuillerées à soupe de gros sel, 1 demi-citron coupé en tranches et la feuille de laurier. À ébullition, déposez la viande, laissez mijoter à frémissement. Après 35 minutes, retirez la viande, enroulez-la dans un film alimentaire, laissez-la refroidir et mettez-la au réfrigérateur.

Le jour de la recette : découpez la viande en tranches très fines (*le cœur doit être rosé*).

Passez au mixeur le thon bien égoutté, les anchois et les câpres. Incorporez la mayonnaise, le vin blanc et le jus du demi-citron restant pour obtenir une sauce veloutée. Nappez de sauce les tranches de dinde.

Servez froid avec 2 ou 3 câpres pour décorer l'assiette.

Filets de grondin à la crème

Avec un grondin, vous pourrez faire deux plats : les filets de grondin à la crème et une soupe de poisson (recette p. 76).

- 1 grondin de 1,2 kg environ
- 1 demi-verre de vin blanc (10 cl)
- 1 demi-verre d'eau (10 cl)
- 1 filet d'huile pour graisser le plat
- 2 cuillerées à soupe de crème fraîche épaisse
- 1 botte de persil
- sel, poivre

Demandez au poissonnier de parer et vider le grondin, de lever les filets, de vous réserver les parures et de vous en donner d'autres poissons pour préparer la soupe du lendemain (recette p. 76).

Préchauffez le four à 200 °C (th. 6/7).

Rangez les filets côte à côte dans un plat à gratin huilé ; salez, poivrez ; ajoutez l'eau et le vin. Couvrez le plat de papier d'aluminium ou de papier sulfurisé et faites cuire 8 minutes au four (*vérifiez la cuisson et prolongez-la, si nécessaire*). Ajoutez la crème et la botte entière de persil grossièrement hachée. Servez avec des pommes de terre vapeur.

Variante : Suivez la recette en faisant l'économie de la crème. Ajoutez 1 verre d'eau dans le plat avant de le mettre au four ; en fin de cuisson, récupérez le jus de cuisson dans une petite casserole, liez-le avec une cuillerée à café de fécule de pomme de terre diluée dans un peu d'eau ; laissez épaissir la sauce sur feu doux et nappez les filets de poisson.

Filets de merlan en papillotes

La cuisson en papillotes consiste à emprisonner hermétiquement, dans du papier d'aluminium, du papier sulfurisé, ou une feuille de laitue ou de chou, un aliment à cuire dont on découvre les saveurs en ouvrant la papillote. Tous les filets de poisson peuvent être préparés selon cette recette, il suffit d'adapter le temps de cuisson au poids.

- 4 filets de merlan d'environ 130 g
- 1 bulbe de fenouil
- 2 carottes
- 1 poireau
- 100 g de champignons de Paris
- 1 échalote
- 1 gousse d'ail
- 1 demi-botte de persil plat
- 3 branches d'estragon
- 2 noix de beurre + quelques copeaux
- 3 cuillerées à soupe de vin blanc ou d'eau
- sel, poivre

Préchauffez le four à 200 °C (th. 6/7).

Dans une casserole, faites fondre 1 noix de beurre, ajoutez l'échalote, l'ail, les carottes, le fenouil, et le poireau épluchés, lavés et coupés en bâtonnets, et les champignons rincés, séchés et coupés en quartiers ; salez, poivrez ; versez 3 cuillerées à soupe de vin blanc ou d'eau. Couvrez et laissez cuire à feu doux pendant une vingtaine de minutes.

Coupez des feuilles de papier d'aluminium suffisamment larges pour recevoir le filet de poisson et les légumes. *Le papier d'aluminium a toujours une face plus brillante que l'autre. Les aliments doivent reposer sur la face mate pour éviter les risques d'oxydation à la cuisson.*

Répartissez les légumes égouttés sur les papillotes préalablement beurrées ; déposez 1 filet de merlan sur chacune ; parsemez le poisson de quelques copeaux de beurre ; salez, poivrez.

Complétez avec les feuilles d'estragon et le persil. Repliez les bords et fermez hermétiquement la papillote. Enfournez pour 8 minutes.

Déposez une papillote sur chaque assiette.

Variante : Remplacez les petits légumes par quelques cuillerées à soupe de ratatouille en conserve bien égouttée.

Filets mignons de dinde tandoori

- 4 filets mignons de dinde (ou 600 g de filet de dinde coupé en 4)
- 3 cuillerées à café de tandoori
- 1 demi-citron
- 200 g de céleri-rave
- 1 branche de céleri
- 1 bulbe de fenouil
- 3 carottes
- 200 g de chou blanc
- 1 poignée de raisins secs
- 2 cuillerées à soupe d'huile (d'olive de préférence)
- 1 cuillerée à soupe d'huile neutre (pépins de raisin ou autre)
- 1 noix de beurre
- sel, poivre

Mettez à mariner 2 à 3 heures à l'avance les filets mignons dans le jus de citron et le tandoori, et faites macérer les raisins secs dans un restant de thé tiède ou un fond de vin moelleux.

Dans une sauteuse, chauffez l'huile d'olive ; ajoutez tous les légumes épluchés et finement émincés. Remuez pour les imbiber de graisse. Salez, poivrez. Couvrez et laissez étuver pendant 15 minutes. Ajoutez les raisins secs égouttés.

Dans une poêle, faites chauffer 1 cuillerée à soupe d'huile neutre, ajoutez le beurre. Quand l'ensemble est bien chaud, déposez les filets mignons. Faites-les dorer sur toutes les faces pendant 7 à 8 minutes.

Dressez les filets mignons, entiers ou tranchés, entourés des légumes étuvés et servez bien chaud.

Filet mignon de porc au pomélo

- 1 filet mignon de porc
- 1 pomélo rose
- 2 pommes
- 2 petites noix de beurre
- 1 demi-cuillerée à café de gingembre en poudre
- sel, poivre

Coupez le filet mignon en tranches d'environ 1 cm d'épaisseur (*comptez 3 à 4 tranches par personne*).

Pelez le pomélo à vif et débarrassez les quartiers de toutes les membranes blanches et des pépins de façon à obtenir des quartiers « à cru ».

Épluchez les pommes, coupez-les en fines lamelles.

Dans une poêle, chauffez 1 petite noix de beurre, ajoutez les quartiers de pomélo et les lamelles de pomme ; laissez fondre à feu doux en remuant souvent (*les fruits doivent se déliter et s'écraser à la fourchette*) ; réservez au chaud.

Rincez la poêle et faites dorer dans le restant de beurre les tranches de viande sur les deux faces ; laissez-les cuire quelques minutes (*surveillez la cuisson, la viande doit être à peine rosée, trop cuite elle perdrait tout intérêt gustatif*). Salez, poivrez, saupoudrez de gingembre en poudre.

Étalez la purée de fruits au fond du plat de service ou dans les assiettes ; déposez les tranches de porc en les faisant se chevaucher légèrement et servez aussitôt.

En accompagnement : pommes de terre vapeur, purée de légumes.

Fricadelles

Pour utiliser des restes de viande bouillie ou braisée et de purée de pommes de terre.

- 300 g de restes de viande
- 200 g de purée de pommes de terre
- 1 œuf
- 1 noix de saindoux ou 1 cuillerée à soupe d'huile
- 2 cuillerées à soupe de farine
- 1 cuillerée à soupe de persil grossièrement haché
- 2 pincées de paprika
- sel, poivre

Hachez la viande au hachoir ou au couteau (*surtout pas au robot qui la rendrait filandreuse*).

Mélangez le hachis à la purée de pommes de terre, avec l'œuf et le persil haché ; salez, poivrez, ajoutez le paprika. À l'aide d'une cuillère à soupe, formez des boulettes légèrement aplaties ; farinez-les sur les deux faces sur la planche à découper.

Chauffez le saindoux ou l'huile dans une poêle et faites rissoler les fricadelles 3 minutes sur chaque face.

Servez avec un coulis de tomates (recettes p. 323) et une salade verte.

Galettes de harengs frais au tofu

Pour utiliser un reste de riz ou de vermicelles.

- 500 g de harengs frais
- 250 g de tofu
- 2 cuillerées de farine
- 1 œuf
- 3 cuillerées à soupe de riz cuit ou de pâtes
- 2 cuillerées à soupe d'huile
- 1 filet de vinaigre
- 1 cuillerée à soupe de persil haché
- quelques feuilles de basilic ou d'estragon
- sel, poivre

Demandez au poissonnier de lever les filets des harengs ; retirez les arêtes restantes ; coupez les filets en morceaux.

Faites mariner 10 minutes le pavé de tofu coupé en morceaux avec un filet d'huile, un filet de vinaigre, 3 feuilles de basilic et un peu de poivre.

Passez au mixeur le poisson, le tofu bien égoutté, l'œuf entier, des feuilles de basilic (*ou d'estragon*). Incorporez le reste de riz ou de vermicelles ; salez, poivrez.

Façonnez à la main 4 galettes et farinez-les sur la planche à découper.

Faites chauffer l'huile dans une poêle, déposez les galettes et laissez-les cuire une dizaine de minutes en les retournant à mi-cuisson (*veillez à ce qu'elles dorent mais ne brûlent pas*). Égouttez-les sur du papier absorbant, posez-les sur chaque assiette, saupoudrez de persil haché et servez aussitôt.

Accompagnements : salade de scarole, ratatouille en conserve, coulis de tomates (recettes p. 323).

Galettes de porc

Pour utiliser une tranche de foie de porc ou de bœuf et trois chipolatas qui restent dans votre réfrigérateur et que vous ne savez comment accommoder pour contenter quatre personnes.

- 250 g de viande de porc hachée
- 1 tranche de foie de porc ou de bœuf haché (125 g) ou 3 chipolatas
- 1 salade frisée
- 4 feuilles de sauge
- 1 tranche de lard coupée en petits bâtonnets (facultatif)
- 150 g de crépine de porc
- gros sel
- sel, poivre

Retirez les trognons et le vert de la salade (*gardez-le pour cuisiner un vert de salade au gratin, recette p. 88*) ; lavez le cœur blanc à grande eau, égouttez-le et faites-le blanchir. Pour ce faire, portez à ébullition de l'eau additionnée d'une cuillerée à soupe de gros sel dans une grande casserole : plongez la salade, faites reprendre l'ébullition quelques instants puis égouttez-la dans une passoire, pressez-la entre vos mains et coupez les feuilles en chiffonnade avec des ciseaux.

Préchauffez le four à 180/200 °C (th. 6/7).

Dans un saladier, mettez la salade en chiffonnade, la viande et le foie hachés (ou les chipolatas dont vous aurez retiré la peau et désagrégé la chair) ; salez, poivrez et malaxez vigoureusement la préparation à l'aide d'une cuillère en bois.

Formez 8 boulettes ovales et habillez-les de crépine. Déposez-les dans un plat à four, coiffez chaque boulette d'un bâtonnet de lard piqué d'une feuille de sauge et mettez 40 minutes au four.

Les galettes rendent un jus délicieux. Après avoir déglacé le plat avec quelques cuillerées d'eau chaude, servez le jus dans un bol pour accompagner des pommes de terre cuites à l'eau ou une purée de pois cassés ; ou reversez-le dans un plat de pâtes ou de haricots blancs en conserve.

Gâteau de macaronis au jambon

- 250 g de macaronis
- 3 œufs
- 150 g de fromage râpé
- 100 g de jambon blanc haché fin
- 1 filet d'huile pour graisser le moule
- 3 cuillerées à soupe de chapelure
- 1 cuillerée à soupe de gros sel
- sel, poivre

Faites cuire les macaronis dans une grande casserole d'eau bouillante salée (*le temps de cuisson est indiqué sur l'emballage*). Égouttez.

Incorporez le fromage râpé et le hachis de jambon ; laissez refroidir quelques minutes ; vérifiez l'assaisonnement ; ajoutez les jaunes d'œufs, puis incorporez délicatement les blancs fouettés en neige ferme avec 1 pincée de sel.

Préchauffez le four à 180/200 °C (th. 6/7).

Huilez un moule à charlotte ; saupoudrez de chapelure en remuant pour recouvrir le fond et les parois du moule ; remplissez-le de macaronis et faites cuire 1 heure au four.

Démoulez au dernier moment et servez aussitôt avec une béchamel tomatée (recette p. 322) ou un coulis de tomates (recettes p. 323-324).

Gésiers de poulet aux navets

- 500 g de gésiers
- 4 oignons
- 500 g de navets
- 1 noix de saindoux (ou de graisse d'oie, ou de canard)
- 2 cuillerées à soupe de farine
- 25 cl de bouillon de volaille du commerce
- sel, poivre

Épluchez et émincez les oignons et les navets. Coupez les gésiers en lamelles d'égale grosseur.

Dans une cocotte, faites revenir les gésiers dans le saindoux sur feu vif en remuant vigoureusement à l'aide d'une cuillère en bois ; ajoutez les oignons qui doivent blondir légèrement, puis les navets.

Saupoudrez de farine, remuez pour bien les enrober ; quand la farine commence à roussir, ajoutez le bouillon de volaille sans cesser de tourner. Salez (*à peine, car le bouillon est déjà salé*), poivrez. Aux premiers bouillons, couvrez et laissez mijoter sur feu très doux pendant 40 minutes (*vérifiez la cuisson et prolongez-la, si nécessaire*).

Rectifiez l'assaisonnement et servez avec des pâtes, du riz, du boulgour, ou encore des knèpfles (recette p. 174).

Gigots de dinde, purée d'ail

Pour huit personnes. Diminuez les proportions de moitié si vous n'êtes que quatre autour de la table.

- 2 belles (ou 4 petites) cuisses de dinde entières
- 2 noix de beurre ou de saindoux
- 1 cuillerée à soupe de farine
- 3 carottes
- 3 oignons
- 20 gousses d'ail
- 1 bouquet garni (1 brin de thym, 1 demi-feuille de laurier, quelques queues de persil)
- 1 demi-bouteille de vin blanc sec
- 1 demi-litre de bouillon de volaille du commerce
- gros sel
- sel, poivre

Épluchez les oignons et les carottes, et coupez-les en rondelles d'environ 1 cm d'épaisseur.

Préchauffez le four à 200 °C (th. 6/7).

Dans une cocotte, faites fondre le beurre (*ou le saindoux*) sur feu moyen. Ajoutez les cuisses de dinde légèrement farinées. Faites dorer doucement sur toutes les faces. Retirez la viande, réservez.

Versez dans la cocotte (*sans la rincer*) les oignons et les carottes émincés. Laissez étuver à couvert, puis ajoutez les cuisses, le bouquet garni, le vin blanc et le bouillon ; salez (*modérément*), poivrez. À partir de l'ébullition, couvrez la cocotte et mettez-la au four pour 1 h 30, en vous assurant d'un petit bouillottement. Retournez la viande à mi-cuisson.

Épluchez les gousses d'ail et faites-les cuire 20 minutes à l'eau bouillante salée, puis passez-les au mixeur pour les réduire en purée.

Retirez les cuisses de dinde de la cocotte. Filtrez le jus au-dessus d'une casserole. Mélangez la purée d'ail à la sauce un peu réduite. Vérifiez l'assaisonnement.

En accompagnement : haricots blancs, flageolets, ou lentilles en conserve.

Goujonnettes de merlan, persil frit

- 850 g de filets de merlan
- 1 verre de lait (20 cl)
- 4 cuillerées à soupe de farine
- 1 citron coupé en quartiers
- 1 botte de persil frisé
- bain de friture
- sel, poivre

Préchauffez le four à 120 °C (th. 4).

Coupez les filets de merlan légèrement en biais, en goujonnettes de 1 cm de large environ. Immergez-les 15 minutes dans le lait, égouttez, séchez dans un torchon, salez, poivrez.

Équeutez le persil, lavez-le et essorez-le dans un torchon. Plongez-le 1 minute dans un bain de friture à 170 °C (*vérifiez la température de l'huile en jetant un petit croûton de pain : elle doit bouillonner et ne pas fumer*). Égouttez sur du papier absorbant, salez légèrement.

Farinez les goujonnettes et secouez-les pour éliminer l'excédent de farine.

Mettez la moitié des goujonnettes dans le panier à friture. Plongez dans l'huile à 170 °C. Laissez-les dorer environ 2 minutes. Égouttez sur du papier absorbant. Rangez-les dans un plat tenu au chaud dans le four.

Faites remonter la température de l'huile de friture et procédez de même pour le reste du poisson.

Salez légèrement les goujonnettes, répartissez le persil frit et servez aussitôt avec des quartiers de citron.

Accompagnement : pommes de terre vapeur.

Goulasch de porc (1)

On peut le préparer à l'avance et le réchauffer au dernier moment. Si on utilise du porc demi-sel, inutile de le faire dessaler, il suffit de le passer sous l'eau fraîche et de sécher les morceaux avec du papier absorbant.

- 600 g d'échine désossée, fraîche ou demi-sel
- 600 g de choucroute crue
- 2 gros oignons
- 1 noix de saindoux
- 3 cuillerées à soupe de crème fraîche
- 2 cuillerées à soupe de concentré de tomates
- 1 verre de vin blanc
- 1 cuillerée à café de grains de coriandre
- 2 ou 3 cuillerées à soupe de paprika
- sel, poivre

Coupez la viande en gros morceaux. Dans une cocotte, chauffez le saindoux et faites dorer la viande sur toutes les faces.

Lavez rapidement la choucroute crue dans plusieurs eaux (*ne la laissez surtout pas tremper dans l'eau, elle perdrait toute son acidité, partant, tout son intérêt*) ; égouttez dans la passoire puis pressez-la entre les mains pour éliminer toute l'eau. Déposez-la sur la viande dans la cocotte ; ajoutez les oignons épluchés et coupés en morceaux, le vin blanc, les grains de coriandre ; salez (*avec parcimonie si vous employez du porc demi-sel*), poivrez. Laissez cuire à feu doux pendant 1 heure. (*Si le vin venait à s'évaporer, ajoutez un peu d'eau.*)

Vérifiez l'assaisonnement. Ajoutez la crème fraîche et le concentré de tomates, remuez. Versez dans un plat creux et saupoudrez de paprika.

Servez très chaud, avec des pommes de terre cuites à l'eau ou à la vapeur.

Goulasch de porc (2)

On peut le préparer à l'avance et le réchauffer au dernier moment. Si on utilise du porc demi-sel, inutile de le faire dessaler, il suffit de le passer sous l'eau fraîche et de sécher les morceaux avec du papier absorbant.

- 600 g d'échine désossée, fraîche ou demi-sel
- 1 boîte 4/4 de choucroute
- 2 gros oignons
- 1 noix de saindoux
- 3 cuillerées à soupe de crème fraîche
- 2 cuillerées à soupe de concentré de tomates
- 1 verre de vin blanc
- 1 cuillerée à café de grains de coriandre
- 2 à 3 cuillerées à soupe de paprika
- sel, poivre

Coupez la viande en gros morceaux. Dans une cocotte, chauffez le saindoux et faites dorer la viande sur toutes les faces ; ajoutez les oignons épluchés et coupés en morceaux, le vin blanc, les grains de coriandre ; salez (*sauf si le porc est demi-sel*), poivrez. Couvrez et laissez cuire 1 heure à feu doux. (*Si le vin venait à s'évaporer, ajoutez un peu d'eau.*) Vérifiez la tendreté de la viande et ajoutez la choucroute. Remuez bien et laissez sur le feu 6 à 8 minutes, à découvert, le temps de la réchauffer. Vérifiez l'assaisonnement. Ajoutez la crème fraîche et le concentré de tomates, remuez bien. Versez dans un plat creux et saupoudrez de paprika.

Servez très chaud avec des pommes de terre cuites à l'eau ou à la vapeur.

Gratin de brocoli au lait de soja

- 500 g de brocoli
- 25 cl de lait de soja
- 2 œufs
- 50 g de fromage râpé
- 1 filet d'huile pour graisser le plat
- 1 demi-cuillerée à café de cumin en poudre
- sel, poivre

Détachez les bouquets de brocoli, pelez la tige centrale et coupez-la en rondelles. Faites cuire le tout à la vapeur pendant 8 minutes environ (*vérifiez, le brocoli doit rester bien ferme et croquant*) ; égouttez.

Préchauffez le four à 220 °C (7/8).

Déposez le brocoli dans un plat à four préalablement huilé. Battez au fouet les œufs, le lait de soja et le cumin ; salez, poivrez ; versez la préparation sur le brocoli ; saupoudrez de fromage râpé et mettez 15 minutes au four.

Gratin « dauphinois »

Le plat peut être préparé à l'avance et réchauffé au four sans inconvénient.

- 4 belles pommes de terre à chair ferme
- 1 oignon blanc
- 1 gousse d'ail
- 3 cuillerées à soupe de tapioca
- 25 cl d'eau
- 1 filet d'huile pour graisser le moule
- quelques copeaux de beurre
- sel, poivre

Faites tremper le tapioca dans l'eau pendant une quinzaine de minutes.

Préchauffez le four à 220 °C (th. 7/8).

Épluchez et hachez finement l'oignon et la gousse d'ail.

Épluchez les pommes de terre, émincez-les à la mandoline ou au robot.

Huilez un plat à gratin à l'aide d'un pinceau de cuisine. Versez-y les légumes, salez, poivrez ; ajoutez le tapioca et l'eau (*le liquide doit juste affleurer la surface*). Parsemez de quelques copeaux de beurre et enfournez pour 1 heure.

Variante : Mélangez aux pommes de terre avant cuisson 1 cuillerée à soupe de persil grossièrement haché.

Gratin de macaronis au poulet

- 100 g (ou plus) de restes de poulet
- 250 g de macaronis
- 1 demi-litre de lait
- 1 noix de beurre ou de saindoux
- 1 cuillerée à soupe d'huile pour graisser le plat
- 2 cuillerées à soupe de farine
- 120 g de fromage râpé
- 1 pincée de noix de muscade râpée (ou en poudre)
- 2 cuillerées à soupe de chapelure
- 1 cuillerée à soupe de gros sel
- sel, poivre

Dans une casserole, faites fondre le beurre (*ou le saindoux*), ajoutez la farine, remuez avec une cuillère en bois ; quand le mélange fait des bulles, ajoutez le lait froid en remuant vigoureusement avec un fouet : la sauce épaissit, donnez quelques bouillons. Hors du feu, ajoutez la noix de muscade, salez, poivrez.

Faites cuire les pâtes dans une grande casserole d'eau bouillante salée (*le temps de cuisson est indiqué sur l'emballage*) ; égouttez.

Préchauffez le four à 180 °C (th. 6).

Coupez les restes de poulet en petits morceaux.

Dans un saladier, réunissez les pâtes, le poulet, la sauce et la moitié du fromage râpé. Mélangez.

À l'aide d'un pinceau de cuisine, enduisez d'huile le fond et les parois d'un plat à gratin, tapissez-les de chapelure. Déposez la préparation, répartissez le reste du fromage râpé en surface. Mettez 20 minutes au four. *Le dessus doit être gratiné et doré, l'intérieur moelleux.*

Servez bien chaud.

Gratin de poisson aux nouilles

Pour utiliser de petits restes de poisson.

- 250 g de nouilles
- restes de poisson (congre, morue, grondin, lieu noir...)
- 1 blanc de poireau
- 1 verre d'eau
- 2 noix de beurre + quelques copeaux
- 2 cuillerées à café de fécule de pomme de terre ou de maïs
- 50 g de fromage râpé
- 3 cuillerées à soupe de chapelure
- 1 pincée de noix de muscade râpée (ou en poudre)
- 1 cuillerée à soupe de gros sel
- sel, poivre

Lavez le blanc de poireau, coupez-le en très fines rondelles ; faites-le étuver 6 à 8 minutes sans prendre couleur avec une noix de beurre dans une casserole sur feu doux. Ajoutez l'eau bouillante (*ou un reste d'eau de cuisson du poisson si vous l'avez cuit au court-bouillon*) ; couvrez et laissez infuser pendant une dizaine de minutes.

Délayez la fécule dans un peu d'eau froide, versez sur le poireau, faites prendre un ou deux bouillons tout en remuant avec une cuillère en bois. Salez, poivrez, ajoutez la noix de muscade.

Préchauffez le four à 220 °C (th. 7/8).

Faites cuire les nouilles dans de l'eau bouillante salée (*le temps de cuisson est indiqué sur l'emballage*) ; égouttez.

Beurrez un moule à gratin ; étalez dans le fond 3 cuillerées de sauce ; disposez dessus les restes de poisson (*vérifiez qu'il ne reste pas d'arêtes*) et alternez une petite couche de sauce, les nouilles parfaitement égouttées, le reste de la sauce. Saupoudrez d'un mélange de fromage râpé et de chapelure, parsemez de quelques copeaux de beurre et faites gratiner 12 à 15 minutes au four.

Gratin de semoule

Pour un repas complet, servez avec des tranches de jambon, cru ou cuit.

- 100 g de semoule de blé moyenne
- 1 demi-litre de lait
- 1 filet d'huile pour graisser le plat
- quelques copeaux de beurre
- 60 g de fromage râpé
- sel, poivre

Dans une casserole, chauffez le lait avec 1 pincée de sel. Dès que le lait monte, versez la semoule en pluie fine, remuez ; couvrez et laissez cuire 10 à 15 minutes sur feu très doux. *La semoule doit absorber tout le lait et être gonflée à point.*

Désagrégez la semoule avec une fourchette. Vérifiez l'assaisonnement.

Préchauffez le four à 210 °C (th. 7).

Huilez au pinceau de cuisine un plat à gratin, étalez la semoule en couche égale, saupoudrez de fromage râpé, parsemez de quelques copeaux de beurre et faites gratiner au four pendant une dizaine de minutes.

Grondin au court-bouillon

- 1 grondin d'environ 1,2 kg
- 2 litres d'eau
- 1 demi-verre de vinaigre
- 1 cuillerée à soupe de gros sel
- sel, poivre

Demandez au poissonnier de parer et vider le grondin. Déposez-le dans une marmite ; couvrez d'eau froide additionnée de vinaigre et de gros sel ; portez à ébullition, couvrez et laissez pocher 7 minutes à feu doux (*vérifiez la cuisson et prolongez-la, si nécessaire*).

Égouttez le poisson ; supprimez la tête, enlevez la peau ; salez, poivrez.

Servez chaud ou froid avec une sauce au choix : coulis de tomates maison ou en boîte, beurre citronné, vinaigrette aux herbes, sauce aux câpres, mayonnaise ou autres (voir le chapitre Recettes de base, p. 319).

Grondin en papillotes

Avec un grondin, vous pourrez faire deux plats : les filets en papillotes et une soupe de poisson pour le lendemain.

- 1 grondin d'environ 1,2 kg
- 1 filet d'huile d'olive
- 1 citron
- sel, poivre

Demandez au poissonnier de parer et vider le grondin et de lever les filets en vous réservant les parures du grondin et celles d'autres poissons (têtes, peau, arêtes) que vous utiliserez pour faire une soupe (recette p. 76).

Préchauffez le four à 200 °C (th. 6/7).

Partagez les filets en 4 parts égales. Coupez 4 feuilles de papier d'aluminium ou de papier sulfurisé suffisamment larges pour recevoir chacune une part. *Le papier d'alumi-*

nium a toujours une face plus brillante que l'autre. Les aliments doivent reposer sur la face mate pour éviter les risques d'oxydation à la cuisson*. Installez chaque filet sur sa feuille, salez, poivrez et arrosez de quelques gouttes d'huile d'olive en le retournant pour huiler les deux faces. Repliez les bords et fermez hermétiquement la papillote. Déposez les papillotes dans un plat à gratin et enfournez pour 8 minutes.

Déposez une papillote sur chaque assiette avec un quartier de citron.

Grondin au riz

- 1 grondin d'environ 1,2 kg
- 200 g de riz long
- 2 oignons
- 1 gousse d'ail
- 1 bouquet garni (1 brin de thym, 1 feuille de laurier, queues de persil)
- 1 litre d'eau
- 1 verre de vin blanc (20 cl)
- 1 filet d'huile d'olive
- 1 citron
- 2 pincées de curcuma (facultatif)
- 1 pincée de poivre de Cayenne ou de paprika
- sel, poivre

Demandez au poissonnier de lever les filets des grondins et de vous donner la tête, la queue et les arêtes ainsi que des parures d'autres poissons pour préparer le court-bouillon.

Rincez les parures de poisson et mettez-les dans une grande casserole avec les oignons épluchés et émincés, la gousse d'ail écrasée et le bouquet garni ; couvrez d'eau ; ajoutez le verre de vin blanc ; salez, poivrez ; portez à ébullition et laissez bouillotter à couvert 20 minutes.

Filtrez le bouillon dans un chinois en pressant avec le dos d'une écumoire pour récupérer les sucs. Reversez-le dans la casserole et immergez les filets de poisson ; couvrez, portez à ébullition et laissez cuire 6 à 8 minutes à feu doux (*vérifiez la cuisson et prolongez-la, si nécessaire*). Égouttez le poisson, réservez dans une assiette tenue au chaud et recouverte de papier d'aluminium.

Faites cuire le riz dans le bouillon, avec le curcuma (*le temps de cuisson du riz varie selon les marques, consultez le mode d'emploi*). Étalez-le dans un plat creux ; disposez les filets de poisson par-dessus ; arrosez d'un filet d'huile et saupoudrez d'une pincée de poivre de Cayenne ou de paprika.

Servez bien chaud avec des quartiers de citron.

Hachis Parmentier

Ce plat de ménage traditionnel est parfait pour utiliser des restes de viande et de saucisse. Certains le trouvent un peu fade : pensez à mettre un pot de moutarde ou un flacon de ketchup sur la table.

- 300 g de restes de viande de bœuf (pot-au-feu, ragoût, ou autres)
- 100 g de restes de saucisse
- 4 ou 5 grosses pommes de terre farineuses
- 2 oignons
- 3 cuillerées à soupe de persil haché
- 1 filet d'huile
- 3 noix de beurre
- 1 verre de lait
- gros sel
- sel, poivre

Débarrassez la viande de la peau, du gras et des parties nerveuses ; retirez la peau de la saucisse ; hachez le tout au hachoir ou au couteau (*évitez le robot qui rendrait la viande filandreuse*). Réservez dans un saladier.

Épluchez les pommes de terre (*gardez les épluchures, vous pourrez les faire frire pour le repas du lendemain, recette p. 138*), coupez-les en morceaux, versez-les dans une casserole d'eau froide salée. Couvrez et laissez cuire une vingtaine de minutes à bouillottement ; égouttez-les et réduisez-les en purée au moulin à légumes, grille fine, ou au pilon perforé. Incorporez le lait chaud et le beurre coupé en morceaux ; vérifiez l'assaisonnement ; couvrez et gardez au chaud.

Préchauffez le four à 200 °C (th. 6/7).

Dans une cocotte, chauffez un filet d'huile, ajoutez les oignons pelés et hachés, et laissez-les fondre pendant 6 à 8 minutes sur feu doux en remuant de temps à autre. Quand ils commencent à dorer, ajoutez le hachis de viande et le persil haché. Salez, poivrez.

Étalez le hachis dans le fond d'un plat à gratin huilé. Recouvrez de purée et mettez 25 minutes au four.

Servez bien chaud avec une salade croquante (endives, frisée ou scarole).

Hachis aux nouilles

Pour utiliser un reste de viande de bœuf bouillie ou braisée.

- 250 g de nouilles
- 200 g de restes de viande
- 1 noix de beurre + quelques copeaux
- 3 cuillerées à soupe de chapelure
- 1 cuillerée à soupe de gros sel
- sel, poivre

Préchauffez le four à 200 °C (th. 6/7).

Passez les restes de viande au hachoir ou coupez-les au couteau.

Faites cuire les nouilles *al dente* dans un litre et demi d'eau bouillante salée (*le temps de cuisson est indiqué sur l'emballage*). Égouttez.

Beurrez généreusement un plat à gratin ; déposez alternativement une couche de nouilles, une couche de viande hachée jusqu'à épuisement des ingrédients ; vérifiez l'assaisonnement.

Saupoudrez la surface de chapelure, ajoutez les copeaux de beurre et faites gratiner 15 minutes au four.

Variante : On peut remplacer les restes de viande par 4 petits steaks hachés préalablement cuits à la poêle.

Harengs à l'allemande

- 4 harengs frais
- 3 pommes de terre à chair ferme
- 2 gros oignons
- 2 noix de saindoux
- 1 verre d'eau (20 cl)
- sel, poivre

Demandez au poissonnier de parer et vider les harengs en laissant la laitance ou les œufs, et de les couper en gros morceaux. Essuyez-les avec un papier absorbant.

Épluchez les oignons et les pommes de terre, et coupez-les en très fines lamelles au robot ou à la mandoline.

Chauffez le saindoux dans une casserole et faites revenir les oignons émincés ; ajoutez les pommes de terre, laissez cuire 15 minutes à couvert ; ajoutez les morceaux de harengs et l'eau ; salez, poivrez ; couvrez et laissez bouillotter 6 à 8 minutes (*vérifiez la cuisson et prolongez-la, si nécessaire*). Rectifiez l'assaisonnement et servez bien chaud.

Harengs bonne-femme

- 4 harengs frais
- 4 échalotes
- 1 noix de beurre + quelques copeaux
- 1 verre de vin blanc sec
- le jus d'1 demi-citron
- 1 cuillerée à soupe de persil haché
- sel, poivre

Préchauffez le four à 200 °C (th. 6/7).

Demandez au poissonnier de parer et vider les harengs en laissant la laitance ou les œufs. Essuyez-les avec un papier absorbant ; rangez-les dans un plat à gratin beurré, parsemez d'échalotes épluchées et hachées, de persil haché et de copeaux de beurre ; salez, poivrez ; arrosez de vin blanc et de jus de citron, et faites cuire 8 à 10 minutes au four (*vérifiez la cuisson et prolongez-la, si nécessaire*).

En accompagnement : pommes de terre vapeur, semoule, purée de haricots blancs.

Harengs à la bordelaise

- 4 harengs frais
- 1 filet d'huile
- 1 tomate
- 1 échalote
- 1 gousse d'ail
- 1 cuillerée à soupe de persil haché
- quelques tiges de ciboule ciselées
- sel, poivre

Demandez au poissonnier de parer et vider les harengs en laissant la laitance ou les œufs. Essuyez-les avec un papier absorbant.

Versez un filet d'huile dans une poêle, étalez-la au pinceau de cuisine ; ajoutez l'échalote et la gousse d'ail épluchées et hachées, la tomate coupée en petits morceaux, le persil et la ciboule ; laissez fondre une dizaine de minutes sur feu moyen en remuant de temps à autre ; salez, poivrez. Versez dans un plat tenu au chaud.

Chauffez le four en position gril.

Rangez les harengs sur la grille de la lèchefrite et faites-les griller sous la rampe bien chaude, porte ouverte, 5 minutes, puis retournez-les et prolongez la cuisson 3 minutes sur l'autre face. Déposez-les dans le plat sur la fondue de légumes et servez avec des pommes de terre cuites à l'eau.

Harengs au court-bouillon

- 4 harengs frais
- 1 litre de court-bouillon de poisson du commerce

Demandez au poissonnier de parer et vider les harengs en laissant la laitance ou les œufs. Essuyez-les avec un papier absorbant.

Préparez le court-bouillon dans une casserole. Une fois refroidi, immergez les poissons, portez à ébullition, couvrez et laissez cuire à frémissement pendant 8 minutes (*le liquide ne doit en aucun cas bouillir*). Égouttez les poissons et rangez-les sur le plat de service ou dans chaque assiette.

En accompagnement : une sauce au beurre fondu et jus de citron, ou une sauce moutarde (recette p. 341), et du riz, ou des pommes de terre vapeur.

Variante : Les harengs au court-bouillon peuvent également être servis froids avec une vinaigrette moutardée.

Harengs frits

- 4 harengs frais
- 1 œuf
- 2 cuillerées à soupe de farine
- 1 noix de beurre
- 1 cuillerée à soupe de persil haché
- 1 citron
- bain de friture
- sel fin

Demandez au poissonnier de parer et vider les harengs et de lever les filets. Essuyez-les avec un papier absorbant. Trempez-les, l'un après l'autre, dans un œuf battu en omelette dans une assiette creuse et farinez-les.

Chauffez le bain de friture à 170 °C (*vérifiez la bonne température en jetant un croûton de pain dans l'huile qui doit bouillonner et ne pas fumer*). Faites frire les filets 3 à 4 minutes. Égouttez-les sur du papier absorbant, salez légèrement et servez avec des quartiers de citron et un beurre maître d'hôtel (beurre en pommade mélangé avec le persil haché).

Harengs grillés à la moutarde

- 4 harengs
- quelques copeaux de beurre
- 3 cuillerées à soupe de vin blanc sec
- 2 cuillerées à soupe de moutarde
- sel, poivre

Demandez au poissonnier d'ouvrir chaque hareng en deux, de le vider, de l'étêter et de retirer les arêtes. Les deux moitiés doivent rester un peu attachées. Essuyez-les avec du papier absorbant.

Préchauffez le four à 200 °C (th. 6/7).

Versez le vin dans un plat à gratin ; déposez les poissons côte à côte, la peau contre le plat ; tartinez-les de moutarde ; répartissez quelques copeaux de beurre ; enfournez à mi-hauteur pour 8 à 10 minutes. (*Vérifiez la cuisson : les harengs doivent être moelleux et dorés. Vérifiez l'assaisonnement.*)

Servez dans le plat de cuisson avec des pommes de terre en robe des champs (*avec la peau*).

Harengs marinés

- 8 petits harengs frais
- 3 oignons
- 2 carottes
- 15 cl de vin blanc
- 15 cl de vinaigre
- 1 brin de thym, 1 petite feuille de laurier
- 2 clous de girofle
- 1 cuillerée à soupe de persil haché
- 5 à 6 grains de poivre
- sel fin

Demandez au poissonnier de parer et vider les harengs. Essuyez-les avec un papier absorbant. Saupoudrez-les de sel et tenez-les au frais pendant 5 à 6 heures.

Préchauffez le four à 220 °C (th. 7/8).

Épluchez et émincez finement les oignons et les carottes.

Versez la moitié des légumes dans une terrine ou un petit plat à four ; ajoutez le persil, le thym émietté, la feuille de laurier morcelée, le poivre et les clous de girofle ; disposez les filets ; mouillez avec un mélange de vinaigre et de vin blanc en parties égales et ajoutez les légumes restants. Posez le couvercle ou un papier d'aluminium et faites cuire au four 8 minutes (*vérifiez la cuisson et prolongez-la, si nécessaire*).

Laissez les harengs refroidir dans leur liquide de cuisson et placez-les dans le réfrigérateur jusqu'au moment de servir.

Haricot d'agneau (1)

Traditionnellement, ce plat se prépare avec des pommes de terre et des navets. Je vous propose un « faux » haricot d'agneau, à base de haricots secs.

- 900 g d'agneau (épaule ou collier coupés en morceaux)
- 250 g de haricots secs (lingots, mojettes ou cocos)
- 2 oignons émincés
- 1 gousse d'ail écrasée
- 2 carottes
- 2 cuillerées à soupe de concentré de tomates
- 1 cuillerée à soupe d'huile ou de saindoux
- 1 feuille de laurier, 1 brindille de thym, 3 feuilles de sarriette
- sel, poivre

Faites tremper les haricots la veille. Faute de temps, plongez-les le jour de leur utilisation dans de l'eau froide ; portez à ébullition ; couvrez ; laissez reposer 15 minutes hors du feu ; égouttez.

Mettez les haricots dans une casserole avec un peu de sarriette pour en rehausser le goût. Recouvrez-les d'eau froide (*non salée sous peine de les voir éclater*) ; laissez cuire à couvert 45 minutes sur feu doux. (*Vérifiez la cuisson avant de les égoutter : ils doivent être presque cuits mais encore un peu fermes.*)

Dans une cocotte, chauffez l'huile (*ou le saindoux*) et faites dorer les morceaux de viande sur toutes les faces ; ajoutez les oignons émincés, la gousse d'ail écrasée, le laurier et le thym, les carottes épluchées et coupées en rondelles, remuez.

Ajoutez un peu d'eau (*elle doit à peine affleurer la viande*) ; couvrez et laissez mijoter 50 à 60 minutes ; ajoutez le concentré de tomates, les haricots, et poursuivez la cuisson pendant 10 à 15 minutes. Vérifiez la cuisson (*prolongez-la, si nécessaire : les haricots doivent être parfaitement tendres*) ; rectifiez l'assaisonnement. Retirez laurier, thym et sarriette. *Si la sauce vous semble trop liquide, vous pouvez la lier avec une cuillerée à café de fécule (ou*

1 cuillerée à soupe de tapioca) diluée dans 2 cuillerées à soupe d'eau froide ; versez dans la cocotte sur le feu et remuez jusqu'à la reprise de l'ébullition.

Servez dans la cocotte ou transvasez dans un plat creux.

Haricot d'agneau (2)

Traditionnellement, ce plat se prépare avec des pommes de terre et des navets. Je vous propose un « faux » haricot d'agneau, à base de haricots secs.

- 900 g d'agneau (épaule ou collier coupés en morceaux)
- 1 boîte 4/4 de haricots blancs
- 2 oignons émincés
- 1 gousse d'ail écrasée
- 2 carottes
- 2 cuillerées à soupe de concentré de tomates
- 1 cuillerée à soupe d'huile ou 1 petite noix de saindoux
- 1 feuille de laurier, 1 brindille de thym, 3 feuilles de sarriette
- sel, poivre

Dans une cocotte, chauffez l'huile (*ou le saindoux*) et faites dorer les morceaux de viande sur toutes les faces ; ajoutez les oignons émincés, la gousse d'ail écrasée, les carottes épluchées et coupées en rondelles, le laurier, le thym et la sarriette ; remuez.

Ajoutez un peu d'eau (*elle doit à peine affleurer la viande*) ; couvrez et laissez mijoter 50 à 60 minutes ; ajoutez le concentré de tomates, les haricots égouttés, et poursuivez la cuisson pendant 10 à 15 minutes. Vérifiez la cuisson ; rectifiez l'assaisonnement. Retirez laurier, thym et sarriette. *Si la sauce vous semble trop liquide, vous pouvez la lier avec une cuillerée à café de fécule (ou 1 cuillerée à soupe de tapioca) diluée dans 2 cuillerées à soupe d'eau froide ; versez dans la cocotte sur le feu et remuez jusqu'à la reprise de l'ébullition.*

Servez dans la cocotte ou transvasez dans un plat creux.

Irish stew

Ce plat irlandais est avant tout modeste : pommes de terre et bas morceaux de mouton. Si vous ne trouvez pas de viande de mouton, prenez de l'agneau, sachant que le collier est moins cher que la poitrine.

- 800 g d'agneau coupé en morceaux de 50 g environ (poitrine, haut de côtes ou collier)
- 800 g de pommes de terre à chair ferme
- 200 g d'oignons
- 2 gousses d'ail
- 2 échalotes
- 2 verres de bouillon (40 cl)
- 1 bouquet garni (1 branche de thym, 1 feuille de laurier, queues de persil)
- sel, poivre

Préchauffez le four à 180 °C (th. 6).

Épluchez les pommes de terre et les oignons, émincez-les au robot ou à la mandoline. Épluchez les gousses d'ail et les échalotes, laissez-les entières.

Salez et poivrez sur chaque face les morceaux de viande.

Dans une cocotte, mélangez viande, pommes de terre, oignons, ail et échalotes, bouquet garni ; mouillez avec le bouillon ; couvrez. Enfournez pour 2 heures.

Retirez le bouquet garni et servez brûlant dans le plat de cuisson.

Jambonneaux aux lentilles (1)

Le jambonneau arrière est plus goûteux et plus en chair que le jambonneau (ou jarret) avant. Avec deux jambonneaux arrière ou quatre jambonneaux avant, vous aurez un plat très copieux pour quatre personnes, dont vous pourrez accommoder les restes pour le lendemain, avec une vinaigrette bien relevée. N'oubliez pas de faire dessaler la viande au moins quatre heures à l'avance dans de l'eau froide.

- 2 jambonneaux arrière de porc demi-sel de 500 g chacun
- 1 carotte
- 1 gros oignon
- 1 litre et demi de bouillon de bœuf ou de volaille du commerce
- 1 bouquet garni (1 brin de thym, 1 feuille de laurier, queues de persil)
- 1 gousse d'ail
- 1 cuillerée à soupe de persil plat ciselé
- 300 g de lentilles vertes
- 2 noix de saindoux
- sel, poivre

Épluchez l'oignon et la carotte, coupez-les en rondelles.

À l'aide d'un pinceau de cuisine, graissez le fond d'une cocotte avec une noisette de saindoux, ajoutez l'oignon et la carotte, couvrez et laissez fondre une dizaine de minutes à feu doux. Ajoutez l'ail épluché et écrasé. Remuez bien avec la cuillère en bois. Ajoutez les jambonneaux, le bouillon et le bouquet garni ; salez (*très modérément*), poivrez ; portez doucement à ébullition en écumant si nécessaire.

Laissez cuire à feu doux 1 h 30, cocotte couverte aux trois quarts ; ajoutez les lentilles et prolongez la cuisson 25 à 30 minutes ; vérifiez la cuisson et l'assaisonnement. Retirez le bouquet garni.

Sortez les lentilles avec l'écumoire, versez-les dans un plat tenu au chaud, ajoutez le reste de saindoux, mélangez et parsemez de persil grossièrement ciselé. Coupez les jambonneaux en quartiers et déposez-les autour des lentilles.

Variante : Les jambonneaux sont particulièrement savoureux un peu rôtis. Après 1 h 40 de cuisson dans le bouillon, passez-les 15 minutes au four préchauffé à 180 °C (th. 6) et réunissez-les avec les lentilles 10 minutes avant de servir.

Jambonneaux aux lentilles (2)

Le jambonneau arrière est plus goûteux et plus en chair que le jambonneau (ou jarret) avant. Avec deux jambonneaux arrière ou quatre jambonneaux avant, vous aurez un plat très copieux pour quatre personnes, dont vous pourrez accommoder les restes pour le lendemain, avec une vinaigrette bien relevée. N'oubliez pas de faire dessaler la viande au moins quatre heures à l'avance dans de l'eau froide.

- 2 jambonneaux arrière de porc demi-sel de 500 g chacun
- 1 boîte de lentilles (400 g)
- 1 carotte
- 1 gros oignon
- 1 litre et demi de bouillon de bœuf ou de volaille du commerce
- 1 bouquet garni (1 brin de thym, 1 feuille de laurier, queues de persil)
- 1 gousse d'ail
- 1 cuillerée à soupe de persil plat ciselé
- 2 noix de saindoux
- sel, poivre

Épluchez l'oignon et la carotte.

À l'aide d'un pinceau de cuisine, graissez le fond d'une cocotte avec une noisette de saindoux, ajoutez l'oignon et la carotte, couvrez et laissez fondre une dizaine de minutes à feu doux. Ajoutez l'ail épluché et écrasé. Remuez bien avec la cuillère en bois. Ajoutez les jambonneaux, le bouillon et le bouquet garni ; salez (*très modérément*), poivrez ; portez doucement à ébullition en écumant si nécessaire.

Laissez cuire à feu doux 2 petites heures, cocotte couverte aux trois quarts ; 10 minutes avant la fin de la cuisson, ajoutez les lentilles ; rectifiez l'assaisonnement. Retirez le bouquet garni.

Sortez les lentilles avec l'écumoire, versez-les dans un plat tenu au chaud, ajoutez le reste de saindoux, mélangez et parsemez de persil grossièrement ciselé. Coupez les jambonneaux en quartiers et déposez-les autour des lentilles.

Variante : Les jambonneaux sont particulièrement savoureux un peu rôtis. Après 1 h 40 de cuisson dans le bouillon, passez-les 15 minutes au four préchauffé à 180 °C (th. 6) et réunissez-les avec les lentilles 10 minutes avant de servir.

Knèpfles

Comme la quiche mais moins connues, les knèpfles font partie de la cuisine traditionnelle lorraine. Faciles à réaliser, à peu de frais, elles constituent un bon accompagnement pour un reste de pot-au-feu ou de bœuf braisé.

- 500 g de farine
- 2 œufs entiers
- 2 noix de beurre (ou de saindoux)
- 1 verre d'eau (20 cl)
- 1 cuillerée à soupe de gros sel
- sel, poivre

Cassez les œufs dans un saladier ; battez-les en omelette avec le contenu du verre d'eau ; ajoutez 1 pincée de sel, un peu de poivre. Incorporez la farine au fouet, petit à petit, pour obtenir une pâte élastique et assez consistante.

Dans une marmite ou une grande casserole, faites bouillir de l'eau additionnée de gros sel. Avec une cuillère à café, prélevez de très petites noisettes de pâte et faites-les tomber, une par une, dans l'eau bouillante en vous aidant d'une seconde cuillère.

Les knèpfles vont remonter à la surface, laissez-les pocher 25 minutes dans l'eau frémissante. Égouttez-les dans une passoire ; reversez-les dans un plat et arrosez-les de beurre ou de saindoux fondu. Vous pouvez remplacer le beurre (*ou le saindoux*) fondu par des miettes de pain rassis rissolées à la poêle avec un mélange d'huile et de beurre.

Variante : Pour un plat propre à satisfaire les appétits les plus féroces, recouvrez les knèpfles de béchamel (recette p. 322) et faites gratiner au four préchauffé à 180 °C (th. 6).

Langues de porc

À préparer la veille.

- 4 langues de porc
- 100 g de sucre
- 1 bouquet garni (1 brin de thym, 1 feuille de laurier, queues de persil)
- 100 g de gros sel + 1 cuillerée à café

Dans un récipient, mélangez les langues, 100 g de gros sel et le sucre ; couvrez d'un film alimentaire et laissez macérer toute la nuit au réfrigérateur.

Le jour de la recette, rincez les langues sous l'eau courante froide, mettez-les dans une cocotte avec le bouquet garni et 1 cuillerée à café de gros sel. Couvrez d'eau froide, portez à ébullition et laissez bouillotter 45 minutes à couvert. Égouttez et retirez la peau à l'aide d'un petit couteau.

Servez les langues chaudes ou froides, coupées en tranches dans le sens de la longueur avec une mayonnaise tomatée ou une sauce gribiche (recettes p. 331 et 340). Ou simplement de la moutarde et un bocal de cornichons.

En accompagnement : pommes de terre vapeur, purée de pois cassés, ou lentilles en conserve.

Lapin à la moutarde

À préparer la veille. La crépine de porc s'achète chez le charcutier. Les restes seront tout indiqués pour une salade composée qui peut faire office d'entrée ou de plat principal selon la quantité de viande dont vous disposez (voyez la recette Scarole aux foies de volaille et à l'effilochée de lapin, p. 66).

- 900 g environ de lapin coupé en morceaux
- 100 g de crépine de porc
- 20 cl de crème fraîche liquide (ou de crème de soja)
- 1 gros oignon
- 3 gousses d'ail
- 1 brindille de thym
- 1 filet d'huile
- 3 cuillerées à soupe de moutarde forte + 1 cuillerée à café
- sel, poivre

La veille, salez et poivrez les morceaux de lapin. À l'aide d'un pinceau de cuisine, badigeonnez-les de moutarde avant de les envelopper séparément dans des lambeaux de crépine. Saupoudrez légèrement de fleur de thym et mettez au réfrigérateur.

Le jour de la recette, préchauffez le four à 180 °C (th. 6).

Épluchez et émincez l'oignon, répandez-le dans la lèchefrite. Posez dessus, à même la lèchefrite, les morceaux de lapin arrosés de quelques gouttes d'huile et les gousses d'ail coupées en deux mais non pelées.

Mettez 20 minutes au four. Retournez les morceaux et laissez cuire encore une vingtaine de minutes. Vérifiez la cuisson à l'aide d'une pointe de couteau.

Sortez les morceaux de lapin, rangez-les dans une cocotte fermée, tenue au chaud dans le four à 90 °C (th. 3).

Versez un grand verre d'eau dans la lèchefrite, grattez pour décoller les sucs, filtrez le jus obtenu à travers un chinois au-dessus d'une petite casserole en pressant avec le dos de l'écumoire et faites réduire jusqu'à évaporation de l'eau. Ajoutez la crème et une cuillerée à café de moutarde, remuez. Vérifiez l'assaisonnement.

Sortez la cocotte du four ; arrosez le lapin avec la sauce bien chaude.

Servez avec des pommes de terre sautées croustillantes.

Lapin sauté (1)

- 900 g de lapin coupé en morceaux
- 1 tranche de poitrine de porc fraîche (150 g environ)
- 1 verre de vin blanc (20 cl)
- 300 g de champignons de Paris
- 1 oignon
- 1 brindille de thym, 1 demi-feuille de laurier, 1 branche d'estragon
- sel, poivre

Épluchez et hachez grossièrement l'oignon. Coupez la poitrine de porc en lardons.

Dans une cocotte sur feu doux, faites rissoler les lardons sans ajout de matière grasse. Retirez-les avec l'écumoire ; réservez.

Mettez l'oignon haché dans la cocotte, faites-le dorer doucement dans la graisse des lardons. Retirez-le ; réservez.

Versez dans la cocotte les champignons coupés en quartiers et faites-les dorer 1 minute en remuant. Retirez-les et réservez.

Déposez dans la cocotte les morceaux de lapin, salez, poivrez, faites dorer la viande sur toutes les faces en remuant ; ajoutez les lardons et l'oignon, le vin blanc, le thym, le laurier, l'estragon ; couvrez et maintenez la cuisson à petits bouillons pendant 40 minutes environ en retournant les morceaux régulièrement. Ajoutez les champignons 10 minutes avant la fin de la cuisson.

Retirez thym, laurier et estragon ; transvasez les morceaux de lapin et la garniture (lardons, oignon, champignons) dans le plat de service. Versez 1 demi-verre d'eau dans le fond de la cocotte, grattez les sucs, portez à ébullition, faites réduire de moitié et arrosez le lapin de sauce.

Servez bien chaud avec des pommes de terre en purée, sautées, ou à la vapeur.

Variante :

Lapin en gibelotte : suivez la recette en remplaçant le vin blanc par du vin rouge et les champignons par des pruneaux, et mélangez 2 cuillerées à soupe de gelée de groseille à la sauce.

Lapin sauté (2)

- 900 g de lapin coupé en morceaux
- 1 boîte de champignons de Paris (230 g)
- 150 g de poitrine de porc fraîche coupée en lardons
- 1 oignon
- 1 verre de vin blanc (20 cl)
- 1 brindille de thym, 1 demi-feuille de laurier, 1 branche d'estragon
- sel, poivre

Épluchez et hachez grossièrement l'oignon.

Dans une cocotte sur feu doux, faites rissoler les lardons sans ajout de matière grasse. Retirez-les avec l'écumoire ; réservez.

Mettez l'oignon haché dans la cocotte, faites-le dorer doucement dans la graisse des lardons. Retirez-le ; réservez.

Déposez dans la cocotte les morceaux de lapin, salez, poivrez, faites dorer lentement sur toutes les faces ; ajoutez les lardons et l'oignon, le vin blanc, le thym, le laurier, l'estragon ; couvrez et maintenez la cuisson à petits bouillons pendant 40 minutes environ en retournant les morceaux régulièrement. Ajoutez les champignons égouttés 5 minutes avant la fin de la cuisson.

Retirez thym, laurier et estragon ; transvasez les morceaux de lapin et la garniture (lardons, oignon, champignons) dans le plat de service. Versez 1 demi-verre d'eau dans le fond de la cocotte, grattez les sucs, portez à ébullition, faites réduire de moitié et arrosez le lapin de sauce.

Servez bien chaud avec des pommes de terre en purée, sautées ou à la vapeur.

Variante :

Lapin en gibelotte : suivez la recette en remplaçant le vin blanc par du vin rouge et les champignons par des pruneaux, et mélangez 2 cuillerées à soupe de gelée de groseille à la sauce.

Lingots au romarin (1)

À préparer la veille.

- 250 g de haricots secs (lingots ou autres)
- 1 branche de romarin
- 1 zeste de citron
- 4 cuillerées à soupe d'huile d'olive
- sel, poivre

La veille, faites tremper les lingots. Faute de quoi, plongez-les le jour de leur utilisation dans de l'eau froide : portez à ébullition ; couvrez ; laissez reposer 15 minutes hors du feu.

Effeuillez la branche de romarin, formez avec les feuilles des petits fagots et tranchez-les aux ciseaux aussi finement que possible. Réservez.

Égouttez les lingots, versez-les dans une casserole. Recouvrez-les d'eau froide (*non salée sous peine de les voir éclater*) ; ajoutez le romarin, le zeste de citron finement ciselé ; couvrez et laissez cuire 2 heures au minimum sur feu très doux. (*Vérifiez la cuisson : ils doivent être tendres.*)

Égouttez et reversez dans un plat creux ; arrosez d'huile d'olive, salez, poivrez et servez chaud ou tiède.

Lingots au romarin (2)

- 1 boîte de haricots blancs (ou haricots rouges, lingots, flageolets)
- 1 branche de romarin
- 1 zeste de citron
- 4 cuillerées à soupe d'huile (d'olive de préférence)
- sel, poivre

Effeuillez la branche de romarin, formez avec les feuilles des petits fagots et tranchez-les aux ciseaux aussi finement que possible. Réservez.

Versez les haricots avec leur jus dans une casserole ; ajoutez le romarin, le zeste de citron finement ciselé ; couvrez et laissez mijoter 15 minutes sur feu très doux.

Égouttez et reversez dans un plat creux ; arrosez d'huile, salez, poivrez.

Servez chaud ou tiède.

Maquereaux à la moutarde

- 4 petits maquereaux de 150 à 200 g ou 8 lisettes
- 2 cuillerées à soupe de farine
- 4 cuillerées à soupe d'huile (d'olive de préférence)
- 2 oignons
- 4 tomates (ou 1 boîte de pulpe de tomate)
- 1 brin de thym, 1 demi-feuille de laurier
- 2 cuillerées à soupe de moutarde
- sel, poivre

Demandez au poissonnier de vider les maquereaux par les ouïes, ils seront plus présentables qu'avec le ventre ouvert.

Pelez et épépinez les tomates (*inutile si vous utilisez la pulpe en conserve*) ; épluchez les oignons ; passez tomates et oignons au mixeur ; versez la purée dans une casserole, ajoutez 1 cuillerée à soupe d'huile, le thym et le laurier ; salez, poivrez ; laissez mijoter 20 minutes. Retirez le thym et le laurier ; ajoutez 2 cuillerées à soupe de moutarde ; mélangez ; couvrez et réservez.

Préchauffez le four à 200 °C (th. 6/7).

Essuyez les poissons avec un papier absorbant ; farinez-les et faites-les dorer sur chaque face, à la poêle, avec 3 cuillerées à soupe d'huile (*ils doivent colorer, sans plus*.) Rangez-les dans un plat à gratin ; recouvrez de papier d'aluminium ; mettez au four 8 à 10 minutes (*vérifiez la cuisson et prolongez-la, si nécessaire*).

Sortez les maquereaux du four ; à l'aide d'une cuillère, retirez le gras de cuisson.

Versez la purée d'oignons et de tomates bien chaude sur les maquereaux et servez sans attendre dans le plat de cuisson.

Maquereaux au vin rouge

- 4 gros maquereaux
- 120 g de champignons de Paris (ou 1 demi-boîte de champignons émincés)
- 150 g de poitrine de porc fumée
- 1 petit bol de sauce au vin rouge (recette p. 341)
- sel, poivre

Demandez au poissonnier de parer et vider les maquereaux. Coupez-les en tronçons de 5 à 6 cm ; essuyez-les avec un papier absorbant.

Commencez par préparer la sauce au vin rouge selon la recette p. 341.

Coupez la poitrine de porc en lardons ; déposez-les dans une poêle antiadhésive sans ajout de matière grasse ; faites-les rissoler sur feu vif. Sortez-les et réservez.

Dans la même poêle, faites revenir les tronçons de maquereaux 5 minutes dans la graisse rendue par les lardons. Ajoutez les lardons, les champignons émincés (*préalablement égouttés s'ils sont en conserve*) et la sauce au vin rouge. Laissez les différents ingrédients s'imprégner de vin rouge. Vérifiez l'assaisonnement. Servez bien chaud avec des tranches de baguette grillées.

Marinade de porc

Un plat savoureux qu'il faut prévoir à l'avance (deux à quatre jours selon la saison). Accompagnez-le de pommes de terre sautées dans la graisse de cuisson de la viande.

- 800 g d'échine de porc désossée
- 75 g de poitrine de porc fumée
- 1 noisette de saindoux
- 2 oignons
- 2 échalotes
- 2 gousses d'ail
- 2 verres de vin blanc (40 cl)
- 1 petite cuillerée à café de gingembre frais râpé (ou 1 pincée de gingembre en poudre)
- 1 pincée de noix de muscade râpée (ou en poudre)
- 2 clous de girofle
- 1 feuille de laurier, 1 brin de thym
- sel, poivre

Coupez la poitrine de porc en lardons. Épluchez et hachez grossièrement les oignons et les échalotes ; écrasez les gousses d'ail. Versez le tout dans une terrine.

Ajoutez le morceau de viande, les aromates et le vin blanc ; salez, poivrez. Couvrez et laissez mariner au frais pendant 2 jours l'été, 4 jours en hiver, en retournant la viande 2 fois par jour.

Préchauffez le four à 180/200 °C (th. 6/7).

Égouttez la viande, séchez-la dans un linge et faites-la revenir dans une poêle avec une noisette de saindoux pour bien la croûter sur toutes les faces. Déposez-la dans un plat allant au four et laissez cuire 1 petite heure en l'arrosant à deux ou trois reprises de sa graisse et de son jus de cuisson.

Gardez la viande au chaud dans le four éteint. Versez son jus de cuisson dans un bol, laissez refroidir. *Récupérez le gras qui se solidifie à la surface pour faire sauter les pommes de terre.*

Filtrez la marinade dans un chinois au-dessus d'une casserole en pressant avec le dos de l'écumoire : ajoutez le jus maigre de la viande et faites bouillotter à feu doux pendant une vingtaine de minutes : la sauce réduira de moitié.

Faites rissoler les lardons à la poêle sans ajout de matière grasse ; ajoutez-les à la sauce bouillante.

Coupez l'échine en morceaux, déposez-les dans le plat de cuisson, nappez de sauce et enfournez pour 2 minutes.

Servez avec des pommes de terre cuites à l'eau, pelées, puis sautées dans la graisse de cuisson.

Matafans

Matafan vient de l'espagnol « maya hambre » (mate la faim). On les sert en grosse crêpe salée ou sucrée. Ou en boulettes frites à l'huile, comme ci-dessous. Utilisez des pommes de terre dites « de conservation », surtout pas de pommes de terre nouvelles.

- 800 g de pommes de terre farineuses
- 4 œufs
- 2 cuillerées à soupe de farine
- 1 cuillerée à soupe de sucre
- bain de friture
- sel, poivre

Épluchez les pommes de terre, râpez-les finement, lavez-les à grande eau fraîche et séchez-les dans un linge propre. *Gardez les épluchures ; vous pourrez les faire frire pour le repas du lendemain (recette p. 138).*

Battez les œufs avec la farine et le sucre ; salez, poivrez ; ajoutez les pommes de terre râpées et mélangez le tout.

Formez des petites boules un peu aplaties de 3 à 4 cm de diamètre ; plongez ces matafans 3 à 4 minutes dans le bain de friture porté à 170 °C, jusqu'à ce qu'ils prennent une jolie coloration (*vérifiez la température de l'huile en jetant un petit croûton de pain ; elle doit bouillonner et ne pas fumer*). Égouttez sur du papier absorbant.

Servez bien chaud avec des tranches de jambon de pays, une salade croquante aillée ou une salade de pissenlits.

Matelote de congre

- 2 darnes de congre (de 350 g chacune environ)
- 1 demi-boîte de champignons de Paris
- 120 g poitrine de porc fumée, coupée en lardons
- 1 petit bol de sauce au vin rouge (recette p. 341)
- sel, poivre

Demandez au poissonnier des darnes dans la partie proche de la tête et priez-le de les couper en deux, de façon à faire 4 portions. Essuyez-les avec un papier absorbant.

Commencez par préparer la sauce au vin rouge (voir p. 341).

Mettez les lardons dans une poêle antiadhésive ; faites-les rissoler sur feu vif. Sortez-les et réservez.

Dans la même poêle, faites revenir les morceaux de congre 4 à 5 minutes dans la graisse rendue par les lardons ; salez, poivrez, puis baissez la puissance du feu et laissez mijoter 8 à 10 minutes (*vérifiez la cuisson du poisson, prolongez-la, si nécessaire*). Ajoutez les lardons, les champignons égouttés et la sauce au vin rouge. Laissez les différents ingrédients s'imprégner de sauce. Servez bien chaud avec des tranches de baguette grillées.

Variante : On peut accommoder de la même façon des darnes d'églefin, de lieu noir ou de roussette en adaptant le temps de cuisson à la variété de poisson.

Matelote de harengs

- 4 harengs frais
- 1 verre de vin rouge (20 cl)
- 2 noix de beurre
- 1 cuillerée à soupe rase de farine
- 150 g de champignons de Paris
- 1 gousse d'ail
- 1 bouquet garni (1 brin de thym, 1 demi-feuille de laurier, quelques queues de persil)
- 1 pincée de sucre
- sel, poivre

Demandez au poissonnier de vider et étêter les harengs, de les ouvrir en deux et de retirer les arêtes ; réservez les laitances et les œufs. Coupez les chairs en 2 ou 3 morceaux ; déposez-les dans un plat à gratin.

Préchauffez le four à 200 °C (th. 6/7).

Coupez le bout terreux des champignons de Paris ; passez-les rapidement sous l'eau, épongez-les dans un papier absorbant. Coupez-les en lamelles et faites-les revenir à la poêle dans 1 petite noix de beurre ; ajoutez la gousse d'ail écrasée, le bouquet garni, le vin rouge ; couvrez et laissez cuire 6 minutes à frémissement (*vérifiez la cuisson et prolongez-la, si nécessaire*). Retirez la gousse d'ail et le bouquet garni ; salez, poivrez ; ajoutez 1 pincée de sucre.

Pétrissez du bout des doigts le restant de beurre avec la farine ; ajoutez les laitances ; délayez le tout dans la sauce, remuez et donnez un bouillon.

Versez la sauce aux champignons sur le poisson et mettez le plat 10 minutes au four.

Servez bien chaud, avec éventuellement les œufs des poissons, frits à part et mis en garniture.

Merlan des pêcheurs

- 4 merlans de 200 g pièce
- 1 échalote
- 2 petites noix de beurre
- 1 cuillerée à soupe de moutarde
- 1 verre de vin blanc sec (20 cl)
- sel, poivre

Demandez au poissonnier de vider les poissons. Essuyez-les et rangez-les dans un plat à gratin.

Préchauffez le four à 200 °C (th. 6/7).

Faites chauffer 1 noisette de beurre dans une petite casserole ; ajoutez l'échalote pelée et hachée ; laissez cuire 5 minutes à feu très doux ; versez sur les merlans, salez, poivrez. Ajoutez la moutarde délayée dans le vin blanc et faites cuire 10 minutes au four (*vérifiez la cuisson et prolongez-la, si nécessaire*).

Récupérez le jus de cuisson, versez-le dans la casserole (*inutile de la rincer*) ; ajoutez le beurre restant, fouettez ; rectifiez l'assaisonnement.

Mettez le four en position gril. Arrosez les merlans de sauce au beurre et placez le plat 3 ou 4 minutes sous la rampe bien chaude pour faire simplement glacer (*la sauce doit faire un voile*). Servez aussitôt.

Mijoté de dinde aux pommes de terre

- 1 kg de dinde (ailerons et sauté)
- 1 kg de pommes de terre à chair ferme
- 2 gousses d'ail
- 2 échalotes
- 250 g d'oignons
- 3 verres de bouillon de volaille du commerce (60 cl)
- 1 poignée de persil avec les queues
- 1 bouquet garni (1 brin de thym, 1 feuille de laurier)
- sel, poivre

Préchauffez le four à 180 °C (th. 6).

Épluchez les pommes de terre et les oignons ; émincez-les au robot ou à la mandoline ; épluchez les gousses d'ail et les échalotes, laissez-les entières.

Salez et poivrez les morceaux de viande.

Mélangez dans une cocotte ou une terrine viande, pommes de terre, oignons, ail et échalotes, bouquet garni et persil ; mouillez avec le bouillon ; couvrez ; enfournez pour 1 h 30 à 2 heures. Vérifiez la cuisson. Retirez le bouquet garni et le persil.

Servez brûlant dans la cocotte ou la terrine, avec une salade croquante (scarole, frisée ou endives).

Morue à l'ailloli

- 1 kg de morue salée
- 800 g de pommes de terre à chair ferme
- 3 tomates
- 4 oignons
- 1 gousse d'ail
- 1 bulbe de fenouil
- 2 verres de vin blanc (40 cl)
- 2 verres de fumet de poisson du commerce (40 cl)
- 2 cuillerées à soupe de persil haché
- 1 pincée de safran
- 2 oranges
- 1 dizaine d'olives noires
- 4 tranches de pain de campagne grillées
- 2 cuillerées à soupe d'ailloli (recette p. 321)
- 1 cuillerée d'huile d'olive
- gros sel
- sel, poivre

La veille, faites dessaler la morue dans un grand récipient d'eau froide en renouvelant l'eau à plusieurs reprises.

Le jour même, faites pocher la morue au départ à l'eau froide non salée. Dès que l'eau frémit (*surtout ne la faites pas bouillir, les feuillets se détacheraient*), comptez 5 minutes de cuisson ; retirez du feu ; couvrez ; laissez reposer 10 minutes dans le liquide de cuisson.

Épluchez les pommes de terre, les oignons, le fenouil. Coupez-les finement à la mandoline ou au robot.

Pelez les oranges à l'épluche-légumes. Hachez finement les zestes. Plongez-les dans une casserole d'eau bouillante salée pendant 4 minutes. Égouttez.

Hachez la gousse d'ail. Pelez et épépinez les tomates, coupez-les en lanières.

Dans un grand saladier, mélangez les pommes de terre, les oignons, les tomates, le fenouil, l'ail, les zestes d'orange blanchis, les olives noires dénoyautées. Salez, poivrez.

Effeuillez les filets de morue.

Dans une cocotte, faites chauffer l'huile d'olive, ajoutez une couche du mélange de légumes, puis une couche de morue, recommencez l'opération jusqu'à épuisement des ingrédients.

Saupoudrez de safran ; ajoutez le vin blanc et le fumet de poisson ; faites cuire 25 minutes à petit feu.

Avant de servir, parsemez le poisson de persil haché ; posez la cocotte sur la table et servez avec les tranches de pain de campagne grillées, tartinées d'ailloli.

Morue façon cassoulet

À préparer la veille.

- 1 kg de morue
- 1 boîte 4/4 de haricots blancs
- quelques noisettes de beurre ou de saindoux
- 2 litres d'eau
- 1 verre de lait (20 cl)
- 1 filet d'huile pour graisser le plat

La veille, faites dessaler la morue dans un grand récipient d'eau froide en renouvelant l'eau à plusieurs reprises.

Faites cuire la morue dessalée et égouttée dans un mélange d'eau non salée et de lait pendant 10 minutes à petit frémissement (*surtout ne laissez pas bouillir*). Égouttez.

Préchauffez le four à 240 °C (th. 8).

Graissez un plat à gratin ; disposez une couche de haricots blancs égouttés, une couche de morue, jusqu'à épuisement des ingrédients (*plus il y aura de couches, plus le gratin sera moelleux*).

Posez quelques noisettes de beurre (*ou de saindoux*) sur la surface et faites gratiner 25 minutes au four. Servez très chaud.

Moules marinière

- 3 litres de moules
- 1 verre de vin blanc sec
- 4 échalotes
- poivre du moulin

Grattez et ébarbez les moules si nécessaire et lavez-les dans plusieurs eaux. (*Jetez les moules cassées ou ouvertes.*) Égouttez-les dans une passoire.

Épluchez et coupez en tout petits cubes les échalotes. Jetez-les dans un grand faitout ; ajoutez le vin blanc et laissez cuire 5 minutes (*elles doivent être à peine cuites, simplement attendries*). Ajoutez les moules, couvrez et mettez 3 à 4 minutes sur feu vif. Remuez le faitout et tournez les moules à plusieurs reprises avec une cuillère en bois.

Dès que les coquilles s'ouvrent, les moules sont cuites. Donnez quelques tours de moulin à poivre et servez aussitôt dans le faitout ou dans des assiettes creuses. *Pensez à placer un saladier sur la table pour que chacun puisse se débarrasser des coquilles vides.*

Variantes :

• Moules à la crème : ajoutez 1 à 2 cuillerées de crème en fin de cuisson.

• Pour un plat plus consistant, mélangez dans un bol 1 cuillerée à café de fécule de pomme de terre, 1 cuillerée à café de moutarde et des feuilles d'estragon ciselées ; prélevez un peu de jus de cuisson des moules, versez-le dans le bol et mélangez bien. Reversez rapidement dans le faitout sur les moules juste entrouvertes et laissez la sauce épaissir quelques instants, sans cesser de remuer ; poivrez et servez aussitôt.

Moules en salade

- 3 litres de moules
- le jus d'un citron
- 3 cuillerées à soupe de vinaigrette (recette p. 342)
- 1 cuillerée à soupe de persil haché

Grattez et ébarbez les moules si nécessaire et lavez-les dans plusieurs eaux. (*Jetez les moules cassées ou ouvertes.*) Égouttez-les dans une passoire.

Versez-les dans un faitout avec le jus de citron, couvrez et laissez cuire 3 à 4 minutes sur feu vif. Remuez le faitout et tournez les moules à plusieurs reprises avec une cuillère en bois. Laissez refroidir. Décoquillez les moules.

Versez-les dans un saladier ou des bols individuels, nappez-les de vinaigrette (recette p. 342), saupoudrez de persil haché et servez bien frais.

Moussaka

Bonne recette pour utiliser des restes de viande, notamment d'agneau. La moussaka s'accompagne de riz ou de pâtes.

- 300 g de restes de viande
- 1 grosse aubergine (ou 2 petites)
- 3 à 4 tomates
- 3 cuillerées d'huile d'olive
- sel, poivre

Coupez l'aubergine en fines tranches après avoir enlevé le pédoncule mais sans la peler et faites-la rissoler dans la poêle avec 2 cuillerées d'huile.

Pelez, épépinez et concassez les tomates, laissez-les égoutter dans une passoire ; mélangez-les aux aubergines.

Maintenez la cuisson pendant quelques minutes, salez, poivrez.

Préchauffez le four à 180 °C (th. 6).

Hachez les restes de viande au hachoir ou au couteau (*évitez le robot*). Vérifiez l'assaisonnement en sel et poivre.

Huilez un plat à gratin et remplissez-le alternativement de couches de légumes et de viande hachée. Recouvrez avec une feuille de papier d'aluminium et enfournez pour 40 minutes.

Variante : Après 25 minutes de cuisson, ôtez la feuille d'aluminium et saupoudrez la surface de la moussaka d'un mélange de chapelure et de fromage râpé.

Navarin d'agneau

Le navarin est, en quelque sorte, notre Irish stew à nous (recette p. 171).

- 1 kg d'agneau coupé en morceaux de 50 g environ (poitrine, collier, épaule, haut de côtes)
- 800 g de pommes de terre à chair ferme, calibrées
- 2 tomates
- 2 gousses d'ail
- 2 oignons
- 1 noix de beurre ou de saindoux
- 3 cuillerées à soupe de farine
- 1 cuillerée à soupe de sucre
- 1 cuillerée à soupe de concentré de tomates
- 75 cl de bouillon instantané
- 1 bouquet garni (1 brin de thym, 1 feuille de laurier, queues de persil)
- sel, poivre

Salez, poivrez, sucrez chaque morceau d'agneau.

Dans une cocotte, faites chauffer le beurre (*ou le saindoux*). Quand il grésille, ajoutez les morceaux de viande ; faites-les dorer sur toutes les faces. Saupoudrez de farine ;

laissez roussir ; ajoutez le bouillon ; remuez jusqu'à épaississement de la sauce. Ajoutez les tomates coupées en morceaux, les gousses d'ail légèrement écrasées, les oignons épluchés et émincés, le concentré de tomates et le bouquet garni. Salez modérément (*le bouillon est déjà salé*), poivrez.

Faites partir l'ébullition et laissez bouillotter doucement, à feu doux.

Après 1 heure, ajoutez les pommes de terre épluchées et prolongez la cuisson 30 minutes. (*Les pommes de terre doivent rester intactes*.)

Avant de servir, dégraissez la sauce en surface à la louche. Faites-la un peu réduire. Vérifiez l'assaisonnement. Servez bien chaud.

Navarin de dinde aux légumes nouveaux

- 1 kg de hauts de cuisse de dinde
- 1 noix de beurre
- 1 cuillerée à soupe d'huile
- 200 g de navets fanes
- 200 g de carottes fanes
- 200 g de petits pois frais écossés
- 1 botte d'oignons blancs
- 200 g de pommes de terre nouvelles
- 2 tomates
- 2 gousses d'ail
- 1 bouquet garni (1 brin de thym, 1 feuille de laurier, queues de persil)
- 3 cuillerées à soupe de farine
- 2 cuillerées à café de sucre
- 75 cl de bouillon de volaille
- gros sel
- sel, poivre

Épluchez les navets, les oignons et les gousses d'ail. Pour éviter l'épluchage des carottes et des pommes de terre nouvelles, frottez-les vigoureusement dans un torchon garni de gros sel (*cette technique implique un rinçage abondant*).

Salez, poivrez, sucrez chaque morceau de viande ; chauffez le beurre et l'huile dans une cocotte ; quand ils grésillent, ajoutez les morceaux de viande ; faites-les rissoler de tous côtés ; jetez la graisse de cuisson. Versez la farine en pluie sur la viande, remuez et laissez roussir ; ajoutez le bouillon, les tomates, le bouquet garni, les gousses d'ail écrasées ; couvrez.

Laissez mijoter doucement, à feu doux, pendant 45 minutes. Ajoutez les navets ; 10 minutes plus tard, les carottes, les oignons et les pommes de terre ; 15 minutes après, les petits pois pour les 5 dernières minutes de cuisson.

Retirez le bouquet garni. Faites réduire la sauce, rectifiez l'assaisonnement.

Servez bien chaud dans la cocotte ou dans un plat creux.

Navets farcis

- 16 navets de 4 à 5 cm de diamètre
- 150 g de farce (recettes p. 326 et 328)
- 1 petite noix de beurre (ou de saindoux)
- 1 cuillerée à soupe de gros sel
- 1 cuillerée à soupe de sucre

Épluchez et lavez les navets ; plongez-les dans une casserole d'eau froide salée et sucrée ; portez à ébullition et comptez 15 minutes à frémissement ; passez-les sous l'eau fraîche ; égouttez.

Préchauffez le four à 200 °C (th. 6/7).

Creusez légèrement les navets avec une cuillère à café ; réservez la pulpe.

Farcissez-les avec la farce de votre choix mélangée à la pulpe ; rangez-les dans un plat beurré.

Enfournez pour 10 minutes ; arrosez plusieurs fois en cours de cuisson avec le jus du plat.

Servez chaud ou froid avec une salade verte.

Nouilles au gratin

- 250 g de nouilles
- 3 œufs
- 40 g de fromage râpé (parmesan ou gruyère)
- 2 noix de beurre
- 1 cuillerée à soupe de gros sel
- sel, poivre

Faites cuire les nouilles dans une casserole d'eau bouillante salée (*le temps de cuisson est indiqué sur l'emballage*).

Préchauffez le four à 180/200 °C (th. 6/7).

Égouttez les nouilles, laissez refroidir quelques minutes ; versez dans un saladier, ajoutez la moitié du beurre coupé en petits morceaux, 3 jaunes d'œufs et le fromage ; mélangez bien.

Battez les blancs en neige ferme avec 1 pincée de sel et incorporez-les délicatement à la préparation.

Reversez dans un plat à gratin généreusement beurré et mettez 30 minutes au four. Servez aussitôt.

Œufs à la portugaise

Pour une entrée, un œuf par personne, pour un plat principal, deux. Si on s'y prend correctement, le plat est appétissant car il monte comme un soufflé.

- 8 tranches de pain grillé
- 8 œufs
- 125 g de jambon
- 1 noisette de beurre ou 1 filet d'huile pour graisser le plat
- sel, poivre

Préchauffez le four à 180 °C (th. 6).

Rangez les tranches de pain grillé (pain de mie ou de campagne) dans un plat allant au four et préalablement beurré ou huilé.

Dans un saladier, battez les œufs en omelette ; salez, poivrez ; ajoutez le jambon coupé en dés ; versez sur le pain grillé.

Mettez 10 à 12 minutes au four. Servez aussitôt.

Omelette du pauvre homme

Utilisez vos restes cuits, quels qu'ils soient (jambon, saucisse ou viande cuite, pommes de terre sautées, épinards, oignons, tombée d'oseille, champignons, courgettes, etc.), c'est l'occasion d'enrichir ce pauvre homme : coupez-les en morceaux si nécessaire et ajoutez-les aux œufs battus.

- 6 œufs
- restes de viandes ou de légumes
- 2 oignons
- 1 cuillerée à soupe de farine
- 1 verre de lait (20 cl)
- quelques gouttes d'huile
- 1 noix de beurre
- sel, poivre

Épluchez et émincez les oignons.

Dans un saladier, délayez la farine dans le lait froid. Ajoutez les œufs, un par un, en battant vigoureusement au fouet.

Versez l'huile dans une poêle sur feu vif, faites dorer les oignons en remuant pendant 8 bonnes minutes. Ajoutez le beurre, puis les œufs battus mélangés aux restes de viande ou de légumes ; laissez prendre quelques instants, puis remuez avec une fourchette d'avant en arrière et d'arrière en avant. Lorsque les œufs commencent à se solidifier, donnez à la poêle un mouvement pour éviter qu'ils n'attachent.

Faites glisser l'omelette dans un plat, sans la replier, et servez bien chaud.

En accompagnement, un coulis de tomates : 3 cuillerées de concentré de tomates délayées dans un peu d'eau chaude et additionnées d'un filet d'huile.

Omelette au veau

- 200 g de viande de veau hachée
- 4 œufs
- 1 oignon
- 2 cuillerées à soupe d'herbes fraîches hachées
- 1 cuillerée à soupe d'eau
- 1 cuillerée à soupe d'huile et 1 noix de beurre
- sel, poivre

Lavez et épluchez l'oignon, hachez-le finement et faites-le blanchir 1 minute dans une petite casserole d'eau bouillante ; égouttez-le bien.

Dans un saladier, mélangez les hachis de veau, d'oignon, d'herbes fraîches, les 4 jaunes d'œufs et la cuillerée d'eau ; salez, poivrez.

Fouettez les blancs d'œufs en neige ferme avec 1 pincée de sel ; incorporez-les délicatement au hachis.

Dans une poêle sur feu vif, faites chauffer la cuillerée d'huile, ajoutez le beurre ; quand ils grésillent, versez rapidement la préparation dans la poêle ; laissez prendre quelques instants puis remuez avec une fourchette d'avant en arrière et d'arrière en avant. Lorsque les œufs commencent à se solidifier, donnez à la poêle un mouvement d'avant en arrière pour éviter qu'ils n'attachent.

Cette omelette se sert non pliée : pour la faire dorer sur l'autre face, faites-la glisser sur un plat, retournez-la à l'aide d'un autre plat et remettez-la dans la poêle quelques instants.

Osso buco de dinde à l'indienne

Le plat peut être préparé à l'avance et réchauffé à four doux (ou au four à micro-ondes) sans inconvénient.

- 800 g d'osso buco de dinde (cuisse tranchée épais)
- 1 cuillerée à soupe de farine
- 3 yaourts nature
- 2 gousses d'ail
- 2 cuillerées à soupe d'huile d'olive
- 1 cuillerée à café de tandoori
- 1 cuillerée à soupe de curry en poudre
- 1 cuillerée à soupe de gingembre en poudre
- 1 cuillerée à soupe de graines de cardamome
- sel, poivre

Retirez la peau des morceaux de cuisses. Farinez légèrement les morceaux de dinde.

Dans une sauteuse, faites-les revenir dans l'huile bien chaude. Ajoutez les épices, salez, poivrez. Ajoutez les gousses d'ail épluchées et écrasées ; remuez pour que les morceaux de viande s'imprègnent des épices. Ajoutez les yaourts, mélangez. Couvrez et laissez mijoter à feu doux pendant 1 h 30 en retournant plusieurs fois les morceaux de viande et en veillant à ne pas les laisser attacher. Vérifiez l'assaisonnement.

Servez avec du riz, ou des bettes ou du céleri en branches sautés au curry.

Osso buco de dinde à la milanaise

- 900 g d'osso buco de dinde (cuisse tranchée épais)
- 2 cuillerées à soupe de farine
- 3 oignons
- 2 branches de céleri
- 300 g de carottes
- 500 g de tomates
- 1 gousse d'ail
- 1 demi-cuillerée à soupe de zestes de citron hachés
- 1 demi-cuillerée à soupe de zestes d'orange hachés
- 1 cuillerée à soupe de persil haché
- 1 bouquet garni (1 brin de thym, 1 feuille de laurier, queues de persil)
- 1 cuillerée à soupe d'huile
- 50 cl de bouillon de volaille du commerce
- 1 verre de vin blanc sec (20 cl)
- sel, poivre

Épluchez et émincez les oignons et le céleri. Pelez les carottes, coupez-les en dés.

Versez la farine dans un sac en plastique, ajoutez les morceaux de dinde, remuez pour bien les imprégner de farine, sortez-les, secouez-les pour supprimer l'excédent. (*La dinde a du mal à dorer si on ne la farine pas.*)

Faites chauffer l'huile dans la cocotte et faites revenir les morceaux de viande (*ils doivent être bien dorés et croustillants sur toutes les faces*) ; salez, poivrez ; retirez la viande de la cocotte et réservez sur un plat.

Dans la cocotte (*sans la rincer*), mettez les oignons, le céleri, les carottes, et le bouquet garni, remuez et faites suer à couvert pendant 5 minutes.

Pelez, épépinez, hachez grossièrement les tomates ; ajoutez-les au contenu de la cocotte avec 1 belle gousse d'ail écrasée. Déposez la viande sur les légumes, ajoutez le vin blanc et le bouillon chaud, couvrez et laissez mijoter pendant 1 h 30, puis retirez le bouquet garni. Vérifiez l'assaisonnement.

Dans un bol, mélangez les zestes d'agrumes, 1 petite gousse d'ail très finement hachée et le persil haché ; versez dans la cocotte les deux tiers du contenu du bol.

Servez l'osso buco saupoudré du restant du bol et accompagné de spaghettis ou d'épinards.

Pain de chou-fleur

- 1 chou-fleur
- 1 tasse de mie de pain rassis
- 1 demi-tasse de lait
- 2 œufs
- 1 noix de beurre pour graisser le moule
- 1 pincée de bicarbonate de soude
- gros sel
- sel, poivre

Faites tremper la mie de pain dans le lait chaud pendant 5 minutes ; égouttez et pressez-la entre vos mains pour évacuer l'excédent de liquide.

Épluchez le chou-fleur, lavez-le à grande eau (*ne gaspillez pas : gardez les feuilles, coupez-les en morceaux de 4 à 5 cm et faites-les cuire à l'eau bouillante salée, elles seront excellentes chaudes, avec un peu de crème fraîche, ou froides, avec une vinaigrette*) ; coupez les sommités grossièrement en 5 ou 6 morceaux, faites-les précuire 5 minutes dans de l'eau bouillante salée, additionnée de bicarbonate de soude. Égouttez.

Remettez-les dans une casserole d'eau bouillante salée, laissez cuire à bouillottement 15 minutes.

Préchauffez le four à 180 °C (th. 6).

Égouttez le chou-fleur, passez-le au mixeur ou au moulin à légumes (grille fine) avec la mie de pain et les jaunes d'œufs. Salez, poivrez ; incorporez les blancs d'œufs battus en neige ferme avec 1 pincée de sel.

Reversez la préparation dans un moule (à charlotte, à cake ou en couronne) copieusement beurré et faites cuire 1 heure au four.

Démoulez et servez avec un coulis de tomates chaud (recette p. 323) ou en boîte, ou une béchamel tomatée (recette p. 322).

Pain de dinde

- 500 g de filet de dinde
- 100 g de jambon cuit
- 2 œufs
- 2 cuillerées à soupe de farine
- 1 oignon
- 1 carotte
- 1 branche de céleri
- 2 cuillerées à soupe + 1 filet d'huile
- 2 cuillerées à soupe de concentré de tomates
- 1 pincée de noix de muscade râpée (ou en poudre)
- sel, poivre

Hachez le filet de dinde et le jambon au hachoir, grille moyenne. Ajoutez les œufs battus légèrement, la noix de muscade ; salez, poivrez. Mélangez bien la préparation.

Façonnez-la en forme de pain sur la planche à pâtisserie farinée (*ou sur un linge propre, posé sur la table et saupoudré de farine*) ; enrobez copieusement ce pain de farine.

Épluchez l'oignon, la carotte et le céleri. Passez l'ensemble au mixeur pour obtenir une sorte de mirepoix.

Dans une cocotte, chauffez un filet d'huile, ajoutez les légumes. Laissez-les étuver 10 minutes à feu très doux en les remuant avec une cuillère en bois.

Dans une poêle, chauffez l'huile restante et faites dorer le pain de viande sur toutes les faces. *Avant que ne soit constituée une couche croûtée protectrice, le pain de viande est fragile. Il faut impérativement utiliser une spatule large.* Déposez le pain de viande dans la cocotte, sur les légumes.

Délayez le concentré de tomates dans 2 cuillerées à soupe d'eau chaude. Versez-le dans la cocotte ; couvrez et laissez cuire 1 heure à feu doux.

Sortez le pain de viande délicatement et coupez-le en tranches épaisses. Dressez-le sur un plat chaud, entouré des légumes et de la sauce.

En accompagnement : des tranches de chou-fleur sauté à cru, ou une purée d'oignons (recette p. 57) ou de céleri-rave.

Pain de foie de porc

- 400 g de foie de porc
- 1 œuf
- 1 tasse de mie de pain rassis
- 1 noix de beurre + 1 pour graisser le moule
- 1 cuillerée à soupe de farine
- 1 verre de lait (ou de bouillon)
- 2 cuillerées à soupe de concentré de tomates
- 3 cuillerées à soupe de chapelure
- sel, poivre

Trempez la mie de pain rassis dans de l'eau tiède, égouttez et pressez-la entre les mains pour éliminer l'excès d'eau ; réservez.

Hachez le foie au mixeur.

Préparez la sauce tomate : dans une petite casserole, faites fondre 1 belle noix de beurre sur feu doux, ajoutez la farine en remuant avec une cuillère en bois ; quand le mélange mousse, ajoutez, d'un seul coup, le lait ou le bouillon froid en remuant vigoureusement : la sauce épaissit et donne quelques bouillons. Hors du feu, incorporez le concentré de tomates.

Préchauffez le four à 150 °C (th. 5).

Dans un saladier, mélangez le hachis de foie, le pain, la sauce tomate et le jaune d'œuf. Salez, poivrez.

Fouettez le blanc en neige ferme avec 1 pincée de sel et incorporez-le délicatement à la préparation.

Beurrez un moule à charlotte (ou un petit moule à cake), saupoudrez le fond et les parois de chapelure. Versez la préparation dans le moule et enfournez pour 1 heure. (*Vérifiez la cuisson avec la pointe d'un couteau qui doit ressortir nette et prolongez-la, si nécessaire.*)

Laissez refroidir ; placez le moule dans le réfrigérateur jusqu'au lendemain. Démoulez avant de servir.

Variante : Remplacez le foie de porc par du foie de génisse, ou par des foies de volaille ou de lapin.

Pain de laitue

- 3 laitues
- 1 noix de beurre amolli
- 1 cuillerée à soupe de farine
- 1 cuillerée à soupe d'huile ou 1 petite noix de beurre pour graisser le moule
- 1 cuillerée à soupe de crème fraîche
- 2 œufs
- 1 cuillerée à café de paprika (facultatif)
- sel, poivre

Détachez les feuilles vertes des laitues (*gardez les 3 cœurs pour une salade*) ; lavez-les dans plusieurs eaux, égouttez-les. Faites-les cuire une dizaine de minutes dans une casserole d'eau bouillante ; égouttez. Hachez-les grossièrement au couteau ; mélangez-les avec le beurre amolli, la farine, la crème et les œufs battus en omelette. Salez, poivrez, ajoutez le paprika.

Préchauffez le four à 220 °C (th. 7/8).

Versez la préparation dans un moule à charlotte graissé (*beurre ou huile*) et faites cuire 45 minutes au four. (*Vérifiez la cuisson avec la pointe d'un couteau qui doit ressortir nette et prolongez-la, si nécessaire.*) Démoulez et servez chaud.

Pain de macaronis

La recette permet d'utiliser des restes de viande (bœuf, veau, agneau, porc) qui traînent dans le réfrigérateur et que vous ne savez plus comment accommoder.

- 250 g de restes de viande hachés
- 500 g de macaronis
- 1 petite noix de beurre ou de saindoux, ou 1 filet d'huile pour graisser le moule
- 1 bol de béchamel
- 1 cuillerée à soupe de gros sel
- sel, poivre

Faites cuire les macaronis dans une grande casserole d'eau bouillante additionnée de gros sel (*le temps de cuisson est indiqué sur l'emballage*). Égouttez, coupez-les en menus fragments et réservez.

Préchauffez le four à 180 °C (th. 6).

Préparez la béchamel : vous trouverez les ingrédients et la recette p. 322. *Selon vos goûts et vos possibilités, vous pouvez l'enrichir de crème fraîche et de 2 jaunes d'œufs, mais ce n'est pas indispensable.*

Mélangez les macaronis, les restes de viande hachés et la béchamel, rectifiez l'assaisonnement en sel et en poivre. Versez dans un moule à charlotte ou à cake graissé et faites cuire 30 minutes au four. *Vérifiez la cuisson en secouant le moule, le pain doit se présenter compact et de bonne tenue ; maintenez au four une dizaine de minutes si nécessaire.*

Au moment de servir, retournez le moule dans un plat et servez sans attendre.

Variante : Entourez le pain de macaronis d'une sauce tomate faite en délayant 3 cuillerées à soupe de concentré de tomates dans un peu d'eau chaude et en ajoutant un filet d'huile. Ou posez le flacon de ketchup sur la table, les enfants seront ravis.

Pain de poisson

Pour utiliser des restes de poisson et de pain.

- 300 g de restes de poisson
- 2 œufs
- 2 tasses de pain rassis
- 2 échalotes
- 2 cuillerées à soupe de persil haché
- 1 noix de beurre ou 1 filet d'huile pour graisser le moule
- sel, poivre

Hachez le poisson en vérifiant que toutes les arêtes ont été retirées (*utilisez, au besoin, une pince à épiler*).

Faites tremper le pain rassis dans de l'eau chaude, égouttez-le dans une passoire et pressez-le entre vos mains pour éliminer l'excès d'eau.

Épluchez et hachez finement les échalotes (*à défaut, prenez 2 oignons*).

Préchauffez le four à 180 °C (th. 6).

Dans un saladier, déposez le poisson, le pain, les échalotes et le persil hachés, ajoutez 2 jaunes d'œufs, mélangez bien. Salez (*très modérément*) et poivrez.

Battez les 2 blancs en neige ferme avec 1 pincée de sel et incorporez-les délicatement à la préparation.

Versez dans un moule à charlotte beurré ou huilé et faites cuire 45 minutes au four.

Démoulez le pain de poisson sur un plat creux. Servez chaud, tel quel, ou accompagné d'une sauce tomate. Ou froid, avec une vinaigrette aromatisée d'herbes fraîches et de cornichons hachés.

Pain de thon

Les proportions conviennent pour huit personnes.

- 2 boîtes de 240 g de thon au naturel
- 4 œufs
- 125 g de crème fraîche
- 1 cuillerée à café d'huile pour le moule
- le jus de 2 citrons
- 3 cuillerées à soupe de ketchup
- 1 pincée de paprika
- sel, poivre

Préchauffez le four à 150 °C (th. 5).

Passez tous les ingrédients au mixeur pour obtenir une purée fluide. Vérifiez l'assaisonnement en sel et poivre.

Versez le mélange dans un moule (à charlotte, à cake ou en couronne) huilé (*inutile si vous utilisez un moule en silicone ou à revêtement antiadhésif*) et faites cuire 1 petite heure au four.

Laissez refroidir et mettez le moule au réfrigérateur.

Au dernier moment, trempez rapidement le moule dans de l'eau bouillante et démoulez le pain de poisson en le renversant sur le plat de service.

Servez entouré d'un ruban de mayonnaise détendue avec un peu d'eau (recette p. 331) ou d'un coulis de tomates (recettes p. 323-324).

Pain de saumon au tofu et au lait de soja

- 450 g de saumon frais (ou décongelé)
- 100 g de tofu
- 1 oignon
- 2 œufs
- 1 demi-verre de lait de soja (10 cl)
- le jus d'un demi-citron
- 1 filet d'huile (d'olive de préférence)
- 1 demi-bouquet d'aneth
- 1 cuillerée à café de cumin en poudre
- sel, poivre

Faites cuire le saumon à la vapeur (*ou dans de l'eau salée additionnée d'une cuillerée de vinaigre blanc portée à ébullition et maintenue frémissante pendant 5 minutes*). Retirez la peau et les arêtes et écrasez grossièrement la chair à la fourchette. Incorporez le lait de soja et le jus de citron.

Épluchez et hachez l'oignon ; faites-le revenir à la poêle 6 à 8 minutes dans un filet d'huile. Quand il est juste doré, reversez-le dans la préparation. Ajoutez le tofu, les œufs, l'aneth ciselé, le cumin et passez le tout au mixeur jusqu'à obtenir une pâte homogène ; rectifiez l'assaisonnement en sel et poivre.

Versez la pâte dans un moule à cake à revêtement anti-adhésif ou dans une terrine huilée, recouvrez de papier d'aluminium et faites cuire 1 heure au four. Laissez refroidir, placez dans le réfrigérateur pendant 2 heures avant de démouler.

Servez froid avec une salade verte.

Palette de porc, purée de haricots blancs (1)

Le principe de cuisson reste inchangé quelle que soit la variété de haricots (lingots, flageolets, cocos, haricots rouges ou haricots plats tarbais).

- 1 palette de porc frais
- 1 noix de saindoux
- 1 noix de beurre
- 1 cuillerée à soupe de lait
- 600 g de haricots à écosser (lingots, flageolets, cocos, peu importe la variété)
- 1 carotte
- 1 oignon
- 1 clou de girofle
- 2 gousses d'ail
- 1 bouquet garni (1 brin de thym, 1 feuille de laurier, quelques queues de persil)
- sel, poivre

Préchauffez le four à 180 °C (th. 6).

Épluchez la carotte et l'oignon.

Dans une cocotte, faites fondre le saindoux, ajoutez la palette, une moitié de carotte et une moitié d'oignon coupées en morceaux, les gousses d'ail non épluchées ; salez ; mettez au four.

Après 10 minutes de cuisson, ajoutez 1 demi-verre d'eau. Laissez cuire tel quel 30 minutes.

Couvrez la cocotte ; réduisez la chaleur du four à 150 °C (th. 5) et poursuivez la cuisson 20 minutes. (*Vérifiez la cuisson et prolongez-la, si nécessaire.*)

Écossez les haricots ; plongez-les dans une casserole d'eau tiède (*surtout pas de sel, sous peine de durcir la peau*) avec le bouquet garni ; portez à ébullition. Dès les premiers bouillons, retirez la casserole du feu, couvrez ; laissez reposer pendant 15 minutes ; égouttez.

Reversez les haricots dans la casserole avec 2 fois leur volume d'eau. Joignez l'autre moitié de carotte et l'autre moitié d'oignon piquée d'un clou de girofle. Laissez cuire à petit bouillottement 1 h 40 (*vérifiez la cuisson et prolongez-la, si nécessaire*). Égouttez et retirez le bouquet garni.

Passez les haricots, la carotte et l'oignon débarrassé du clou de girofle au moulin à légumes, grille fine, ou au mixeur.

Incorporez le beurre et le lait chaud ; travaillez la purée ; salez, poivrez.

Servez la palette coupée en morceaux avec son jus, et la purée à part, dans un légumier.

Palette de porc, purée de haricots blancs (2)

- 1 demi-palette de porc frais
- 1 boîte 4/4 de haricots blancs
- 1 noix de saindoux
- 1 noix de beurre
- 1 cuillerée à soupe de lait
- 1 carotte
- 1 oignon
- 1 clou de girofle
- 2 gousses d'ail
- 1 bouquet garni (1 brin de thym, 1 feuille de laurier, quelques queues de persil)
- sel, poivre

Préchauffez le four à 180 °C (th. 6).

Épluchez la carotte et l'oignon, coupez-les en grosses rondelles.

Dans une cocotte, faites fondre une noix de saindoux, ajoutez la palette, la carotte et l'oignon, les gousses d'ail non épluchées ; salez ; mettez au four. Après 10 minutes de cuisson, ajoutez 1 demi-verre d'eau. Laissez cuire tel quel 30 minutes.

Couvrez la cocotte ; réduisez la chaleur du four à 150 °C (th. 5) et poursuivez la cuisson 20 minutes.

Réchauffez les haricots dans une casserole sur feu doux. Passez-les au moulin à légumes, grille fine, ou au mixeur pour les réduire en purée. Travaillez la purée en incorporant le beurre et le lait chaud) ; salez, poivrez.

Servez la palette coupée en morceaux avec son jus, et la purée dans un légumier.

Parmentier à l'effilochée d'agneau

À préparer la veille.

- 1 kg d'agneau coupé en gros morceaux (poitrine, collier, haut de côtes, épaule)
- 800 g de pommes de terre à chair ferme
- 6 gousses d'ail
- 40 g de noisettes (entières ou en poudre)
- 20 cl de crème fraîche
- 1 cuillerée à soupe d'huile
- 2 cuillerées à soupe de vinaigre
- 2 cuillerées à soupe de miel liquide
- 4 branches de romarin
- 2 verres de bouillon de bœuf du commerce (40 cl)
- 4 cuillerées à soupe de chapelure
- 1 cuillerée à soupe de gros sel
- sel, poivre

La veille, salez et poivrez les morceaux de viande, ajoutez une branche de romarin, dessus et dessous. Emballez le tout dans un film alimentaire et mettez au réfrigérateur.

Le jour même, 2 heures avant la mise en route de la recette, sortez la viande pour l'amener à température ambiante.

Préchauffez le four à 180 °C (th. 6).

Dans une cocotte, faites chauffer l'huile, déposez les morceaux d'agneau et faites-les dorer sur toutes les faces. Retirez la viande et mettez dans la cocotte le vinaigre, les gousses d'ail entières, simplement écrasées, et une branche de romarin ; grattez le fond avec une cuillère en bois pour récupérer les sucs. Ajoutez le miel, puis la viande, enfin le bouillon. Portez à ébullition. Couvrez. Mettez au four 2 heures (*vérifiez la cuisson et prolongez-la, si nécessaire*).

Pendant la cuisson, passez au mixeur les noisettes entières, une dizaine de feuilles de romarin, la chapelure, jusqu'à obtenir une poudre très fine. Réservez.

Épluchez et lavez les pommes de terre. Mettez-les à cuire dans une casserole d'eau froide salée ; portez à ébullition ; couvrez et laissez bouillotter une vingtaine de minutes. Égouttez et passez au presse-purée. Incorporez la crème, mélangez. Rectifiez l'assaisonnement.

Sortez la viande de la cocotte à l'aide d'une écumoire, réservez.

Versez le bouillon à travers un chinois au-dessus d'une casserole en pressant avec le dos de l'écumoire, et faites-le réduire sur feu vif jusqu'à l'obtention d'une consistance sirupeuse.

Effilochez la viande, retirez les os. Au besoin, coupez en deux ou trois les morceaux les plus longs.

Répartissez la viande effilochée dans un plat à gratin. Arrosez avec une partie de la sauce réduite. Recouvrez de purée. Saupoudrez du mélange romarin/noisette/chapelure.

Passez le plat au four une quinzaine de minutes pour réchauffer la préparation et faire dorer la couverture. Servez avec le restant de sauce dans un bol ou une saucière.

En accompagnement : une salade croquante (scarole, frisée, endives).

Pâté de famille

Pour utiliser des restes de viande : toutes conviennent mais le veau est particulièrement indiqué.

- 200 g de restes de viande
- 200 g de chair à saucisse (ou de saucisses débarrassées de leur peau)
- 150 g de crépine de porc
- 2 œufs
- 3 échalotes (ou 3 oignons)
- 2 gousses d'ail
- 1 bol de mie de pain (ou des restes de pain émiettés)
- 1 pincée de noix de muscade râpée (ou en poudre)
- sel, poivre

Faites tremper la mie de pain dans de l'eau tiède ; pressez-la entre vos mains pour éliminer l'excès d'eau.

Épluchez et émincez finement les échalotes ; épluchez et écrasez les gousses d'ail.

Hachez les restes de viande au hachoir ou au couteau (*évitez le robot qui rendrait la viande filandreuse*).

Mettez tous ces ingrédients dans un saladier, ajoutez la chair à saucisse émiettée, 2 jaunes d'œufs, la noix de muscade ; salez (*très modérément*), poivrez et malaxez le tout à l'aide d'une cuillère en bois ou, plus simplement, à mains nues.

Préchauffez le four à 120/130 °C (th. 4/5).

Fouettez les blancs d'œufs en neige ferme avec 1 pincée de sel et incorporez délicatement à la préparation.

Étalez la crépine sur la planche à découper. Façonnez la farce en paquet carré ; enveloppez-le dans la crépine.

Déposez le paquet dans un plat à four et enfournez pour 1 heure et demie.

Attendez que le pâté soit complètement refroidi avant de l'entamer. Ou mieux, placez-le au réfrigérateur jusqu'au lendemain, il sera plus facile à trancher.

Pâtes farcies

- 250 g de pâtes à farcir
- 3 cuillerées d'huile d'olive
- 1 cuillerée à soupe de gros sel
- sel, poivre, paprika

L'important est de trouver les pâtes adéquates : de très très gros macaronis, par exemple, ou quelques variétés de pâtes sèches italiennes. Commencez par faire cuire les pâtes *al dente* dans de l'eau bouillante bien salée à laquelle vous aurez ajouté une cuillerée d'huile (*le temps de cuisson est indiqué sur l'emballage*).

Les pâtes cuites, versez-les dans une passoire et rincez-les sous l'eau froide. Puis arrosez-les d'un filet d'huile pour éviter qu'elles ne s'agglutinent les unes aux autres et déposez-les sur la planche à pâtisserie.

Il est temps alors de préparer les diverses farces dans des bols ou des assiettes creuses. Voici quelques idées :

• œufs durs écrasés dans une mayonnaise bien moutardée, avec de la ciboulette ciselée ou de l'estragon, et des cornichons hachés menu ;

• fromage de chèvre frais, pilé avec des feuilles de menthe fraîche hachées, un tout petit peu d'huile, quelques pignons, du poivre ou du paprika ;

• thon au naturel, émietté, mélangé avec de tout petits cubes de tomate, des câpres et un peu de mayonnaise.

• Ou toute autre farce que vous inventerez.

Il faut être habile pour farcir chaque pâte avec l'aide d'une petite cuillère ou d'une poche à douille si vous en possédez une.

Dressez les pâtes farcies au fur et à mesure dans un grand plat creux ou un saladier, arrosez d'huile d'olive, saupoudrez de poivre ou de paprika et tenez au frais jusqu'au moment de servir.

Pâtes fraîches à ma façon

Pour six personnes.

- 500 g de farine de blé
- 5 œufs
- 1 cuillerée à soupe d'huile
- 3 cuillerées à soupe de beurre fondu ou d'huile d'olive
- 3 litres d'eau (ou de bouillon de volaille du commerce)
- sel de céleri
- gros sel
- sel fin

Versez dans un bol la farine, 1 cuillerée à café de sel fin, la cuillerée à soupe d'huile, les 5 œufs entiers et travaillez la pâte avec un batteur électrique à petite vitesse, jusqu'à obtention d'une boule de pâte bien lisse. Enfermez la pâte dans un film alimentaire ou dans un torchon et laissez-la reposer 45 minutes environ.

Pétrissez la pâte sur le plan de travail légèrement fariné, puis abaissez-la à l'aide du rouleau à pâtisserie et découpez-la pour lui donner la forme de votre choix.

Dans un faitout, portez à ébullition 3 litres d'eau additionnée de 3 cuillerées à soupe de gros sel (*1 seule cuillerée, si vous utilisez du bouillon de volaille qui est déjà salé*). Jetez les pâtes dans l'eau bouillante et remuez avec une écumoire jusqu'à la reprise de l'ébullition, pour éviter que les pâtes ne collent entre elles et au fond du récipient ; 2 à 3 minutes de cuisson à découvert suffisent : goûtez une pâte pour vérifier la cuisson. *Si vous ne souhaitez pas cuire les pâtes immédiatement, vous pouvez les laisser sécher sur un torchon : le temps de cuisson sera de 3 à 8 minutes, selon leur fraîcheur.*

Sitôt cuites, égouttez très rapidement les pâtes dans une passoire, versez-les dans un saladier, arrosez-les de beurre fondu ou d'huile d'olive, saupoudrez de sel de céleri et servez aussitôt.

Variante : Remplacez le beurre ou l'huile d'olive par 3 cuillerées à soupe de crème fraîche, ou une sauce de votre choix.

Piccata de dinde à la sauce

- 12 petites escalopes de 40 g environ, larges et minces
- 12 tranches très fines de bacon
- 2 noix de beurre
- le jus d'un demi-citron
- 6 feuilles de sauge
- 1 demi-verre de banyuls, de porto ou de vin blanc doux (10 cl)
- sel, poivre

Préchauffez le four à 90 °C (th. 3).

Étalez les escalopes de dinde sur une planche. Poivrez-les très légèrement.

Retirez la couenne du bacon ; posez une tranche sur chaque escalope et, au centre, une demi-feuille de sauge. Roulez les escalopes, le bacon et la sauge à l'intérieur, et maintenez le rouleau fermé avec une pique en bois.

Chauffez 1 noix de beurre dans la poêle à feu moyen ; quand il commence à grésiller, déposez les piccata roulées ; faites-les revenir 3 minutes de chaque côté ; réservez au four, dans un plat chaud.

Versez le banyuls (*ou le porto, ou le vin blanc*) dans la poêle ; grattez pour décoller les sucs, faites réduire de moitié ; ajoutez le restant de beurre ; faites mousser ; ajoutez le jus de citron. Rectifiez l'assaisonnement. Versez la sauce dans le plat sur les piccata.

Servez avec des épinards, ou une purée de pois cassés ou de pommes de terre.

Pilaf de foies de volaille

- 400 g de foies de volaille
- 200 g de riz à grain long
- 1 petite noix de beurre
- 1 filet d'huile
- sel, poivre

Avant toute chose, mesurez le volume du riz à l'aide d'un bol gradué ou d'une tasse.

Chauffez le beurre dans une casserole, ajoutez le riz (*sans le laver*) ; mélangez pour que les grains s'imprègnent de matière grasse et deviennent translucides.

Ajoutez d'un coup de l'eau bouillante (*comptez deux volumes d'eau pour un volume de riz*) et 1 cuillerée à café de sel fin. Couvrez et laissez cuire 18 à 20 minutes à feu doux, sans remuer, jusqu'à ce que toute l'eau soit absorbée.

Pendant la cuisson du riz, nettoyez les foies de volaille, séparez les lobes, faites-les revenir 1 à 2 minutes à la poêle sur feu vif dans un filet d'huile (*l'extérieur doit être doré, l'intérieur à peine rosé*) ; salez, poivrez.

Versez le riz dans un plat, ajoutez les foies de volaille et servez bien chaud.

Pissaladière

- 1 rouleau de pâte brisée du commerce (ou recette p. 334)
- 1 kg d'oignons
- 1 gousse d'ail
- 12 olives noires dénoyautées
- 12 filets d'anchois à l'huile
- quelques gouttes d'huile (d'olive de préférence)
- 1 pincée de sucre
- sel, poivre

Épluchez et émincez finement l'ail et les oignons.
Préchauffez le four à 180 °C (th. 6).

Versez quelques gouttes d'huile dans une sauteuse, étalez-la au pinceau de cuisine. Ajoutez l'ail et les oignons ; couvrez et laissez étuver 12 à 15 minutes sur feu doux, sans prendre couleur ; salez, poivrez ; ajoutez le sucre.

Déroulez la pâte brisée ; installez-la en gardant son papier sulfurisé d'origine dans un moule à tarte (*on peut l'installer sans le papier dans le moule préalablement huilé*).

Piquez le fond de pâte avec les dents d'une fourchette. Étalez les oignons, disposez les filets d'anchois égouttés en éventail, arrosez de l'huile de la boîte, décorez avec les olives noires et faites cuire 20 minutes au four.

Sortez la pissaladière, débarrassez-la du papier et servez chaud ou tiède.

Pizza I

- 1 rouleau de pâte à pizza du commerce
- 3 tomates
- 2 oignons
- 1 gousse d'ail
- quelques lamelles de fromage de chèvre ou de gouda
- 8 olives noires dénoyautées
- 1 filet d'huile (d'olive de préférence)

Préchauffez le four à 180 °C (th. 6).

Épluchez les oignons, émincez-les très finement au robot ou à la mandoline. Épluchez et écrasez la gousse d'ail.

Coupez les tomates en fines rondelles et laissez-les égoutter quelques minutes dans une passoire.

Déroulez la pâte ; installez-la sur la plaque à pâtisserie. Couvrez d'une couche de rondelles de tomates, intercalées avec l'émincé d'oignon, ajoutez l'ail écrasé, les lamelles de fromage, les olives (*veillez à laisser 2 cm libres tout autour de la pâte*). Arrosez d'un filet d'huile. Faites cuire au four 20 minutes et servez aussitôt.

Pizza II

- 500 g d'oignons
- 2 tomates
- 12 anchois à l'huile
- 1 cuillerée à soupe de câpres
- quelques lamelles de fromage de chèvre ou de mozzarella
- 1 filet d'huile (d'olive de préférence)
- sel, poivre

pour la pâte :
- 200 g de farine
- 1 cuillerée à café de sel
- 5 cuillerées à soupe d'eau
- 10 g de levure de boulanger
- 3 cuillerées à soupe d'huile (d'olive de préférence)

Mettez tous les ingrédients de la pâte dans un saladier et travaillez-la rapidement avec une cuillère en bois ; quand elle se décolle des parois du saladier, mettez-la en boule, couvrez avec un film alimentaire et laissez reposer 2 heures à température ambiante.

Faites fondre 10 à 12 minutes les oignons épluchés et émincés dans une poêle huilée au pinceau (*ils doivent être dorés sans plus*).

Préchauffez le four à 200 °C (th. 6/7).

Étendez la pâte sur la plaque à pâtisserie huilée ou dans un moule à tarte à revêtement antiadhésif. Étalez les oignons, posez par-dessus les tomates coupées en fines rondelles, les lamelles de fromage ; disposez les anchois en étoile et parsemez de câpres. Arrosez d'un filet d'huile et faites cuire 25 à 30 minutes au four.

Pois chiches en salade

- 1 boîte de pois chiches (400 g)
- 1 carotte
- 2 oignons
- 1 demi-verre de vin blanc sec
- 1 pincée de sucre
- 3 cuillerées d'huile (d'olive de préférence)
- le jus d'1 citron
- quelques tiges de coriandre fraîche
- sel, poivre

Huilez une poêle au pinceau de cuisine. Ajoutez les oignons épluchés et hachés, la carotte pelée et coupée en fines rondelles, la pincée de sucre ; laissez étuver 5 minutes sans prendre couleur ; ajoutez le vin blanc, couvrez et faites cuire 15 minutes à frémissement.

Versez la préparation dans un saladier, ajoutez les pois chiches bien égouttés, l'huile restante et le jus de citron. Rectifiez l'assaisonnement. Laissez refroidir. Saupoudrez de coriandre fraîche finement ciselée. Mélangez la salade juste avant de passer à table.

Poitrine de porc demi-sel au court-bouillon

Prévoyez de faire dessaler la viande trois heures à l'avance. Vous pourrez utiliser les restes pour fourrer une omelette.

- 700 g de poitrine de porc demi-sel
- 600 g de pommes de terre
- 1 carotte
- 1 oignon
- 1 clou de girofle
- 1 bouquet garni (thym, laurier, queues de persil)
- 1 gousse d'ail coupée en deux
- 2 noix de beurre
- quelques grains de poivre (ou de coriandre)
- 1 cuillerée à soupe de gros sel

Faites dessaler la viande en l'immergeant dans un récipient d'eau froide pendant 3 heures et en renouvelant l'eau à 2 ou 3 reprises.

Épluchez la carotte, coupez-la en rondelles. Pelez l'oignon, piquez-le d'un clou de girofle.

Placez la viande dans une casserole, recouvrez largement d'eau ; portez à ébullition. Ajoutez les légumes, le bouquet garni, la gousse d'ail, le poivre (*ou la coriandre*). Laissez cuire 2 heures à bouillottement.

Une demi-heure avant la fin de la cuisson de la viande, épluchez les pommes de terre et faites-les cuire 20 minutes à la vapeur (*ou dans une casserole d'eau salée*).

Égouttez la viande, coupez-la en tranches un peu épaisses. Servez dans un plat ou à l'assiette, avec les rondelles de carotte et les pommes de terre grossièrement écrasées à la fourchette avec le beurre. Accompagnez de moutarde et de cornichons.

Poitrine de veau au vin rouge

- 750 g de poitrine de veau coupée en petits cubes
- 1 cuillerée à soupe d'huile + 1 filet pour les oignons
- 16 petits oignons grelots
- 1 gousse d'ail
- 1 feuille de laurier
- 2 verres de vin rouge (40 cl)
- 1 cuillerée à soupe de farine
- sel, poivre

Dans une cocotte, faites chauffer l'huile ; quand elle commence à grésiller, ajoutez les morceaux de veau et faites-les dorer sur toutes les faces.

Ajoutez alors le vin rouge, la gousse d'ail écrasée et la feuille de laurier ; salez, poivrez. Couvrez et laissez mijoter 1 heure à frémissement (*vérifiez la tendreté de la viande et prolongez la cuisson, si nécessaire*).

Liez la sauce : pour ce faire, prélevez-en un peu avec une louche, versez dans un bol et délayez la cuillerée de farine en remuant vigoureusement pour obtenir une pâte fluide et lisse. Reversez dans la cocotte sur feu doux : la sauce va épaissir. Couvrez. Baissez encore le feu et laissez mijoter 20 minutes en remuant de temps à autre.

Pendant ce temps, pelez les petits oignons grelots et faites-les dorer à la poêle avec un filet d'huile jusqu'à ce qu'ils soient tendres sans pour autant se déliter.

Reversez-les dans la cocotte, vérifiez l'assaisonnement et servez bien chaud.

Pommes de terre à la comtoise

- 8 pommes de terre à chair ferme
- 120 g de poitrine de porc fumée coupée en lardons
- 1 noix de saindoux
- 1 gousse d'ail
- 1 feuille de laurier, 1 brindille de thym
- sel, poivre

Dans une cocotte, déposez les lardons ; laissez fondre le gras quelques minutes sur feu doux.

Ajoutez le saindoux, les pommes de terre épluchées et coupées en fines rondelles, la gousse d'ail pelée et écrasée, le thym et le laurier ; remuez avec une cuillère en bois jusqu'à ce que les pommes de terre soient bien dorées. Laissez cuire à feu doux une quinzaine de minutes en remuant à plusieurs reprises. Vérifiez la cuisson des pommes de terre, salez, poivrez.

Servez avec une salade verte légèrement aillée, ou coiffée de 4 moitiés d'œufs mollets.

Variante : Tapissez le fond de la cocotte avec des morceaux de couenne de jambon (*le charcutier aura peut-être la gentillesse de vous en faire cadeau*) ; recouvrez avec les rondelles de pommes de terre, l'ail écrasé et les aromates, couvrez et laissez cuire à tout petit feu. Salez, poivrez. Les pommes de terre seront fondantes, sans prendre couleur, les amateurs se régaleront avec la couenne légèrement caramélisée, coupée en petits morceaux.

Pommes de terre farcies

- 4 grosses pommes de terre farineuses
- 1 filet d'huile
- 1 noix de beurre + quelques copeaux
- 1 jaune d'œuf
- 50 g de fromage râpé
- 1 tranche de jambon cuit
- 1 pincée de noix de muscade râpée (ou en poudre)
- sel, poivre

Préchauffez le four à 220 °C (th. 7/8).

Lavez les pommes de terre à l'eau froide, brossez-les (*leur peau doit être parfaitement nette*) ; enduisez-les d'huile pour éviter que la peau ne se ride, enveloppez-les dans du papier d'aluminium. Faites-les cuire au four en robe des champs (*sans les peler*) 45 minutes environ (*vérifiez la cuisson avec la pointe d'un couteau et prolongez, si nécessaire*).

Coupez-les en deux dans le sens de la longueur. En vous aidant d'une petite cuillère, faites rapidement tomber toute la chair dans un saladier et travaillez-la vigoureusement, encore brûlante, avec une cuillère en bois ; incorporez la noix de beurre, le jaune d'œuf, le fromage râpé, le jambon préalablement haché et la noix de muscade ; salez, poivrez.

Répartissez la farce dans les écorces de pommes de terre en la lissant avec la lame d'un couteau pour lui donner une forme bombée ; coiffez chacune d'un copeau de beurre ; rangez-les dans un plat à gratin.

Baissez la température du four à 180 °C (th. 6) et enfournez pour une vingtaine de minutes, le temps de dorer la farce. Servez bien chaud.

Variante :

Pommes de terre farcies à la viande : remplacez le jambon et le fromage par un reste de viande (rôtie, braisée ou bouillie) finement hachée, mélangée avec une cuillerée à soupe de fines herbes ciselées.

Pommes de terre au fromage

Pour utiliser des restes de fromage.

- 800 g de pommes de terre à chair ferme
- restes de fromage à pâte molle (camembert, brie, munster, chèvre, roquefort, ou autres)
- 1 noix de beurre ou 1 filet d'huile pour graisser le plat
- 1 cuillerée à soupe de gros sel
- poivre du moulin

Mettez les pommes de terre dans une casserole d'eau froide, additionnée de gros sel ; portez à ébullition, couvrez et comptez 20 minutes de cuisson à petits bouillons ; vérifiez la cuisson ; égouttez ; pelez-les aussitôt en les tenant avec une fourchette ou des gants de cuisine pour ne pas vous brûler ; coupez-les en rondelles. Déposez-les dans un plat à gratin copieusement beurré (*ou huilé*).

Préchauffez le four à 230 °C (th. 7/8).

Recouvrez les pommes de terre de petites lamelles de fromage (*écroûté ou non, selon vos goûts*), poivrez légèrement et mettez le plat au four pour une vingtaine de minutes, le temps que le fromage fonde et imprègne les pommes de terre.

Servez avec une salade croquante (scarole, frisée), aillée ou non.

Pommes de terre en matelote

- 1 kg de pommes de terre à chair ferme
- 1 carotte
- 1 oignon piqué d'un clou de girofle
- 1 branche de céleri
- 150 g de champignons de Paris (ou 1 demi-boîte de champignons émincés)
- 1 quinzaine d'oignons grelots
- 2 gousses d'ail
- 1 bouquet garni (1 brin de thym, 1 feuille de laurier, queues de persil)
- 100 g de poitrine de porc coupée en lardons
- 1 demi-litre de vin rouge
- 1 cuillerée à café de fécule de pomme de terre ou de maïs
- 8 tranches de baguette frottées d'ail
- 2 cuillerées d'huile
- 4 à 5 grains de poivre
- 1 cuillerée à soupe de gros sel
- sel, poivre

Commencez par le fond de sauce. Dans une casserole, mettez la carotte pelée et émincée, l'oignon épluché et piqué d'un clou de girofle, la branche de céleri coupée en petits tronçons, les gousses d'ail écrasées, le bouquet garni, 1 pincée de sel et les grains de poivre. Ajoutez le vin rouge et portez à ébullition. Couvrez et laissez cuire à frémissement pendant une vingtaine de minutes. Puis faites réduire de moitié, à découvert, sur feu vif, filtrez le bouillon à travers une passoire fine, reversez dans la casserole et liez avec la cuillerée à café de fécule, diluée dans 2 cuillerées d'eau froide, en remuant avec une cuillère en bois. La sauce épaissit, laissez-lui donner quelques bouillons et retirez du feu dès qu'elle nappe la cuillère. Rectifiez l'assaisonnement. (*Pour masquer son amertume, vous pouvez ajouter 1 pincée de sucre.*) Couvrez et réservez.

Faites cuire les pommes de terre dans une casserole d'eau froide salée, portez à ébullition, couvrez et laissez bouillotter une vingtaine de minutes (*vérifiez la cuisson et prolongez-la, si nécessaire*) ; égouttez ; pelez-les aussitôt en les tenant avec une fourchette ou des gants de cuisine pour ne pas vous brûler ; coupez-les en rondelles. Tenez-les au chaud dans un plat creux.

Dans une poêle, faites rissoler les lardons sans ajout de matière grasse. Quand ils sont bien dorés, versez-les dans un bol.

Dans la même poêle, faites dorer doucement les oignons grelots (*au besoin, ajoutez un filet d'huile*), réservez.

Toujours dans la même poêle, faites cuire les champignons émincés 4 à 5 minutes (*s'il s'agit de champignons en conserve, égouttez-les et réchauffez-les 2 minutes dans la poêle*) en remuant avec une cuillère en bois.

Versez tous les éléments de la garniture sur les pommes de terre, arrosez de sauce matelote bien chaude et servez avec le pain frotté d'ail et rissolé dans l'huile.

Pommes de terre aux œufs et aux champignons (1)

- 4 grosses pommes de terre farineuses
- 200 g de champignons de Paris
- 4 œufs
- 1 oignon
- 1 échalote
- 1 cuillerée à soupe d'huile
- 1 noix de beurre (ou de saindoux)
- 2 cuillerées à soupe de crème fraîche
- le jus d'un demi-citron
- sel, poivre

Beurrez le fond d'une cocotte au pinceau de cuisine, ajoutez l'oignon et l'échalote épluchés et finement hachés, salez légèrement et laissez suer 7 à 8 minutes sur feu doux.

Épluchez, brossez les champignons ; coupez-les en gros quartiers. Divisez-les en trois tas de même volume. Hachez séparément ces trois tas de champignons. Le premier, très finement, le deuxième moins, le troisième, grossièrement.

Versez l'ensemble des champignons dans la cocotte sur les oignons et les échalotes, salez et poivrez. Laissez cuire à bon feu jusqu'à évaporation de l'eau de végétation. Remuez avec une cuillère en bois pour obtenir un mélange bien sec.

Ajoutez 1 cuillerée à soupe de crème fraîche, laissez réduire 2 minutes pour obtenir un mélange onctueux. Ajoutez le jus de citron, goûtez, rectifiez l'assaisonnement. Réservez. *Cette purée est réussie si on perçoit la différence entre les trois textures des champignons.*

Préchauffez le four à 180 °C (th. 6).

Badigeonnez d'huile les pommes de terre non pelées et bien propres (*elles garderont la peau lisse*) avant de les emballer dans une double épaisseur de papier d'aluminium et de les faire cuire au four 45 minutes environ. Vérifiez la cuisson avec la pointe d'un couteau et prolongez-la, si nécessaire.

Évidez les pommes de terre à la sortie du four. Passez la chair récupérée au moulin à légumes, grille fine. Incorporez 1 cuillerée à soupe de crème fraîche. Salez.

Rangez les pommes de terre dans un plat à gratin ; garnissez le fond des pommes de terre évidées avec un peu de purée de champignons. Cassez 1 œuf dans chaque pomme de terre évidée ; recouvrez avec la préparation de champignons. *Gardez le restant de pommes de terre pour un usage ultérieur : potage, fricadelles (recette p. 147).*

Enfournez pour 15 minutes et servez bien chaud.

Pommes de terre aux œufs et aux champignons (2)

- 4 grosses pommes de terre farineuses
- 1 boîte de champignons de Paris
- 4 œufs
- 1 oignon
- 1 échalote
- 1 cuillerée à soupe d'huile
- 1 noix de beurre (ou de saindoux)
- 2 cuillerées à soupe de crème fraîche
- le jus d'un demi-citron
- sel, poivre

Faites fondre le beurre ou le saindoux dans une cocotte, ajoutez l'oignon et l'échalote finement hachés, salez légèrement et laisse suer 7 à 8 minutes.

Égouttez les champignons. Divisez-les en trois tas de même volume. Hachez séparément ces trois tas de champignons. Le premier, très finement, le deuxième moins, le troisième, grossièrement.

Versez l'ensemble des champignons dans la cocotte sur les oignons et les échalotes, salez et poivrez. Laissez cuire à bon feu jusqu'à évaporation de l'eau de végétation. Remuez avec une cuillère en bois pour obtenir un mélange bien sec.

Ajoutez 1 cuillerée à soupe de crème fraîche, laissez réduire 2 minutes pour obtenir un mélange onctueux. Ajoutez le jus de citron, goûtez, rectifiez l'assaisonnement. Réservez. *Cette purée est réussie si on perçoit la différence entre les trois textures des champignons.*

Préchauffez le four à 180 °C (th. 6).

Badigeonnez d'huile les pommes de terre non pelées et bien propres (*elles garderont la peau lisse*) avant de les emballer dans une double épaisseur de papier d'aluminium et de les faire cuire au four 45 minutes environ. Vérifiez la cuisson avec la pointe d'un couteau et prolongez-la, si nécessaire.

Évidez les pommes de terre à la sortie du four. Passez la chair récupérée au moulin à légumes, grille fine. Incorporez 1 cuillerée à soupe de crème fraîche. Salez. Rangez les pommes de terre dans un plat à gratin ; garnissez le fond des pommes de terre évidées avec un peu de purée de champignons. Cassez 1 œuf dans chaque pomme de terre évidée ; recouvrez avec la préparation de champignons. *Gardez le restant de purée pour un usage ultérieur : potage, fricadelles (recette p. 147), tarte aux hors-d'œuvre (p. 77).*

Enfournez pour 15 minutes et servez bien chaud.

Pommes de terre rôties

- 8 pommes de terre à chair ferme de même calibre
- 1 cuillerée à soupe d'huile (d'olive de préférence)
- sel, poivre

Préchauffez le four à 200 °C (th. 6/7).

Lavez les pommes de terre sans les éplucher ; essuyez-les, coupez-les en deux dans le sens de la longueur.

Rangez les moitiés de pommes de terre, côté chair vers le haut, sur la plaque du four recouverte d'une feuille de papier d'aluminium ; badigeonnez d'huile leur surface à l'aide d'un pinceau ; enfournez pour 20 à 25 minutes, jusqu'à ce qu'elles deviennent dorées et croustillantes ; salez, poivrez et servez sans attendre.

En accompagnement : viandes, volailles et charcuteries froides ou chaudes.

Variante : Au lieu de sel fin, utilisez quelques grains de sel de mer en fin de cuisson : elles n'en seront que meilleures.

Pot-au-feu végétarien

- 2 carottes
- 2 blancs de poireau
- 2 navets
- 1 demi-boule de céleri-rave
- 3 oignons
- 1 gousse d'ail
- 1 bulbe de fenouil
- 1 chou pointu ou 1 demi-chou vert
- 1 demi-botte de persil
- 1 noix de beurre (ou de saindoux)
- 1 cuillerée à soupe de gros sel
- 5 à 6 grains de poivre
- sel, poivre

Épluchez et lavez les légumes.

Réservez le chou. Coupez les autres légumes en gros morceaux et mettez-les dans un faitout avec la demi-botte de persil. Couvrez largement d'eau froide, ajoutez le gros sel et les grains de poivre ; portez à ébullition et laissez cuire à petits bouillons pendant 15 minutes ; ajoutez le chou coupé en quartiers et poursuivez la cuisson 15 à 20 minutes (*le chou doit rester légèrement croquant*).

Égouttez les légumes, disposez-les dans un plat creux tenu au chaud, ajoutez le beurre (*ou le saindoux*) ; vérifiez l'assaisonnement en sel et en poivre ; couvrez d'un papier d'aluminium.

Filtrez le bouillon. Servez-le bien chaud, en tasses ou dans des assiettes creuses, avec les légumes à part.

Variantes :

- Servez les légumes nature (sans beurre ni saindoux) et posez un pot de mayonnaise sur la table.

- Pour obtenir un bouillon plus consistant, on peut le lier au tapioca (3 cuillerées à soupe de tapioca délayées dans un fond d'eau froide, reversées dans le bouillon que l'on porte à ébullition pendant 6 à 7 minutes) ; ou aux vermicelles (50 g de vermicelles versés en pluie dans le bouillon bouillant et cuits pendant 3 minutes).

• On peut également ajouter en fin de cuisson un reste de haricots blancs cuits.

Potiron à la crème

On trouve souvent, sous le nom de potiron, des tranches de courge muscade, dont la chair est plus savoureuse que celle du potiron et se délite moins à la cuisson.

- 500 g de potiron
- 2 cuillerées à soupe de crème fraîche (ou de crème de soja)
- sel, poivre

Épluchez le potiron (*ou la courge muscade*) avec un couteau bien affûté ; coupez la chair en gros morceaux. Faites-les cuire à la vapeur 8 minutes (*ils doivent rester fermes et croquants, vérifiez la cuisson, et prolongez-la si nécessaire*).

Versez-les dans un plat creux, ajoutez la crème, salez, poivrez et servez aussitôt.

Poulet au citron

- 900 g de poulet coupé en morceaux
- 3 à 4 citrons
- 1 kg d'oignons
- 1 cuillerée à soupe d'huile
- 1 cuillerée à café de sucre
- 1 pincée de cannelle
- 1 pincée de piment de Cayenne
- sel, poivre

Épluchez et émincez les oignons. Pressez le jus des citrons.

Préchauffez le four à 200 °C (th. 6/7).

Dans une poêle, chauffez la cuillerée à soupe d'huile et faites revenir les morceaux de poulet sur toutes les faces. Salez, poivrez, ajoutez les trois quarts du jus de citron et gardez en attente dans un plat à four.

Dans la même poêle (*sans la rincer*), faites fondre tout doucement les oignons en remuant, sans les laisser prendre couleur. Ajoutez le sucre et les épices, mélangez bien.

Renversez le contenu de la poêle dans le plat, mélangez avec les morceaux de poulet et arrosez avec le reste de jus de citron.

Faites cuire 30 minutes au four. (*Vérifiez la cuisson et prolongez-la, si necessaire.*)

Poulet rôti aux pommes de terre et aux oignons

Le plat peut être réchauffé sans inconvénient, donc préparé la veille ou le matin pour le soir.

- 900 g de poulet prédécoupé (ailes, cuisses, pilons ou ailerons, selon vos préférences ou votre budget)
- 4 grosses pommes de terre à chair ferme (ou 6 moyennes)
- 600 g d'oignons, soit 4 à 8 oignons selon grosseur
- sel, poivre

Épluchez les oignons et coupez-les en rondelles épaisses (*1 cm environ*).

Lavez les pommes de terre sans les peler et coupez-les en rondelles de même épaisseur.

Dans un plat à gratin, rangez une couche de rondelles d'oignons, superposez une couche de rondelles de pommes de terre. Salez, poivrez. Couvrez les légumes avec les morceaux de poulet. *Si vous avez choisi de cuisiner des ailerons de poulet, pensez à couper l'extrémité du croche* qui n'est pas comestible et évitez les blancs de poulet car l'onctuosité du plat provient de la peau.

Mettez le plat à four froid, à mi-hauteur, sans ajout de matière grasse ; allumez le four à 200 °C (th. 6/7) et laissez cuire une bonne heure. Éteignez le four et laissez reposer le plat pendant 10 minutes (*les oignons doivent être fondants, les pommes de terre tendres et la peau du poulet bien dorée*).

S'il arrivait que les légumes attachent au fond du plat, ajoutez en fin de cuisson 1 à 2 cuillerées d'eau chaude.

Salez légèrement le poulet avant de servir.

Variante : Ce plat peut être congelé. On a donc intérêt à doubler les proportions et à faire cuire deux plats à la fois en les laissant au four un quart d'heure supplémentaire. Après décongélation, il convient de réchauffer le poulet 20 minutes au four à 180 °C (th. 6).

Poulet au curry

- 900 g de morceaux de poulet
- 2 gros oignons
- 1 cuillerée à soupe d'huile
- 1 noix de beurre
- 125 g de crème fraîche (ou 3 yaourts nature)
- 1 cuillerée à café de curry en poudre
- 4 à 5 cuillerées à soupe de bouillon du commerce (ou d'eau)
- sel, poivre

Dans une cocotte, faites chauffer l'huile et le beurre. Ajoutez les morceaux de poulet salés et poivrés. Laissez cuire à couvert à petit feu durant 15 à 20 minutes.

Retirez le poulet, mettez-le dans un plat à gratin recouvert de papier aluminium et gardez au chaud dans le four tiède (30 °C, th. 1).

Dans la cocotte, faites fondre les oignons finement émincés 15 à 20 minutes, jusqu'à ce qu'ils soient transparents.

Remettez les morceaux de poulet dans la cocotte et arrosez de bouillon ou d'eau. Laissez bouillotter 15 minutes. Vérifiez la tendreté du poulet (*le temps de cuisson varie selon les morceaux choisis*).

Ajoutez la crème fraîche (*ou les yaourts*) et le curry ; mélangez et laissez quelques minutes sur feu doux (*si nécessaire, faites réduire la sauce*).

Disposez les morceaux de poulet égouttés dans le plat de service tenu au chaud. Rectifiez l'assaisonnement de la sauce, versez-la sur les morceaux de poulet et servez bien chaud.

Pudding aux épinards

Pour utiliser un reste de pain rassis et un reste d'épinards. À défaut, utilisez des épinards en boîte ou décongelés.

- 1 tasse d'épinards cuits
- 1 tasse de mie de pain rassis
- 1 demi-tasse de lait
- 3 œufs + 1 œuf dur
- 1 noix de beurre + quelques copeaux
- 3 cuillerées à soupe de chapelure
- sel, poivre

Faites tremper le pain dans le lait chaud pendant une dizaine de minutes, puis égouttez-le et pressez-le pour évacuer l'excédent de lait.

Préchauffez le four à 180 °C (th. 6).

Hachez les épinards, mélangez-les avec les jaunes d'œufs, l'œuf dur coupé en petits dés et le pain. Salez, poivrez. Incorporez les blancs d'œufs montés en neige ferme avec 1 pincée de sel.

Versez la préparation dans un moule à charlotte, copieusement beurré et saupoudré de chapelure (*remuez le moule pour que la chapelure adhère bien aux parois*). Ajoutez quelques copeaux de beurre en surface et faites cuire

1 heure au four (*vérifiez la cuisson avec la lame d'un couteau et prolongez-la, si nécessaire*).

Démoulez et servez chaud.

Pudding de pommes de terre

Pour huit ramequins classiques d'environ 25 cl, soit 9 cm de diamètre et 5 cm de hauteur.

- 600 g de pommes de terre farineuses
- 4 œufs
- 2 gousses d'ail
- 2 noix de beurre
- 40 cl de crème fraîche
- 1 demi-cuillerée à café de noix de muscade râpée (ou en poudre)
- sel, poivre

Faites fondre le beurre dans une petite casserole à feu doux et, à l'aide d'un pinceau, enduisez le fond et les parois des ramequins. Placez-les au réfrigérateur pendant 15 minutes. Quand le beurre est figé, renouvelez l'opération.

Préchauffez le four à 180 °C (th. 6).

Lavez et épluchez les pommes de terre (*gardez les épluchures : vous les ferez frire pour le repas suivant, recette p. 138*) ; coupez-les en gros dés et passez-les grossièrement au mixeur, à cru, avec les gousses d'ail épluchées et soigneusement dégermées.

Dans un saladier, cassez les œufs, ajoutez les pommes de terre aillées, la crème fraîche, la noix de muscade ; mélangez bien ; salez, poivrez.

Remplissez les ramequins beurrés et mettez-les au four une quinzaine de minutes. Démoulez au dernier moment.

Purée de pommes de terre à l'huile d'olive

Elle accompagne aussi bien les viandes et volailles que le poisson.

- 500 g de pommes de terre farineuses
- 1 verre de lait
- 5 cuillerées à soupe d'huile d'olive
- 1 dizaine d'olives noires
- 1 cuillerée à soupe de gros sel
- sel, poivre

Épluchez les pommes de terre (*gardez les épluchures : vous les ferez frire pour le repas suivant, recette p. 138*) ; mettez-les à cuire dans une casserole d'eau froide salée ; portez à ébullition et laissez bouillotter 20 minutes (*vérifiez la cuisson et prolongez-la, si nécessaire*). Égouttez, réduisez en purée au moulin à légumes, grille fine, ou au pilon perforé.

Mettez la purée sur feu doux et ajoutez l'huile d'olive petit à petit en remuant énergiquement. Ajoutez le lait bouillant, remuez bien ; salez, poivrez et ajoutez les olives dénoyautées et coupées en tout petits morceaux. Servez aussitôt.

Quenelles au fromage

- 125 g de farine + 2 cuillerées à soupe
- 200 g de fromage blanc maigre
- 1 œuf
- 75 g de fromage râpé
- 4 noisettes de beurre ou 2 cuillerées à soupe de crème fraîche
- 1 cuillerée à soupe de gros sel
- sel, poivre

Dans un saladier, versez le fromage blanc lissé, les 125 g de farine, l'œuf entier, 1 pincée de sel, et mélangez le tout pour obtenir une pâte compacte.

Sur la planche à découper enfarinée (*ou mieux, sur un torchon propre étalé sur le plan de travail et saupoudré de farine*), façonnez un gros boudin de pâte, détaillez ce boudin en quenelles.

Dans un faitout ou une casserole de large diamètre, portez à ébullition un litre et demi d'eau additionnée de gros sel.

À l'aide d'une écumoire ou d'une large spatule, déposez les quenelles dans l'eau bouillante par petites quantités à la fois et faites-les pocher une dizaine de minutes (*vérifiez leur tenue et prolongez la cuisson, si nécessaire*). Égouttez-les au fur et à mesure et déposez-les sur un plat tenu au chaud à l'entrée du four

Selon vos préférences, couvrez-les de fromage râpé, ajoutez les noisettes de beurre (*ou la crème fraîche*) et faites gratiner quelques minutes à 240 °C (th. 8). Ou servez-les nature, accompagnées d'une béchamel tomatée ou au fromage (recette p. 322).

Queues de veau panées

- 4 queues de veau (avec un peu de chance, votre boucher vous les offrira)
- 1 litre de bouillon instantané
- 1 œuf
- 4 cuillerées à soupe de chapelure
- sel, poivre

Versez le bouillon dans une casserole, portez à ébullition et faites pocher les queues de veau pendant 1 h 15, à couvert, sur feu doux (*vérifiez la cuisson et prolongez-la, si nécessaire*).

Égouttez-les (*gardez le bouillon pour un potage*) ; épongez-les dans un papier absorbant.

Battez l'œuf en omelette dans une assiette creuse et préparez une autre assiette remplie de chapelure.

Passez à deux reprises les queues dans l'œuf battu pour qu'elles soient bien enrobées (*au besoin, n'hésitez pas à utiliser un second œuf*), puis dans la chapelure. Rangez-les dans un plat à gratin.

Allumez le four en position gril. Faites dorer les queues de veau sous la rampe bien chaude (*porte ouverte*) et retournez-les après quelques minutes pour faire dorer l'autre face. Salez, poivrez.

Servez aussitôt.

En accompagnement : une purée d'oignons dite purée Soubise, sera parfaite (recette p. 57).

Ragoût de travers de porc aux pommes de terre

- 900 g de travers de porc
- 1 douzaine de petites pommes de terre à chair ferme
- 1 cuillerée à café de farine
- 2 oignons
- 1 noix de saindoux + 1 noisette pour graisser le moule
- 1 verre de bouillon de volaille du commerce (20 cl)
- 1 demi-verre de vin blanc sec (10 cl)
- 2 feuilles de laurier, 1 brin de thym
- sel, poivre

Coupez chaque bande de travers en 3 à 4 morceaux, selon leur taille.

Épluchez les pommes de terre, déposez-les dans un saladier d'eau fraîche (*gardez les épluchures : vous les ferez frire pour le repas suivant, recette p. 138*).

Épluchez les oignons, émincez-les finement.

Graissez au pinceau de cuisine le fond d'une cocotte, déposez les oignons et faites-les fondre sur feu doux jusqu'à ce qu'ils deviennent transparents. Retirez-les avec l'écumoire, réservez dans une assiette.

Dans la cocotte (*inutile de la laver*), mettez le reste de saindoux et faites rissoler des deux côtés les morceaux de viande légèrement salés et poivrés.

Quand ils sont bien dorés, ajoutez les oignons, saupoudrez le tout de farine en remuant avec une cuillère en bois de façon à bien enrober la viande. Ajoutez le bouillon froid et le vin sans cesser de remuer, donnez 2 ou 3 bouillons. Ajoutez le thym, le laurier, les pommes de terre égouttées et séchées dans un torchon. Couvrez et laissez mijoter 35 à 40 minutes à feu doux. *La viande doit être tendre, les pommes de terre cuites, mais fermes, non délitées.*

Retirez le thym et le laurier. Si la sauce vous semble trop courte, ajoutez quelques cuillerées d'eau chaude. Si elle est trop liquide, transvasez la viande et les pommes de terre dans le plat de service, et faites-la réduire à découvert sur feu vif. Vérifiez l'assaisonnement avant de la verser dans le plat.

Servez aussitôt avec une salade croquante, scarole, ou frisée.

Ratatouille aux pommes de terre

- 1 aubergine
- 1 courgette
- 1 poivron rouge (ou jaune, ou vert)
- 2 oignons
- 1 gousse d'ail
- 6 tomates moyennes
- 4 à 6 pommes de terre à chair ferme
- 1 pincée de thym sec, 1 brindille de romarin
- 2 cuillerées à soupe d'huile d'olive (ou de saindoux)
- sel, poivre

Épluchez les pommes de terre, coupez-les en rondelles de 1/2 cm d'épaisseur, passez-les sous l'eau et séchez-les dans un torchon.

Émincez les oignons et écrasez la gousse d'ail après les avoir épluchés. Coupez 2 tomates en rondelles.

Passez l'aubergine sous l'eau, coupez les deux extrémités et taillez-la en rondelles de 1/2 cm d'épaisseur sans la peler. Procédez de même pour la courgette.

Lavez le poivron, ôtez le pédoncule et le chapeau, pelez-le grossièrement avec l'épluche-légumes (*la peau est indigeste*) ; enlevez les graines et les filaments intérieurs, coupez-le en rondelles.

Dans une large poêle, faites blondir à l'huile ou au saindoux les oignons émincés et l'ail écrasé, en remuant avec une cuillère en bois. Étalez par-dessus une couche de rondelles de pommes de terre, salez légèrement et poivrez.

Superposez une couche de rondelles d'aubergine, puis d'anneaux de poivron, de rondelles de courgette et enfin de rondelles de tomates. Couronnez le tout avec les 4 tomates restantes pelées et épépinées. Ajoutez la pincée de thym émietté et le romarin.

Couvrez et laissez cuire à feu très doux 45 à 60 minutes ; vérifiez la cuisson des pommes de terre et prolongez-la, si nécessaire.

Faites glisser doucement le contenu de la poêle dans le plat de service, comme vous le feriez d'une grosse crêpe. Servez chaud ou tiède.

Variante :

Ratatouille au tofu : suivez la recette en remplaçant les pommes de terre par des lamelles de tofu préalablement marinées une quinzaine de minutes dans 1 cuillerée d'huile mélangée à 2 pincées de paprika ou 1 giclée de Tabasco. La marinade doit s'opérer au frais (*ou dans le réfrigérateur*) en retournant les lamelles de tofu à deux ou trois reprises.

Rognon de bœuf aux champignons

- 600 g environ de rognon de bœuf ou de génisse coupé en morceaux
- 150 g de poitrine de porc fumée
- 100 g de champignons de Paris
- 2 oignons
- 3 échalotes
- 1 tomate
- 1 noisette de saindoux
- 1 cuillerée à soupe de farine
- 1 verre de vin blanc (20 cl)
- quelques tiges d'estragon
- 1 bouquet garni (1 brin de thym, 1 feuille de laurier, queues de persil)
- sel, poivre

Épluchez et hachez les oignons et les échalotes. Pelez, épépinez et concassez grossièrement la tomate. Coupez la poitrine de porc en lardons.

Vérifiez la taille des morceaux de rognon, au besoin coupez chacun d'eux en cubes de 2 cm de côté.

Graissez au pinceau de cuisine le fond d'une casserole. Déposez le hachis d'oignons et d'échalotes, laissez fondre quelques minutes en remuant jusqu'à ce qu'ils deviennent translucides (*ils ne doivent en aucun cas prendre couleur*) ; ajoutez le vin blanc, les champignons débarrassés de leurs bouts terreux, lavés, séchés et coupés en lamelles, la tomate concassée, le bouquet garni et l'estragon. Couvrez et laissez mijoter 15 minutes à feu doux.

Dans une poêle antiadhésive, faites rissoler les lardons sans ajout de matière grasse. Quand ils sont bien dorés, versez-les dans un bol et couvrez pour les garder au chaud.

Déposez dans la poêle les morceaux de rognon et faites-les rissoler dans la graisse rendue par les lardons pendant 5 minutes, sans cesser de remuer. Vérifiez la cuisson, l'extérieur doit être ferme et doré, l'intérieur très rose, « à la goutte de sang », comme disent les cuisiniers (*ils achèveront de cuire dans la sauce ; trop cuits, ils deviendraient durs et proprement immangeables*).

Saupoudrez de farine en remuant de façon à bien les enrober. Dès que la farine commence à roussir, ajoutez les lardons et le contenu de la casserole ; remuez vivement avec une cuillère en bois : la sauce va épaissir ; laissez-lui donner quelques bouillons ; retirez le bouquet garni et l'estragon ; vérifiez l'assaisonnement. Versez les rognons dans un plat creux et servez sans attendre avec des pommes de terre vapeur ou du riz.

Variante : À défaut de tomate (*surtout en hiver où elle ne présente aucun intérêt gustatif*), ajoutez à la sauce au dernier moment une cuillerée à soupe de concentré de tomates. Et s'il vous reste un peu de pain rassis, utilisez-le pour faire des croûtons frits à l'huile, dorés et croustillants, que vous répandrez sur le plat de rognon.

Rognons de porc à la persillade

- 4 rognons de porc
- 2 gousses d'ail
- 2 cuillerées à soupe de persil haché
- 1 noix de saindoux
- 1 noix de beurre
- 1 cuillerée à soupe de vinaigre de vin
- sel, poivre

Posez les rognons à plat sur la planche à découper, débarrassez-les de leur peau, ouvrez-les en deux et retirez la petite boule de graisse et les quelques nerfs qui s'y trouvent. Salez-les sur les 2 faces.

Épluchez les gousses d'ail et hachez-les finement.

Dans une poêle antiadhésive, chauffez le saindoux, faites rissoler les rognons sur feu vif 3 bonnes minutes sur une face ; retournez-les et poursuivez la cuisson 2 minutes (*l'extérieur doit être bien doré, l'intérieur rosé*). Débarrassez sur une assiette creuse et couvrez d'une feuille de papier d'aluminium ou d'une assiette pour les garder au chaud.

Jetez le gras de cuisson de la poêle, versez le vinaigre pour décoller les sucs de cuisson, ajoutez la noix de beurre, laissez mousser. Vérifiez l'assaisonnement. Incorporez le persil haché et remettez les rognons à cuire 1 minute à feu doux.

Servez aussitôt avec une salade verte.

Rösti

Les rösti (prononcez reuchti) sont LA spécialité suisse par excellence : une sorte de galette un peu disloquée, dorée à l'extérieur, moelleuse à l'intérieur.

- 1 kg de pommes de terre (farineuses ou à chair ferme, peu importe)
- 3 belles noix de graisse d'oie, ou de canard, ou de saindoux
- 1 cuillerée à soupe de gros sel
- sel, poivre

Faites cuire les pommes de terre en robe des champs (*sans les peler*) dans une casserole d'eau additionnée de gros sel. Égouttez-les et ôtez la peau (*évitez de les passer sous l'eau froide, il faut les peler très chaudes à l'aide d'une fourchette et d'un petit couteau*). Écrasez-les grossièrement à la fourchette.

Dans une poêle, faites chauffer la graisse d'oie (*ou toute autre matière grasse*) ; quand elle commence à fumer, ajoutez les pommes de terre ; salez et poivrez ; mélangez bien à l'aide d'une cuillère en bois ; baissez la puissance du feu et laissez cuire 10 minutes en remuant à plusieurs reprises, puis formez une sorte de galette d'épaisseur régulière. Quand le dessous est d'un beau brun doré, retournez la galette en vous aidant d'une spatule et d'une assiette, et faites-la dorer sur l'autre face. Faites glisser la galette sur le plat de service.

En accompagnement : viandes, charcuteries, omelettes, œufs au plat, ou simplement une salade verte (scarole, frisée), aillée ou non.

Rôti de dinde

- 1 filet de dinde (750 g environ)
- 150 g de crépine
- quelques os de veau
- 2 oignons
- 2 cuillerées à soupe de vin blanc
- 1 verre d'eau (20 cl)
- sel, poivre

La veille, salez et poivrez le rôti ; emballez-le dans la crépine, puis dans un film alimentaire et réservez au réfrigérateur.

Le jour de la recette, sortez le rôti du réfrigérateur 1 à 2 heures à l'avance pour qu'il soit à température ambiante.

Préchauffez le four à 180 °C (th. 6).

Déposez le rôti, les os de veau et les oignons épluchés et émincés dans un plat à gratin proportionné afin d'éviter que le jus de cuisson ne brûle.

Enfournez pour 1 heure, en retournant la viande régulièrement et en l'arrosant de son jus. La crépine doit fondre et protéger la viande. *Les rôtis ne sont pas meilleurs trop cuits. Juste à point, très légèrement rosée à l'intérieur, la viande sera plus tendre, plus savoureuse, plus juteuse. Si on la pique en fin de cuisson, un jus clair doit encore apparaître.*

Jetez les os, retirez la viande, laissez-la reposer 10 minutes dans le four éteint, emballée dans du papier d'aluminium.

Dans le plat de cuisson, ajoutez les résidus de crépine, le vin blanc et l'eau ; grattez pour décoller les sucs ; portez à ébullition ; rectifiez l'assaisonnement ; passez à travers un chinois en pressant avec le dos de l'écumoire.

Servez le rôti tranché, avec la sauce à part, accompagné d'un gratin de chou-fleur, de fonds d'artichauts sautés ou de purée de légumes.

Variante : Servez la sauce, sans la filtrer, avec les oignons fondus et la crépine grossièrement écrasée à la fourchette.

Rôti de porc à la cocotte

- 1 rôti de porc (650 g environ)
- 1 oignon
- 2 gousses d'ail
- 1 brin de thym, 1 demi-feuille de laurier
- 1 noisette de saindoux
- 1 verre d'eau (20 cl)
- sel, poivre

Préchauffez le four à 160 °C (th. 5/6).
Salez et poivrez la viande, déposez-la dans une cocotte.
Ajoutez le saindoux, l'oignon pelé et coupé en épaisses rondelles, les gousses d'ail non épluchées et légèrement écrasées, le thym et le laurier.
Enfournez pour 1 h 15. Retournez la viande et arrosez-la de la graisse de cuisson tous les quarts d'heure.
Débarrassez la viande sur une assiette.
Enlevez un peu de la graisse de cuisson (*gardez-la pour faire sauter des pommes de terre ou parfumer des haricots blancs*) ; ajoutez l'eau ; laissez réduire 3 minutes. Filtrez le jus obtenu dans un chinois en pressant avec le dos de l'écumoire pour récupérer les sucs ; rectifiez l'assaisonnement.
Coupez le rôti en tranches fines, servez chaud avec le jus à part, dans un bol.
En accompagnement : pommes de terre sautées, haricots blancs.

Variante : Servez le rôti froid avec une salade verte ou une salade de haricots blancs.

Roulé de pommes de terre aux feuilles de bette

- 800 g de pommes de terre à chair ferme
- 4 à 6 grandes feuilles de bette
- 4 tranches de jambon cuit
- 3 œufs
- 125 g de crème fraîche liquide
- 1 demi-cuillerée à café de noix de muscade râpée (ou en poudre)
- 1 cuillerée à soupe de vinaigre d'alcool
- gros sel
- sel, poivre

Préchauffez le four à 150 °C (th. 5).

Mettez les pommes de terre à cuire dans de l'eau froide salée ; laissez bouillotter 15 à 20 minutes à partir de l'ébullition. Égouttez-les, épluchez-les et passez-les au mixeur pour obtenir une purée élastique et collante ; incorporez la crème liquide, les œufs, la noix de muscade ; salez et poivrez.

Tapissez une plaque à pâtisserie de papier sulfurisé. Étalez la pâte jusqu'à obtenir un carré d'environ 30 cm de côté et de moins de 1 cm d'épaisseur. Mettez environ 30 minutes au four.

Pendant ce temps, lavez soigneusement les feuilles de bette dans de l'eau légèrement vinaigrée (*vinaigre d'alcool*). Plongez-les 2 minutes dans de l'eau bouillante salée, puis immédiatement dans de l'eau glacée. Étalez-les sur du papier absorbant pour les sécher.

Sortez la plaque de pommes de terre du four, retournez-la sur un torchon humide et tiède, posé bien à plat sur la table. Retirez le papier sulfurisé. Déposez les feuilles de bette sur la pâte de pomme de terre, puis les tranches de jambon. En vous aidant du torchon, roulez aussitôt la pâte sur elle-même, sur toute sa longueur, comme vous procéderiez pour un biscuit roulé à la confiture ou une bûche de Noël.

Servez froid ou chaud.

Variante : Le rouleau terminé, on peut l'emballer dans une tranche de jambon supplémentaire et finir par une autre couche de feuilles de bette.

Salade de bœuf I

- 300 g de basses côtes coupées en morceaux ou 1 queue de bœuf
- 1 filet d'huile
- 2 blancs de poireau
- 2 carottes
- 3 oignons
- 4 grosses pommes de terre farineuses
- 1 bouquet garni (thym, laurier)
- sel, poivre en grains
- 3 cuillerées à soupe d'herbes hachées (persil, ciboulette, estragon, cerfeuil)

pour la sauce :
- 1 œuf dur
- 1 oignon haché menu
- 3 cuillerées à soupe d'herbes hachées (persil, ciboulette, estragon, cerfeuil)
- 2 cuillerées à soupe de câpres
- 1 cuillerée à soupe de moutarde
- 2 cuillerées à soupe de vinaigre de vin
- 4 à 5 cuillerées à soupe d'huile
- gros sel
- sel, poivre

Épluchez et lavez poireaux, oignons et carottes et coupez-les en épaisses rondelles.

Faites dorer les morceaux de viande sur toutes les faces dans une cocotte huilée au pinceau de cuisine. Ajoutez les poireaux, oignons et carottes, le bouquet garni et le poivre en grains. Couvrez d'eau bouillante, salez. Faites reprendre l'ébullition et laissez cuire à couvert sur feu doux pendant 2 bonnes heures selon la quantité et le type de viande (*elle doit être parfaitement tendre ; prolongez la cuisson, si nécessaire*).

Épluchez et lavez les pommes de terre (*gardez les épluchures : vous les ferez frire pour le repas suivant, recette p. 138*). Coupez-les en rondelles et jetez-les dans une casserole d'eau froide salée ; portez à ébullition, couvrez et laissez bouillotter 18 minutes environ ; égouttez-les et gardez-les au chaud dans la passoire au-dessus d'une casserole d'eau bouillante.

Préparez la sauce : écrasez l'œuf dur à la fourchette dans un bol ou une assiette creuse, ajoutez l'oignon haché, la moutarde, le vinaigre, les câpres, l'huile et enfin les herbes hachées ou ciselées (*si vous avez des tiges d'oignons nouveaux, coupez-les aux ciseaux et ajoutez-les*). Salez, poivrez, mélangez bien et réservez.

Sortez la viande de la cocotte, égouttez-la dans une passoire. *Gardez précieusement le bouillon de cuisson. Filtrez-le ; laissez-le refroidir avant de le mettre au réfrigérateur pour retirer la couche de gras durci en surface. Vous pourrez le servir chaud ou froid dans des tasses ou le congeler pour une autre occasion et conserver le gras pour faire sauter des pommes de terre.*

Posez les morceaux de viande sur la planche à découper, parez-les et coupez-les en petits cubes. Mettez-les dans un saladier, ajoutez les pommes de terre chaudes, arrosez généreusement de sauce et parsemez d'herbes fraîches hachées.

Servez chaud ou tiède.

Salade de bœuf II

Plus rapide que la recette précédente puisqu'elle est à base de restes de pot-au-feu. Elle se sert tiède ou froide (tiède, elle est plus savoureuse).

- 300 g de restes de pot-au-feu
- 5 pommes de terre à chair ferme
- 1 carotte du pot-au-feu
- 1 oignon
- 4 cornichons
- 4 cuillerées de vinaigrette moutardée
- gros sel
- sel, poivre

Mettez les pommes de terre en robe des champs (*sans les peler*) dans une casserole d'eau froide salée ; portez à ébullition et laissez cuire 18 à 20 minutes ; égouttez.

Détaillez la viande en petits cubes en ayant pris soin, au préalable, de retirer la peau, le gras et les parties nerveuses.

Épluchez et hachez finement l'oignon. Coupez les cornichons en fines rondelles.

Pelez les pommes de terre tièdes et coupez-les en rondelles de 1/2 cm d'épaisseur ; coupez la carotte en rondelles épaisses.

Mélangez le tout dans un grand saladier, assaisonnez d'une vinaigrette bien relevée à la moutarde.

Salade de julienne

- 1 tronçon de julienne (400 g) pris dans la partie proche de la tête
- 8 petites pommes de terre à chair ferme
- 2 tomates
- 1 laitue
- 1 demi-bol de mayonnaise (recette p. 330)
- 1 cuillerée à soupe de câpres
- 2 cuillerées à soupe de fines herbes hachées (estragon, persil, cerfeuil)
- 75 cl de court-bouillon
- gros sel
- sel, poivre

Faites pocher le poisson 12 à 15 minutes à feu doux dans un court-bouillon du commerce (*à défaut, utilisez 1 litre d'eau additionnée d'une cuillerée à soupe de gros sel et de 2 cuillerées de vinaigre d'estragon*). Vérifiez la cuisson ; égouttez ; retirez la peau et les arêtes.

Mettez les pommes de terre, sans les peler, dans de l'eau froide salée ; portez à ébullition et laissez bouillotter une quinzaine de minutes. Égouttez-les et pelez-les encore chaudes (*tenez-les avec une fourchette ou des gants de cuisine pour ne pas vous brûler*).

Pelez, épépinez et coupez les tomates en petits cubes.

Lavez la laitue entière en la plongeant à plusieurs reprises dans des eaux différentes. Égouttez-la, essorez-la et coupez-la en lanières avec des ciseaux pour obtenir de longs rubans. Salez et poivrez cette chiffonnade ; répartissez-la sur 4 assiettes.

Dans un saladier, mélangez les pommes de terre coupées en rondelles, le poisson effeuillé, les fines herbes, les câpres, les tomates et la mayonnaise. Vérifiez l'assaisonnement en sel et poivre.

Déposez le contenu du saladier dans les assiettes, sur la chiffonnade.

Variante : À défaut de julienne, on peut utiliser du lieu noir, du congre, de l'églefin ou de la roussette.

Sardines farcies

- 8 grosses sardines
- restes d'épinards ou 1 petite boîte d'épinards (environ 265 g)
- 1 branche de menthe fraîche
- le jus d'un citron
- sel fin

Hachez les épinards ; ajoutez le jus du citron et les feuilles de menthe ciselées.

Videz les sardines (*inutile de les écailler*), essuyez-les avec du papier absorbant et ouvrez-les en deux. Retirez l'arête ; salez très légèrement.

Étalez un peu de farce d'épinard entre les deux parties des sardines. Roulez-les sur elles-mêmes. Rangez-les côte à côte dans un plat à gratin. Faites cuire 6 à 8 minutes au four, sans huile ni beurre.

Servez chaud ou froid.

Sardines grillées

Truc de poissonnier : les sardines grillées n'empestent pas l'atmosphère si vous prenez la précaution de leur couper la tête.

- 8 à 12 sardines (selon grosseur)
- 1 citron
- 1 filet d'huile pour graisser le gril
- sel fin

Essuyez les sardines avec un papier absorbant (*si elles sont petites, inutile de les vider*).

Faites chauffer un gril en fonte sur la plaque de cuisson, enduisez-le d'huile avec un pinceau de cuisine. Déposez les sardines côte à côte ; faites-les griller 1 à 2 minutes de chaque côté. Salez légèrement, arrosez du jus de citron et servez aussitôt.

Saucisses aux marrons et carottes

- 4 saucisses (ou 8 chipolatas)
- 1 petite boîte 4/4 de marrons entiers
- 1 petite boîte de carottes (environ 265 g)
- 1 noix de beurre ou de saindoux
- 1 branche de thym
- 1 cuillerée à soupe de persil haché
- sel, poivre

Piquez la peau des saucisses (*ou des chipolatas*) avec les dents d'une fourchette. Mettez-les dans une casserole ; couvrez d'eau froide et portez à ébullition. Aux premiers bouillons, sortez la casserole du feu, écumez la mousse blanche en surface, couvrez et gardez en attente.

Versez les carottes sans les égoutter dans une cocotte. Ajoutez les marrons, la noix de beurre ou de saindoux et la branche de thym ; salez, poivrez. Couvrez et laissez compoter 15 minutes (*les marrons vont se déliter et se mêler aux carottes*).

Égouttez les saucisses, séchez-les dans un papier absorbant et débarrassez-les des résidus de mousse blanche. Faites-les rissoler 5 à 6 minutes (2 à 3 minutes pour les chipolatas) dans une poêle à revêtement antiadhésif (ou dans une poêle traditionnelle, graissée au pinceau avec un peu de saindoux). *Elles doivent être plus ou moins dorées, ou même franchement cramées, selon les goûts de chacun.*

Versez la préparation de marrons dans un plat creux ou dans les assiettes, retirez le thym, saupoudrez de persil haché et coiffez avec les saucisses ou les chipolatas.

Saumon froid, sauce provençale

Vous pouvez préparer la sauce la veille et faire pocher le poisson un quart d'heure avant le service. Vous pouvez doubler les proportions de sauce, et la conserver un jour ou deux dans un récipient hermétique placé dans le réfrigérateur : vous pourrez la servir dans un bol pour accompagner des feuilles de romaine bien raides ou des cœurs de laitue coupés en quatre.

- 4 darnes ou 4 pavés de saumon, frais ou décongelés
- 50 cl de court-bouillon du commerce
- quelques brins d'aneth (ou de coriandre fraîche)
- sel, poivre en grains

pour la sauce :
- 1 poivron rouge
- 1 grosse tomate
- 3 cuillerées à soupe d'herbes hachées (persil, ciboulette, estragon, cerfeuil, basilic)
- le jus d'1 citron
- 1 demi-verre d'huile d'olive (10 cl)
- sel, poivre

Pelez le poivron avec un épluche-légumes (*la peau est indigeste*) ; partagez-le en deux, enlevez le pédoncule, les graines, les filaments blancs. Coupez-le en fines lanières puis en tout petits cubes (*avec des ciseaux, c'est plus facile*). Versez dans un bol, ajoutez le jus de citron, l'huile, 1 pincée de sel et réservez au frais ou, mieux, laissez macérer au réfrigérateur jusqu'au lendemain.

À défaut de court-bouillon, improvisez avec les moyens du bord. Prévoyez un volume suffisant pour immerger le poisson (1 demi-litre environ) : soit de l'eau chaude additionnée d'une tablette de court-bouillon de poisson du commerce ; soit de l'eau, additionnée d'un verre de vin blanc sec (dans ce cas, ajoutez 1 cuillerée à café de sel et 5 ou 6 grains de poivre) ; ou encore de l'eau additionnée d'1 cuillerée à soupe de vinaigre de vin blanc, quelques brins d'aneth, sel et poivre en grains.

Placez les darnes ou les pavés de saumon dans une sauteuse ou une casserole assez large ; ajoutez le court-bouillon froid jusqu'à affleurer le poisson, mettez sur feu doux ; aux premiers bouillons, sortez du feu, couvrez et laissez reposer dans le liquide de cuisson jusqu'à complet refroidissement. *Le saumon doit être juste cuit ; trop cuit, il perd tout intérêt gustatif.*

Pendant ce temps, pelez et épépinez la tomate ; égouttez-la une dizaine de minutes dans une passoire et concassez la chair. Versez dans le bol de poivron, ajoutez les herbes hachées (*les feuilles de basilic doivent être déchirées à la main, le contact avec le métal les ferait noircir*) ; mélangez bien. Vérifiez l'assaisonnement.

Une fois refroidis, sortez les morceaux de saumon à l'aide d'une écumoire, avec précaution pour ne pas les effeuiller, débarrassez-les de leur peau. Faites glisser un morceau de saumon dans chaque assiette, décorez avec un brin d'aneth ou de coriandre et servez la sauce à part.

Sauté d'agneau

- 800 à 900 g de collier d'agneau coupé en morceaux
- 2 échalotes
- 1 brin de thym, 1 feuille de laurier
- 1 verre de vin blanc sec (20 cl)
- 1 verre d'eau (20 cl)
- sel, poivre

Coupez à l'aide d'un couteau fin les petites parcelles de gras de la viande. Déposez-les dans une cocotte sur feu moyen, jetez les échalotes pelées et hachées. Couvrez et laissez suer 4 à 5 minutes.

Retirez les échalotes et remplacez-les par les morceaux de viande ; faites-les dorer rapidement sur toutes les faces en remuant et en évitant de les laisser brûler ; ajoutez les échalotes et le vin blanc ; portez à ébullition ; ajoutez l'eau, le thym, le laurier ; salez, poivrez. Faites reprendre l'ébullition 3 minutes, à découvert ; couvrez et laissez cuire 1 heure à petits bouillons (*vérifiez la tendreté de la viande et prolongez la cuisson, si nécessaire*).

Sortez la viande à l'aide d'une écumoire, déposez-la dans un plat creux. Faites réduire la sauce, vérifiez l'assaisonnement, versez sur la viande.

En accompagnement : flageolets, haricots blancs ou ratatouille.

Soufflé aux pommes de terre

- 300 g de pommes de terre farineuses
- 1 cuillerée à soupe de farine
- 4 noix de beurre
- 1 verre de lait chaud (20 cl)
- 4 œufs
- 1 pincée de noix de muscade râpée (ou en poudre)
- 1 cuillerée à soupe de gros sel
- sel, poivre

Faites fondre à feu doux 1 noix de beurre. Enduisez le fond et les parois du moule ; placez le moule 15 minutes au réfrigérateur. Quand le beurre est figé, répétez l'opération, puis saupoudrez le moule de farine et maintenez-le dans le réfrigérateur jusqu'au moment de le garnir (*le beurre fondant grâce à la chaleur du four, l'appareil glissera le long des parois et montera sans difficulté*).

Mettez les pommes de terre dans une casserole d'eau froide additionnée de gros sel ; portez à ébullition et laissez cuire 20 à 30 minutes selon leur grosseur.

Préchauffez le four à 180 °C (th. 6).

Égouttez les pommes de terre et pelez-les encore chaudes (*avec des gants de cuisine bien propres ou en les tenant avec une fourchette pour ne pas vous brûler*) ; écrasez-les au moulin à légumes, grille fine. *Le moulin à légumes s'impose : ne passez jamais les pommes de terre au mixeur, la purée obtenue serait élastique et collante.*

Versez les pommes de terre en purée dans une casserole sur feu très doux. Incorporez au fouet le restant de beurre, morceau par morceau, en alternant avec un peu de lait chaud.

Hors du feu, incorporez les jaunes d'œufs un par un. Salez, poivrez, ajoutez la noix de muscade.

Fouettez les blancs en neige avec 1 pincée de sel. Commencez à battre pendant une minute à vitesse moyenne pour aérer les blancs, puis passez à grande vitesse en prenant soin d'arrêter avant qu'ils ne soient trop fermes (*ils doivent rester un peu coulants pour conserver de la puissance à la cuisson*).

Incorporez délicatement les blancs en neige à la purée. *Inutile de les mêler intimement : les blancs se casseraient et le soufflé monterait moins haut.*

Remplissez le moule et mettez-le au four 40 à 45 minutes. *(Le centre du soufflé doit être crémeux.)*

Servez aussitôt.

Tajine de dinde aux olives et citron confit

Les proportions sont données pour six à huit personnes.

- 1 filet de dinde (700 à 800 g)
- 3 hauts de cuisse
- 1 cuillerée à soupe d'huile (d'olive, de préférence)
- 1 gros oignon
- 2 gousses d'ail écrasées
- 50 g d'olives noires
- 1 citron entier coupé en petits dés
- 1 litre de bouillon de volaille instantané
- 1 demi-botte de coriandre fraîche
- 1 demi-botte de persil haché
- 1 cuillerée à soupe de gingembre frais râpé (ou en poudre)
- 1 cuillerée à café de cannelle en poudre
- 1 demi-cuillerée à café de cumin en poudre
- 1 pincée de safran (facultatif)
- sel, poivre

Découpez les hauts de cuisse en deux et le filet en 6 morceaux.

Épluchez et hachez l'oignon.

Dans une cocotte, chauffez l'huile, ajoutez l'oignon haché, laissez fondre et légèrement dorer pendant 5 minutes, puis ajoutez les gousses d'ail écrasées, le gingembre, la cannelle, le cumin (*et éventuellement 1 pincée de safran*). Couvrez et laissez les parfums s'exprimer.

Ajoutez les morceaux de cuisses de dinde, recouvrez avec le bouillon froid (*gardez en réserve un peu de bouillon pour en rajouter en cours de cuisson, si néces-*

saire). À ébullition, couvrez et laissez mijoter à feu doux pendant 30 minutes. Remuez de temps en temps avec une cuillère en bois.

Ajoutez les 6 morceaux de filet de dinde, couvrez et poursuivez la cuisson pendant 30 minutes à feu doux.

Préchauffez le four à 240 °C (th. 8).

Vérifiez l'assaisonnement et la cuisson de la viande (*la chair doit être confite et très tendre*).

Égouttez les morceaux de dinde, placez-les dans le plat à tajine (*à défaut de plat à tajine, gardez les morceaux de viande dans la cocotte*) ; faites réduire au besoin le jus qui doit être sirupeux. Ajoutez le citron coupé en petits morceaux, les olives, la coriandre et le persil hachés, versez le jus, couvrez et enfournez pour 10 minutes.

Servez bien chaud.

Tartines à la bière et au jambon

Pour utiliser le pain rassis.

- 4 belles tranches de pain de mie ou de campagne rassis
- 1 verre de bière (20 cl)
- 2 tranches de jambon fumé
- 1 sachet de fromage râpé
- 4 noisettes de beurre ou de saindoux

Préchauffez le four à 180 °C (th. 6).

Versez la bière dans une assiette creuse et trempez les tranches de pain l'une après l'autre (*elles doivent être bien imbibées*). Déposez-les telles quelles dans un plat à four (ou sur la plaque à pâtisserie recouverte de papier d'aluminium) et mettez au four. Quand le pain est doré, recouvrez-le de jambon fumé et de fromage râpé ; coiffez chaque tranche d'une noisette de beurre ; laissez gratiner une dizaine de minutes.

Pour un apéritif, coupez les tartines en quatre ou en huit à la sortie du four.

Tendrons de veau grillés

À défaut de tendrons, prenez des tranches de flanchet.

- 4 tranches de tendron de 1,5 cm d'épaisseur environ
- 1 filet d'huile pour graisser le gril
- sel, poivre

L'idéal est de disposer d'un gril en fonte à poser sur le gaz ou sur plaque électrique. À défaut, prenez une poêle à revêtement antiadhésif.

Graissez légèrement la surface du gril à l'aide d'un pinceau de cuisine ou d'un morceau de papier absorbant.

Faites chauffer le gril ; quand il est bien chaud, déposez les tranches de tendron et laissez-les dorer, puis retournez-les pour faire dorer l'autre face, baissez le feu et continuez la cuisson quelques minutes en couvrant la viande avec une feuille de papier d'aluminium. *L'intérieur de la viande doit être à peine rosé. Trop cuite, la viande durcit.*

Salez, poivrez et servez aussitôt avec une purée de pois chiches ou de chou-fleur, ou des épinards en branches.

Tendrons de veau aux petits légumes

- 4 tranches de tendron de 1,5 cm d'épaisseur environ
- 2 blancs de poireau
- 1 carotte
- 2 oignons
- 2 tomates
- 2 noix de beurre
- 2 cuillerées à soupe de crème (facultatif)
- sel, poivre

Faites dorer les tendrons sur les 2 faces, à sec, dans une poêle à revêtement antiadhésif. Une fois bien dorés, réservez sur une assiette.

Déposez dans la poêle (*sans la rincer*) le beurre, les poireaux, la carotte et les oignons épluchés et coupés en fines lamelles, les tomates pelées, épépinées et concassées. Laissez suer les légumes pendant 5 minutes, en remuant, puis ajoutez les tranches de veau ; couvrez et laissez mijoter sur feu doux pendant 20 à 25 minutes.

Vérifiez la cuisson de la viande (*elle doit être tendre et très légèrement rosée à l'intérieur*).

Salez, poivrez et ajoutez la crème fraîche. Servez aussitôt avec des pâtes.

Terrine de dinde au thym

Un plat à prévoir trois jours à l'avance. Les proportions sont largement comptées pour huit convives (ou pour deux repas de quatre personnes).

- 1,5 kg de viande de dinde, répartie entre blanc (filet) et rouge (pilon ou hauts de cuisse)
- 150 g de foies de volaille
- 500 g de poitrine de porc fraîche
- 2 verres de vin blanc (40 cl)
- 3 cuillerées à soupe de cognac
- 1 demi-cuillerée à café de thym effeuillé + 1 brindille
- 1 feuille de laurier
- 3 cuillerées à soupe de persil plat haché
- 1 échalote grise hachée
- 1 sachet de gelée instantanée du commerce
- sel, poivre

Coupez en gros dés les blancs de dinde et les foies de volaille. Ajoutez le vin blanc et 1 cuillerée à soupe de cognac. Laissez mariner au minimum 1 heure.

Préchauffez le four à 250 °C (th. 8/9).

Hachez finement la chair des autres morceaux de dinde, déshabillés de leur peau et la poitrine de porc découennée. Mélangez ce hachis avec le restant de cognac, le thym effeuillé, l'échalote et le persil hachés, les morceaux de blancs de dinde et de foies de volaille avec leur marinade.

Versez le sachet de gelée dans une casserole avec 1 demi-litre d'eau, chauffez en remuant jusqu'aux premiers bouillons ; retirez du feu, laissez refroidir à température ambiante. Prélevez quelques cuillerées et mélangez-les à la farce.

Versez la farce dans une terrine. Posez la feuille de laurier et la petite brindille de thym sur le dessus. Fermez avec le couvercle et enfournez dans la lèchefrite pour 15 minutes. Versez ensuite un peu d'eau chaude dans le fond de la lèchefrite pour que le reste de la cuisson s'effectue au bain-marie. Baissez le four à 200 °C (th. 6/7) et poursuivez la cuisson une bonne heure (*un pâté, quel qu'il soit, peut toujours cuire 15 minutes de plus, sans risque*).

À la sortie du four, récupérez sans vous brûler le jus rendu par la cuisson des viandes (*gardez-le pour parfumer un potage ou un plat de pâtes*) et remplacez-le par le restant de la gelée fondue. Posez à même le pâté une petite planche de bois alourdie d'un poids de 1 kilo. Laissez refroidir avant de mettre au réfrigérateur.

Patience ! Trois jours plus tard, vous pourrez entamer le pâté.

Terrine de foie de bœuf

À prévoir à l'avance, la veille ou l'avant-veille. Les proportions conviennent pour huit à dix personnes.

- 750 g de foie de bœuf (ou de génisse)
- 750 g de poitrine de porc demi-sel
- 150 g de crépine
- 1 gousse d'ail hachée
- 1 cuillerée à soupe de persil haché
- 4 feuilles de laurier
- 1 demi-cuillerée à café de quatre-épices
- 1 sachet de gelée du commerce
- sel, poivre

Coupez en petits morceaux les tranches de foie et la poitrine de porc découennée ; hachez-les finement au mixeur jusqu'à obtenir une pâte. Ajoutez la gousse d'ail hachée, le persil haché et la demi-cuillerée de quatre-épices. Salez modérément (*le porc est salé*), poivrez.

Préchauffez le four à 240 °C (th. 8).

Chemisez la terrine avec la crépine en débordant de 1 cm environ sur les bords (*à défaut d'une terrine, utilisez un moule à cake en couvrant le fond du moule avec une bande de film alimentaire de mêmes dimensions pour permettre le démoulage*). Déposez au fond de la terrine ou du moule 2 feuilles de laurier. Versez la pâte et tassez bien ; ajoutez les 2 feuilles de laurier restantes ; repliez les bords de la crépine et ajoutez une bande de crépine pour couvrir la surface du pâté.

Couvrez la terrine (*si vous utilisez le moule, couvrez d'une feuille de papier d'aluminium*), enfournez pour 1 heure. Baissez la température du four à 180 °C (th. 6) et poursuivez la cuisson 20 minutes, sachant qu'un pâté peut toujours cuire 15 minutes de plus, sans risque. Vérifiez avec la pointe d'un couteau : la lame doit ressortir nette.

Préparez la gelée en suivant les indications données sur l'emballage. Laissez-la tiédir.

Sortez la terrine ; versez avec précaution le jus rendu par la cuisson et remplacez-le par la gelée encore tiède. Laissez refroidir. Posez à même le pâté une petite planche alourdie d'un poids de 1 kilo et placez au réfrigérateur 24 heures avant de l'entamer.

Servez bien froid dans la terrine ou démoulez et servez en tranches.

Variante : Mélangez au hachis de foie et de lard 1 demi-boîte de champignons émincés. La consistance du pâté sera plus légère et le goût plus fin.

Terrine de pommes de terre au chabichou

- 800 g de pommes de terre à chair ferme
- 1 chou vert ou 1 petit chou pointu
- 4 chabichous (ou tout autre fromage de chèvre frais ou mi-sec)
- 4 cuillerées à soupe de crème fraîche épaisse
- 1 cuillerée à café de bicarbonate de soude
- 1 cuillerée à soupe de gros sel
- sel fin

Retirez les feuilles extérieures et le trognon du chou ; détachez les feuilles ; lavez-les soigneusement, puis faites-les blanchir 4 minutes dans un grand faitout d'eau bouillante salée et bicarbonatée (*le bicarbonate facilite la digestion*). Sortez les feuilles et plongez-les dans de l'eau glacée pour conserver leur couleur, puis égouttez.

Épluchez les pommes de terre, lavez-les ; déposez-les dans une casserole, recouvrez-les d'eau froide, salez, portez à ébullition, laissez cuire 10 minutes.

Préchauffez le four à 180 °C (th. 6).

Tapissez une terrine avec les feuilles de chou bien égouttées, de sorte que la terrine, une fois garnie, soit entièrement recouverte par les feuilles.

Égouttez les pommes de terre, coupez-les en lamelles de 1/2 cm d'épaisseur.

Disposez la moitié des pommes de terre dans le fond de la terrine ; recouvrez avec la moitié de la crème fraîche ; posez les chabichous ; salez. Ajoutez le reste des pommes de terre, puis le reste de la crème fraîche ; salez à nouveau. *Il est préférable de ne pas ajouter de poivre dans le chou : il développe de l'âcreté.*

Fermez la terrine avec les feuilles qui débordent. Au besoin, rajoutez une ou deux feuilles de chou pour couvrir l'ensemble de la terrine (*gardez le restant du chou pour un potage*). Posez une feuille de papier sulfurisé bien mouillée entre le chou et le couvercle pour éviter que les feuilles de chou ne grillent. Mettez la terrine au four environ 40 minutes. Servez chaud.

Terrine de poulet en gelée

À préparer un jour à l'avance. Les ingrédients sont donnés pour quatre personnes. Libre à vous de doubler les proportions ; le poulet en gelée se conservera sans inconvénient deux à trois jours au réfrigérateur.

- 4 blancs de poulet
- 1 demi-litre de bouillon de volaille instantané
- 1 feuille de gélatine du commerce
- 1 cuillerée à café de grains de coriandre
- sel, poivre en grains

Placez les blancs de poulet dans une casserole, couvrez de bouillon, ajoutez quelques grains de poivre et de coriandre. Dès les premiers bouillons, couvrez la casserole, laissez cuire 8 minutes à tout petit feu, puis laissez reposer hors du feu, à couvert. Une fois refroidis, égouttez les blancs, posez-les sur une planche et émincez-les en tranches fines.

Avec la feuille de gélatine et 1 demi-litre d'eau, préparez la gelée comme il est indiqué sur l'emballage.

Versez un peu de gelée refroidie au fond d'une petite terrine (d'un bol ou d'un moule de taille modeste) ; placez dans le réfrigérateur pour 1 heure ou 2.

Rangez les tranches de poulet sur le fond de gelée solidifié, et versez lentement le restant de gelée qui vient remplir les interstices.

Posez le couvercle de la terrine (ou couvrez hermétiquement avec du papier d'aluminium) et placez au réfrigérateur jusqu'au lendemain avant de l'entamer.

Thon blanc au naturel, pommes à l'huile

Pour utiliser un reste de mayonnaise.

- 400 g environ de thon blanc au naturel
- 350 g de pommes de terre à chair ferme
- 1 demi-verre de vin blanc
- 2 cuillerées à soupe de mayonnaise
- 4 cuillerées à soupe d'huile
- 1 cuillerée à soupe de vinaigre de vin blanc
- quelques queues de persil plat
- sel, poivre

Égouttez le thon ; effeuillez-le sommairement et déposez-le au centre d'un plat creux (*ou de chaque assiette*). Détendez la mayonnaise avec un peu d'eau tiède et versez-la sur le poisson.

Faites cuire les pommes de terre dans leur peau à la vapeur ; égouttez ; pelez-les immédiatement en les tenant avec une fourchette ou des gants de cuisine pour ne pas vous brûler ; coupez-les en rondelles d'environ 1 cm d'épaisseur ; rangez-les dans un plat chaud, salez et arrosez d'une bonne rasade de vin blanc chaud. Couvrez d'un film alimentaire et laissez-les s'imprégner de vin pendant 15 minutes.

Préparez la vinaigrette avec l'huile, le vinaigre tiédi, sel et poivre ; versez sur les pommes de terre.

Disposez les pommes de terre encore tièdes autour des morceaux de thon ; parsemez de feuilles de persil ciselées.

Timbale de macaronis

- 250 g de macaronis
- 150 g de jambon coupé en petits dés
- 200 g de fromage râpé
- 1 petit pot de crème fraîche (125 g)
- 120 g de champignons de Paris émincés
- 1 demi-verre d'eau (10 cl)
- le jus d'un demi-citron
- 1 belle noix de beurre + quelques copeaux
- 1 cuillerée à soupe de farine
- 1 cuillerée à soupe de gros sel
- sel, poivre

Faites cuire les macaronis *al dente* dans une grande casserole d'eau bouillante additionnée d'une cuillerée à soupe de gros sel (*le temps de cuisson est indiqué sur l'emballage*). Égouttez, réservez dans un saladier.

Faites cuire les champignons 3 minutes dans une casserole avec l'eau et le jus de citron ; salez, poivrez.

Préchauffez le four à 150 °C (th. 5).

Versez la farine dans un bol ; incorporez le beurre du bout des doigts. Déposez ce beurre manié dans la casserole de champignons et laissez cuire en remuant jusqu'à ce que le mélange épaississe et nappe la cuillère. Après quelques bouillons, retirez du feu. Ajoutez la crème fraîche, les dés de jambon et le fromage râpé. Vérifiez l'assaisonnement.

Versez le contenu de la casserole sur les macaronis, mélangez bien et reversez le tout dans un plat creux allant au four. Déposez quelques copeaux de beurre en surface. Couvrez avec une feuille de papier d'aluminium et enfournez pour une vingtaine de minutes. Servez bien chaud.

Tofu, aubergines, poivrons et tomates au yaourt de soja (1)

- 250 g de tofu
- 1 yaourt de soja nature
- 4 tomates
- 1 poivron vert et 1 rouge
- 2 oignons
- 2 gousses d'ail
- 1 cuillerée à soupe d'huile (d'olive de préférence)
- 1 pincée de sucre
- 1 giclée de Tabasco
- 2 cuillerées à café de paprika
- sel, poivre

Coupez le tofu en dés d'égale grosseur.

Épluchez et hachez les oignons et les gousses d'ail.

Passez les poivrons sous l'eau, pelez-les sommairement avec un épluche-légumes (*la peau est indigeste*) ; retirez le pédoncule, les graines et les filaments blancs ; coupez-les en petits dés (*avec des ciseaux, c'est plus facile*).

Pelez et épépinez les tomates, égouttez et concassez-les.

Dans une poêle sur feu vif, faites revenir à l'huile les poivrons, les oignons et l'ail pendant 5 minutes ; ajoutez les dés de tofu et les tomates concassées et poursuivez la cuisson 5 minutes en remuant bien. Salez, poivrez, ajoutez 1 pincée de sucre, 1 giclée de Tabasco ; mélangez bien et prolongez la cuisson 5 minutes. Incorporez le yaourt de soja, remuez et laissez cuire encore 3 minutes.

Versez la préparation dans un plat creux ou des bols individuels et saupoudrez de paprika. Servez chaud, tiède ou froid.

Tofu et ratatouille au yaourt de soja (2)

- 250 g de tofu
- 1 yaourt de soja nature
- 1 boîte de ratatouille (375 g)

- 1 cuillerée à soupe d'huile (d'olive de préférence)
- 1 pincée de sucre
- 1 giclée de Tabasco
- 2 cuillerées à café de paprika
- sel, poivre

Coupez le pavé de tofu en dés d'égale grosseur.

Dans une poêle sur feu vif, faites revenir dans l'huile les dés de tofu ; laissez cuire 6 à 8 minutes en remuant. Ajoutez la ratatouille, la pincée de sucre, la giclée de Tabasco ; maintenez la cuisson 8 minutes ou plus sans cesser de remuer, pour faire évaporer le jus de cuisson de la ratatouille et obtenir un mélange consistant. Incorporez le yaourt de soja, mélangez.

Versez la ratatouille dans un plat creux ou des bols individuels et saupoudrez de paprika. Servez chaud, tiède ou froid.

Tomates farcies à la dinde

- 4 grosses tomates bien fermes
- 8 cuillerées à soupe de farce à la dinde (recette p. 326)
- sel, poivre

Préchauffez le four à 180 °C (th. 6).

Décalottez les tomates, creusez l'intérieur avec une cuillère en prenant soin de ne pas les percer ; éliminez les graines et conservez la pulpe. Salez l'intérieur des tomates ; retournez-les afin qu'elles perdent une partie de leur eau de végétation.

Une fois bien égouttées, remplissez-les de farce mélangée à la pulpe ; couvrez avec le petit chapeau et rangez-les dans un plat à gratin ; ajoutez 2 cuillerées d'eau dans le fond du plat et mettez au four une petite heure. Vérifiez l'assaisonnement.

Récupérez le jus de cuisson dans une casserole et faites-le réduire à feu vif 3 à 4 minutes avant d'arroser les tomates.

Tomates farcies au riz

Pour utiliser un petit reste de riz.

- 4 grosses tomates bien fermes
- 4 cuillerées à soupe de riz cuit
- 4 noisettes de beurre (ou de saindoux)
- sel, poivre

Préchauffez le four à 180 °C (th. 6).

Décalottez les tomates, creusez l'intérieur avec une cuillère en prenant soin de ne pas les percer ; éliminez les graines et conservez la pulpe.

Salez l'intérieur des tomates ; retournez-les afin qu'elles perdent une partie de leur eau de végétation.

Mélangez le riz et la pulpe écrasée à la fourchette ; salez, poivrez ; remplissez les tomates de cette farce, déposez une noisette de beurre (*ou de saindoux*) sur chacune ; couvrez avec le petit chapeau.

Enfournez pour 1 petite heure en arrosant les tomates de temps en temps.

Variante : Remplacez le riz par des restes de pâtes, de semoule ou de boulgour.

Tortilles de dinde au curry

- 600 g d'émincé de dinde (coupé en fines lanières dans le filet ou l'escalope)
- 2 cuillerées à soupe de farine
- 1 oignon
- 1 gousse d'ail
- 4 feuilles de sauge
- 1 brin de romarin
- 1 cuillerée à soupe d'huile (d'olive de préférence)
- 1 verre à liqueur de xérès ou de marsala
- 2 cuillerées à soupe de curry en poudre
- sel, poivre

Épluchez et hachez l'oignon et la gousse d'ail. Effeuillez et hachez le romarin et les feuilles de sauge.

Chauffez l'huile dans une large poêle. Faites revenir l'ail et l'oignon à feu très doux avec le romarin et la sauge.

Farinez les lanières de dinde ; déposez-les dans la poêle pour les raidir et faites-les dorer sur toutes les faces ; saupoudrez de curry ; salez, poivrez. Couvrez et laissez cuire 20 minutes à feu doux. Versez dans un plat tenu au chaud.

Faites réduire le jus à feu vif ; ajoutez le xérès (*ou le marsala*) ; laissez réduire encore jusqu'à obtention d'une sauce onctueuse.

Versez la sauce sur la viande. Servez avec du riz ou du boulgour.

Travers de porc grillés

La viande sera bien plus digeste si vous la faites précuire en la pochant dans de l'eau.

- 900 g de travers de porc
- 2 cuillerées à soupe de gros sel
- sel, poivre

Le travers (*ou haut de côtes*) du porc se présente en longues bandes. Coupez les bandes entre les os, en portions de 4 à 5 cm. Déposez la viande dans une grande casserole, recouvrez d'eau froide additionnée de gros sel ; portez à ébullition, couvrez et ramenez la cuisson à frémissement pendant 30 minutes. Égouttez, épongez dans du papier absorbant.

Allumez le gril du four. Quand la rampe est bien rouge, rangez les morceaux de travers côte à côte sur une grille posée sur la lèchefrite. Faites-les griller pendant 10 minutes, à 10 cm de la rampe, porte du four ouverte, en les retournant à mi-cuisson (*vous pouvez aussi bien les faire griller sur un gril rainuré en fonte chauffé sur la plaque de cuisson*).

Quand la viande est bien dorée, déposez-la sur un plat chaud, salez, poivrez et servez aussitôt avec une compote de pommes, une purée de pois cassés ou de pommes de terre. Rien n'interdit de poser sur la table un flacon de ketchup ou de sauce Barbecue.

DESSERTS

Abricots grillés

- 8 abricots bien mûrs + 6 pour le sirop
- 1 demi-verre de vin blanc doux ou d'eau (10 cl)
- 80 g de sucre

Préchauffez le four en position gril.

Passez les abricots sous l'eau. Choisissez les 8 plus beaux, fendez-les en deux et retirez les noyaux.

Disposez ces oreillons d'abricot dans un plat à four, saupoudrez-les de la moitié du sucre et faites-les caraméliser sous la rampe bien chaude du gril, porte du four ouverte, en veillant à ce qu'ils ne brûlent pas.

Dénoyautez les abricots restants, déposez-les dans une casserole, ajoutez le vin blanc doux ou l'eau et le sucre restant ; laissez compoter à feu doux tout en remuant à l'aide d'une cuillère en bois, puis passez la compote au mixeur ou au moulin à légumes, grille fine. Mettez le sirop de fruits obtenu dans la casserole pour le réchauffer et reversez-le brûlant sur les abricots grillés dont il pénétrera les chairs.

Servez le dessert à votre goût, chaud, tiède ou froid.

Bananes au four à la gelée de groseille

- 4 bananes
- 1 noix de beurre
- 2 cuillerées à soupe de sucre
- 1 demi-pot de gelée de groseille

Préchauffez le four à 200 °C (th. 6/7).

Beurrez généreusement un plat à gratin, saupoudrez-le de sucre.

Déshabillez les bananes, rangez-les dans le plat. Mettez-les au four 10 minutes, retournez-les après 5 minutes de cuisson.

Nappez-les de gelée de groseille et servez aussitôt.

Beignets de pommes de terre

- 4 grosses pommes de terre farineuses
- 70 g de beurre amolli
- 1 demi-verre de lait (10 cl)
- 1 œuf
- 4 cuillerées à soupe de sucre
- 4 à 5 cuillerées à soupe de farine
- 1 petit verre d'eau-de-vie ou de rhum (facultatif)
- 1 pincée de sel
- bain de friture

Mettez les pommes de terre sans les peler dans une casserole, couvrez-les d'eau, portez à ébullition et laissez cuire 25 minutes à couvert (*vérifiez la cuisson avec la pointe d'un couteau et prolongez-la, si nécessaire*). Égouttez et pelez les pommes de terre en vous aidant d'une fourchette ou d'un gant de cuisine pour ne pas vous brûler. Passez-les au moulin à légumes, grille fine ; incorporez le lait chaud, le beurre, 2 cuillerées à soupe de sucre, 1 pincée de sel, l'œuf entier et éventuellement l'eau-de-vie ; mélangez avec une cuillère en bois pour obtenir une pâte épaisse (*si nécessaire, faites-la dessécher sur feu doux tout en la remuant, sachant qu'elle deviendra plus consistante en refroidissant).*

Répartissez la farine sur la planche à découper ou sur un torchon propre. Façonnez avec la pâte des petites galettes, farinez-les sur les deux faces.

Faites chauffer le bain de friture à 175 °C *(pour vérifier la température, jetez un petit croûton de pain dans l'huile, elle doit bouillonner et ne pas fumer)*. Faites frire les galettes de pâte par petites quantités à la fois ; égouttez-les au fur et à mesure sur du papier absorbant. Déposez-les sur le plat de service, saupoudrez du restant de sucre et servez bien chaud.

Bourdelots

- 1 rouleau de pâte feuilletée du commerce
- 4 pommes
- 4 cuillerées à café de sucre
- 4 noisettes de beurre demi-sel
- 1 noix de beurre pour graisser le plat
- 1 jaune d'œuf
- 1 demi-verre à liqueur de calvados (facultatif)

Préchauffez le four à 220 °C (th. 7/8).

Pelez les pommes. Utilisez un vide-pommes pour ôter les pépins et le cœur sans couper le fruit en deux.

Étalez la pâte. Découpez 4 carrés suffisamment grands pour que chacun puisse envelopper une pomme. Rangez ces carrés dans un plat à gratin beurré. Posez 1 pomme sur chaque carré de pâte. Glissez 1 cuillerée à café de sucre et 1 noisette de beurre demi-sel dans chaque pomme. Arrosez avec quelques gouttes de calvados. Humectez d'eau les bords de la pâte et refermez-la en aumônière en pressant les bords entre vos doigts pour bien la souder. Dorez la pâte avec un pinceau de cuisine trempé dans le jaune d'œuf. Faites cuire 40 minutes environ au four. Servez tiède.

Bugnes lyonnaises

Pour faire ces bugnes, il faut des moules spéciaux de 7 à 10 cm de diamètre ; on en trouve chez les quincailliers et dans les bazars qui vendent des ustensiles de ménage. Il y en a en forme de cœur, de roue, de champignon, etc.

- 80 g de farine
- 1 œuf
- 1 verre de lait (20 cl)
- 1 cuillerée à soupe de sucre
- 1 citron
- sucre glace
- 1 pincée de sel fin
- 1 bain de friture

Délayez dans un saladier l'œuf et le lait ; ajoutez le sel, la cuillerée à soupe de sucre et l'écorce râpée du citron ; ajoutez la farine versée en pluie tout en remuant pour obtenir une pâte à beignets fluide et homogène. Couvrez et réservez 45 minutes au frais.

Faites chauffer l'huile à 175 °C (*vérifiez la température en jetant un petit croûton de pain dans l'huile ; elle doit bouillonner mais ne pas fumer*). Trempez le moule à bugnes dans le bain de friture (*avec un peu d'habileté, vous tiendrez un moule dans chaque main*) ; quand ils sont bien chauds, plongez-les aux trois quarts dans la pâte ; retirez-les et plongez-les aussitôt dans l'huile : la pâte se détache et achève de cuire ; quand les bugnes sont dorées, égouttez-les sur du papier absorbant et déposez-les dans un plat. Recommencez l'opération jusqu'à épuisement de la pâte. Saupoudrez les bugnes de sucre glace. Servez chaud ou froid.

Charlotte aux nouilles et au fromage blanc

- 250 grammes de nouilles
- 500 g de fromage blanc
- 1 œuf
- 2 noix de beurre + quelques copeaux
- 7 cuillerées à soupe de sucre
- 1 cuillerée à soupe de farine
- 4 cuillerées à soupe de confiture de votre choix

Faites cuire les nouilles dans de l'eau bouillante non salée (*elles doivent être bien molles*). Égouttez. Divisez par moitié.

Préchauffez le four à 160 °C (th. 5/6).

Dans un saladier, versez le fromage blanc, battez-le avec l'œuf entier, la farine, le sucre.

Beurrez un moule à charlotte. Versez la moitié des nouilles, puis le fromage blanc, puis le reste des nouilles et quelques copeaux de beurre.

Faites cuire 1 heure au four ; après 15 minutes, couvrez d'une feuille de papier d'aluminium pour éviter que le dessus ne se dessèche.

Laissez refroidir et démoulez. Entourez d'un ruban de confiture détendue dans un peu d'eau tiède.

Charlotte aux pommes

Pour six personnes. On peut la servir nature ou avec une crème anglaise (recette p. 325).

- 12 pommes (reinettes ou boskoop)
- 6 morceaux de sucre
- 100 g de sucre
- 1 sachet de sucre vanillé
- 1 cuillerée à soupe de cannelle en poudre

Épluchez les pommes ; coupez-les en tranches de 2 millimètres d'épaisseur.

Préchauffez le four à 160 °C (th. 5).

Déposez les morceaux de sucre dans le moule à charlotte, ajoutez 1 cuillerée à soupe d'eau et posez le moule sur feu doux. (*Le sucre commence à fondre puis à caraméliser.*) Dès que le caramel est blond, retirez du feu et remuez le moule pour que le caramel se fixe sur les parois.

Garnissez de pommes le fond du moule en formant une rosace. Superposez les couches de pommes jusqu'en haut, en saupoudrant d'un mélange de sucre, de sucre vanillé et de cannelle toutes les trois à quatre couches. Tassez bien les pommes, pressez fortement (*elles vont réduire à la cuisson*). Faites cuire au bain-marie 1 heure, sur feu moyen, en prenant soin d'emballer entièrement le moule avec deux couches de papier d'aluminium.

Mettez le moule toujours emballé dans son papier d'aluminium au bain-marie, dans le four, et prolongez la cuisson d'1 heure. Laissez refroidir et placez 2 heures au réfrigérateur. Démoulez avant de servir.

Cheesecake au tofu

Pour six personnes.

- 1 rouleau de pâte brisée du commerce (ou recette p. 334)
- 250 g de fromage blanc
- 250 g de tofu
- 80 g de sucre
- 3 cuillerées à soupe de miel d'acacia
- le jus d'1 citron
- 1 pincée de sel

Préchauffez le four à 180 °C (th. 6).

Installez la pâte brisée avec son papier sulfurisé dans un moule à tarte ; piquez le fond avec les dents d'une fourchette.

Passez au mixeur l'ensemble des ingrédients jusqu'à obtention d'une texture lisse et crémeuse ; versez dans le moule à tarte et faites cuire 45 minutes au four.

Débarrassez le cheesecake du papier et laissez-le refroidir.

Coings confits

Ni une confiture ni une compote, le coing confit accompagne les puddings de riz ou de semoule, les mousses de yaourt, les biscuits secs, la crème glacée à la vanille. Il peut aussi se servir avec une tasse de café.

- 1 kg de coings
- 1,2 kg de sucre
- 1 demi-litre d'eau froide
- le jus d'1 citron

Versez l'eau et le jus de citron dans un saladier.

Épluchez soigneusement les coings, retirez le cœur et les pépins et coupez la chair en petits cubes de 1 à 2 cm de côté à l'aide d'un couteau dentelé.

Déposez-les au fur et à mesure dans le bain d'eau citronnée pour éviter qu'ils ne noircissent.

Reversez le tout dans une casserole à fond épais. Portez à ébullition 2 à 3 minutes ; égouttez les coings et réservez le liquide.

Mettez le sucre dans la casserole, couvrez avec une partie de l'eau citronnée (*gardez le reste en attente*). Laissez fondre le sucre sur feu doux, puis mettez sur feu moyen. Quand la préparation commence à bouillonner et à réduire, ajoutez les cubes de coing. Le sucre fondu doit affleurer les fruits, ajoutez un peu d'eau citronnée si nécessaire. Portez à ébullition et laissez cuire à bouillottement jusqu'à ce que la préparation prenne une couleur miel rosé, en écumant la mousse blanche qui se forme en surface.

Retirez la casserole du feu ; couvrez-la avec un torchon humecté d'eau et plié en quatre avec par-dessus une feuille de papier d'aluminium que vous replierez sur les bords de la casserole. Laissez reposer 24 heures au frais.

Le lendemain, prélevez avec une louche les cubes de coings confits, remplissez des pots de confiture à couvercle en métal, fermez-les aussitôt. *Les vieux pots de confiture ou de moutarde que vous n'auriez pas recyclés conviennent à condition d'être lavés à l'eau bouillante ou dans le lave-vaisselle et parfaitement séchés.*

Le coing confit se conserve au frais sans problème tout l'hiver.

Compotée de brugnons

Quand l'occasion se présente, achetez en fin de marché de plein air une cagette de brugnons ou de nectarines que le commerçant sera heureux de vous céder à bas prix plutôt que de les savoir perdus. Triez rapidement les fruits mûrs mais non avariés (le cas échéant, coupez la partie avariée) et préparez immédiatement une compotée de fruits que vous servirez très froide pour le repas du soir.

- 6 à 8 brugnons ou nectarines
- 3 cuillerées à soupe de confiture de fraise ou de framboise

Passez les fruits sous l'eau froide, ne les pelez pas ; retirez les parties abîmées ; coupez en tronçons les parties saines, déposez-les dans un saladier ; ajoutez la confiture, remuez bien, couvrez avec un film alimentaire ou une assiette et mettez au réfrigérateur 2 heures au minimum.

Servez bien froid dans le saladier ou des coupelles individuelles.

Coquillettes au chocolat

- 200 g de coquillettes
- 25 cl de lait
- 1 œuf entier + 1 jaune
- 50 g de sucre + 1 cuillerée à soupe pour la cuisson des coquillettes
- 2 cuillerées à soupe rases de cacao en poudre non sucré
- 1 cuillerée à soupe rase de farine
- 2 cuillerées à soupe de confiture d'orange amère

Faites cuire les coquillettes dans 1 litre et demi d'eau bouillante additionnée d'une cuillerée à soupe de sucre (*le temps de cuisson est indiqué sur l'emballage*). Égouttez et réservez dans un saladier.

Dans une casserole, portez le lait à ébullition, ajoutez le cacao en poudre (*pour vous faciliter la tâche, commencez par le diluer dans une tasse avec quelques cuillerées de lait chaud avant de le reverser dans la casserole de lait*). Mélangez bien et couvrez.

Dans un saladier, battez au fouet le jaune d'œuf et l'œuf entier avec les 50 g de sucre jusqu'à ce que le mélange blanchisse et devienne onctueux ; ajoutez la farine en continuant de fouetter puis, petit à petit, le lait au cacao.

Reversez le tout dans la casserole sur feu moyen et portez à ébullition sans cesser de remuer : la crème épaissit après 2 ou 3 bouillons. Ajoutez alors la confiture d'orange.

Versez la crème sur les coquillettes et mélangez bien. Servez tiède ou froid.

Variantes :

- Remplacez le cacao en poudre par 50 g de chocolat à dessert râpé ou coupé en petits morceaux que vous incorporerez à la crème bouillante une fois celle-ci terminée.

- Ajoutez une giclée de rhum dans l'eau de cuisson des coquillettes.

Crêpes

La pâte à crêpes peut se préparer la veille. Le diamètre idéal de la poêle est de 16 à 18 cm. Qu'elle soit en fer ou recouverte d'une matière antiadhésive, privilégiez un fond bien plat. Les crêpes se cuisent à feu moyen. Elles se congèlent sans problème : emballez-les froides par six dans 2 épaisseurs de papier d'aluminium ; sortez-les la veille et laissez décongeler au réfrigérateur, au pire deux heures à température ambiante ; réchauffez-les dans un plat légèrement beurré à four doux, préchauffé à 150 °C (th. 5). Voici les ingrédients pour 24 crêpes.

- 250 g de farine
- 4 œufs
- 1 demi-litre de lait
- 2 cuillerées à soupe de beurre fondu
- 2 cuillerées à soupe d'huile
- 1 demi-cuillerée à café de sel fin

Dans un saladier, mettez la farine et le sel, ajoutez les œufs un par un, mélangez rapidement ; versez le lait en filet en mélangeant avec le batteur électrique ou une cuillère en bois jusqu'à l'obtention d'une pâte fluide, lisse et sans grumeaux. Ajoutez le beurre fondu ; mélangez ; laissez reposer 2 heures.

Graissez la poêle avec un pinceau de cuisine trempé dans un petit bol où vous aurez versé les 2 cuillerées d'huile.

À l'aide d'une petite louche, couvrez de pâte le fond de la poêle d'un mouvement rapide du poignet ; faites cuire la crêpe 1 minute sur chaque face en la retournant avec une spatule (*pas d'affolement, la première crêpe est bien souvent ratée et part en lambeaux, la deuxième sera réussie*) ; renouvelez l'opération jusqu'à épuisement de la pâte en huilant la poêle toutes les 2 ou 3 crêpes.

Pour maintenir les crêpes au chaud, empilez-les au fur et à mesure de la cuisson sur une assiette posée, comme un couvercle, sur une casserole d'eau frémissante ; recouvrez-les d'un linge ou d'un papier d'aluminium.

Variante : On peut aromatiser la pâte à crêpes avec des liqueurs, du rhum ou des eaux-de-vie de fruits ; ou avec des zestes d'agrume confits (recette p. 344).

Crumble aux pommes

Pour huit personnes.

- 800 g de pommes fermes, croquantes et acidulées
- 100 g de sucre
- 1 noix de beurre
- 1 cuillerée à soupe de miel
- 1 demi-gousse de vanille ou 1 demi-sachet de sucre vanillé
- 1 cuillerée à café de cannelle en poudre (facultatif)

pour la pâte :
- 70 g de farine
- 30 g de sucre glace
- 30 g de beurre
- 1 cuillerée à soupe de lait

Mettez dans un saladier la farine, le beurre et le sucre glace, travaillez-les du bout des doigts. Ajoutez la cuillerée à soupe de lait froid pour obtenir une pâte un peu friable. Couvrez et réservez au réfrigérateur.

Épluchez les pommes ; coupez-les en quartiers.

Dans une casserole, faites fondre la noix de beurre, ajoutez la moitié des pommes, la gousse de vanille fendue et bien grattée (ou le sucre vanillé), la moitié de la cannelle. Couvrez et laissez compoter 10 minutes. Ajoutez le sucre et le miel. Maintenez la cuisson 10 minutes. Réservez.

Préchauffez le four à 200 °C (thermostat 6/7).

Coupez les pommes restantes en petits dés de 1 cm de côté environ. Étalez-les dans le fond d'un plat à gratin et mettez au four 15 minutes. Sans éteindre le four, retirez le plat et mélangez les dés de pommes avec la compote, après avoir retiré la gousse de vanille.

Sortez la pâte du réfrigérateur, émiettez-la grossièrement entre les doigts, recouvrez les pommes de ce crumble et saupoudrez du reste de cannelle.

Remettez le plat au four pour 35 minutes. Ouvrez la porte trois ou quatre fois en cours de cuisson, pour que la vapeur s'échappe et que la pâte reste bien croustillante.

Servez chaud ou tiède.

Gâteau à l'ananas

Pour six personnes. Il se prépare à l'avance, la veille ou l'avant-veille, donc aucun souci de « timing ». Passez au mixeur les restes du gâteau, vous obtiendrez un coulis d'ananas pour accompagner le dessert du lendemain (semoule, puddings, œufs à la neige…).

- 1 boîte 4/4 d'ananas au sirop
- 150 g de sucre
- 2 cuillerées à soupe de farine
- 4 œufs
- le zeste râpé d'un citron
- 3 cuillerées à soupe de kirsch
- 1 cuillerée à soupe d'eau
- 6 morceaux de sucre pour caraméliser le moule

Passez au mixeur les tranches d'ananas avec 2 cuillerées à soupe de leur jus et le zeste râpé du citron.

Versez la purée ainsi obtenue dans une casserole, ajoutez le sucre, portez à ébullition, faites bouillotter 10 minutes. Laissez refroidir.

Préchauffez le four à 150 °C (th. 5).

Battez les œufs en omelette. Incorporez la farine, le kirsch ; ajoutez ce mélange à la purée froide d'ananas (*le mélange doit être homogène*).

Déposez les morceaux de sucre dans un moule à charlotte, ajoutez la cuillerée à soupe d'eau et posez le moule sur feu doux. (*Le sucre commence à fondre puis à caraméliser.*) Dès que le caramel est blond, retirez du feu et faites glisser le caramel le long des parois du moule.

Versez la purée d'ananas dans le moule et faites cuire 1 h 30 au four.

Laissez refroidir et mettez au réfrigérateur jusqu'au lendemain.

Démoulez au dernier moment, en plongeant le moule quelques secondes dans un récipient d'eau bouillante avant de le retourner sur le plat de service.

Gâteau à l'anglaise

- 8 biscuits à la cuiller
- 2 cuillerées à soupe de kirsch (ou autre alcool de fruit)
- 80 g de sucre + 1 cuillerée pour le moule
- 1 sachet de sucre vanillé
- 1 noisette de beurre pour graisser le moule
- 2 cuillerées à soupe rases de farine
- 3 œufs
- 15 cl de lait
- 2 cuillerées à soupe de confiture de framboises
- 1 pincée de sel

Humectez de kirsch les biscuits à la cuiller.

Préchauffez le four à 120/150 °C (th. 4/5).

Fouettez 2 jaunes d'œufs avec le sucre et le sucre vanillé jusqu'à ce que le mélange blanchisse ; incorporez la farine et, petit à petit, le lait bouillant en battant au fouet à main. Versez dans la casserole, portez à ébullition et laissez bouillotter 2 à 3 minutes. Hors du feu, ajoutez le troisième jaune d'œuf et incorporez délicatement les 3 blancs battus en neige ferme avec la pincée de sel pour obtenir une pâte légère et mousseuse.

Beurrez un moule (à *cake ou carré*) ; saupoudrez les parois de sucre ; versez un tiers de la pâte ; recouvrez de 4 biscuits à la cuiller ; versez par-dessus un peu de pâte, posez 4 biscuits et ajoutez le reste de pâte. Mettez au four 35 minutes.

Après refroidissement, démoulez le gâteau et nappez-le de confiture de framboises.

Gâteau au chocolat

Pour utiliser les restes de pain (baguette, campagne, complet) frais ou rassis, avec la croûte, un gâteau que les enfants peuvent faire sans difficulté.

- 150 g de pain grossièrement émietté
- 4 œufs
- 100 g de beurre + 1 petite noix pour graisser le moule
- 1 sachet de sucre vanillé
- 100 g de chocolat noir à cuire
- 100 g de sucre
- sucre glace (facultatif)
- 1 pincée de sel fin

Faites fondre le chocolat coupé en morceaux dans une petite casserole sur feu doux avec 2 cuillerées à soupe d'eau ; ajoutez le beurre, mélangez bien.

Préchauffez le four à 160 °C (th. 5/6).

Fouettez les jaunes d'œufs et les sucres jusqu'à ce que le mélange blanchisse.

Versez le contenu de la casserole sur les jaunes ; ajoutez le pain émietté en remuant le tout avec une cuillère en bois ; incorporez délicatement les blancs d'œufs fouettés en neige ferme avec la pincée de sel fin.

Versez dans un moule beurré (*inutile si vous utilisez un moule en silicone ou à revêtement antiadhésif*) et faites cuire au four 45 minutes.

Laissez refroidir le gâteau avant de le démouler. Saupoudrez de sucre glace.

Gâteau express

L'intérêt de ce gâteau, qui se présente comme une grosse crêpe, c'est d'improviser un dessert à la dernière minute avec les moyens du bord. À défaut de banyuls, utilisez un demi-verre de vin blanc doux.

- 100 g de farine
- 80 g de sucre + 2 cuillerées à soupe
- 30 g de beurre fondu
- 1 cuillerée à soupe d'huile + 1 noix de beurre
- 4 œufs
- 1 poignée de raisins secs
- 1 demi-verre d'eau (10 cl)
- 1 demi-verre de banyuls (10 cl)
- 1 pincée de sel fin

Faites tremper les raisins secs dans un bol d'eau très chaude.

Mélangez les jaunes d'œufs et les 80 g de sucre ; incorporez petit à petit la farine sans cesser de battre, puis le beurre fondu, puis l'eau et le banyuls qui détendront la pâte, enfin les raisins secs bien égouttés.

Battez les blancs d'œufs en neige ferme avec la pincée de sel fin. Incorporez-les délicatement à la pâte.

Dans une poêle, faites chauffer l'huile, ajoutez la noix de beurre. Versez la pâte et faites-la cuire comme une crêpe, 5 minutes à petit feu (*le dessus de la crêpe doit être figé*). Retournez le gâteau sur une assiette de même diamètre que la poêle en vous aidant d'une large spatule et faites-le glisser dans la poêle pour le faire dorer 5 minutes sur l'autre face.

Faites glisser le gâteau sur l'assiette ou un plat de service et saupoudrez-le de sucre avant de le présenter à table.

Gâteau de fruits

Rien que des fruits. Des fruits crus. Des fruits de saison, bien sûr. Pommes, poires, fraises, cerises, abricots, brugnons ou nectarines, prunes, figues… Il faut un moule à charlotte chemisé de papier sulfurisé ou, mieux, un moule en silicone ou à revêtement antiadhésif.

- 1 kg de fruits variés
- 1 demi-pot de confiture de fruits rouges (fraises, framboises, groseilles)

Épluchez, pelez, dénoyautez les fruits que vous aurez sous la main. Coupez-les en quartiers ou en rondelles.

Placez-les en couches successives dans le moule jusqu'à ce qu'il soit plein à ras bord. Tassez bien les fruits. Couvrez avec un film alimentaire ou une assiette et mettez au réfrigérateur pour la nuit.

Délayez le demi-pot de confiture dans un peu d'eau tiède.

Au moment de servir, démoulez le gâteau sur un plat creux. Entourez-le d'un cordon de confiture.

Variante : Préparez une crème pâtissière (recette p. 326), détendez-la avec un peu de lait froid, mélangez, et versez autour du gâteau.

Gâteau marquise

- 200 g de riz rond
- 4 pommes
- 3 verres de lait (60 cl)
- 110 g de sucre
- 2 zestes de citron ou 1 sachet de sucre vanillé
- 3 œufs
- 1 noix de beurre pour graisser le plat
- 3 cuillerées à soupe de confiture au choix (fraises, abricots, prunes…)
- 1 pincée de sel

Épluchez les pommes, coupez-les en petits morceaux et faites-les cuire avec 3 cuillerées d'eau, 20 g de sucre et 1 zeste de citron ou la moitié du sachet de sucre vanillé, jusqu'à ce qu'elles soient bien compotées.

Dans une casserole à fond épais, portez à ébullition 50 cl de lait ; ajoutez le riz, faites reprendre l'ébullition ; couvrez et laissez cuire à frémissement 20 minutes ; ajoutez le lait restant, 70 g de sucre, un zeste de citron (*ou le restant de sucre vanillé*), les jaunes d'œufs, un par un, en remuant la préparation.

Préchauffez le four à 160 °C (th. 5/6).

Beurrez un plat à gratin ; étalez successivement une couche de riz et une couche de pommes ; finissez par une couche de riz et recouvrez de confiture.

Fouettez les 3 blancs d'œufs en neige avec la pincée de sel ; quand ils sont bien fermes, ajoutez 20 g de sucre et fouettez à nouveau. Déposez à l'aide d'une cuillère des petits tas de blancs en neige sur la confiture comme des petites meringues.

Mettez le plat au four et faites dorer les meringues 10 minutes (*pas davantage, sinon les blancs d'œufs retombent*).

Servez chaud ou froid.

Gâteau de marrons

Pour six personnes.

- 1 boîte de purée de marrons (440 g)
- 4 œufs
- 200 g de sucre
- 200 g de beurre amolli
- 1 verre de lait (20 cl)
- 1 sachet de sucre vanillé
- 6 morceaux de sucre
- 1 cuillerée à soupe d'eau
- 1 pincée de sel fin

Préchauffez le four à 160 °C (th. 5/6).

Versez la purée de marrons écrasée à la fourchette dans une casserole avec le sucre, le sucre vanillé et le beurre amolli. Faites fondre à feu doux 15 minutes en mélangeant soigneusement pour que la purée soit lisse et bien liée.

Délayez les 4 jaunes d'œufs dans le verre de lait ; incorporez à la purée de marrons.

Retirez la casserole du feu lorsque le mélange est bien homogène. Laissez tiédir.

Battez les 4 blancs d'œufs en neige ferme avec la pincée de sel et incorporez-les délicatement à la préparation.

Mettez dans un moule à charlotte 6 morceaux de sucre et la cuillerée à soupe d'eau. Faites chauffer à feu doux, le sucre va fondre puis prendre une couleur blond foncé *(attention de ne pas le laisser brûler)*. Remuez le moule *(en vous protégeant avec des gants de cuisine ou un torchon)* pour bien chemiser le fond et les parois.

Plongez le moule dans de l'eau froide, sans laisser l'eau pénétrer à l'intérieur, pour obtenir une cristallisation du sucre sur les parois.

Versez le contenu de la casserole dans le moule et faites cuire au bain-marie 1 h 30 dans le four en ayant soin de renouveler l'eau évaporée de la lèchefrite.

Sortez le moule du four et faites-le immédiatement tremper dans un bain d'eau froide. Attendez le refroidissement complet pour démouler. Si le caramel a adhéré au moule ajoutez 1 cuillerée d'eau, faites fondre et versez sur le gâteau.

Servez froid.

Gâteau aux poires

- 500 g de poires (ou 1 boîte de poires au sirop)
- 150 g de farine
- 2 œufs
- 75 g de sucre
- 1 demi-sachet de levure chimique
- 1 yaourt nature (ou 1 yaourt au soja)
- 5 noix de beurre amolli
- 1 petite pincée de sel

Préchauffez le four à 200 °C (th. 6/7).

Mélangez dans un saladier la farine et la levure, ajoutez le sucre, 2 jaunes d'œufs, le yaourt et le beurre amolli (*gardez-en un peu pour graisser le moule*). Malaxez bien le tout du bout des doigts jusqu'à obtention d'une pâte épaisse. Incorporez délicatement les 2 blancs d'œufs fouettés en neige ferme avec la pincée de sel.

Épluchez les poires, coupez-les en huit et ajoutez-les à la préparation (*ou égouttez les poires, coupez-les et réservez le jus pour une salade de fruits*). Versez le tout dans un moule à charlotte beurré et faites cuire 15 minutes au four.

Baissez la température à 160 °C (th. 5/6) et poursuivez la cuisson 15 minutes.

Laissez tiédir avant de démouler avec précaution. Servez tiède ou froid.

Gâteau de pommes de terre aux amandes

Pour huit personnes.

- 300 g de pommes de terre à chair ferme
- 120 g de beurre
- 3 œufs
- 170 g de sucre
- 120 g de poudre d'amandes
- le zeste d'1 citron
- 1 cuillerée à soupe de rhum
- 2 cuillerées à soupe de farine pour le moule
- 1 pincée de sel fin

Préchauffez le four à 150 °C (th. 5).

Lavez les pommes de terre. Faites-les cuire dans une casserole d'eau froide non salée 15 à 20 minutes à partir de l'ébullition.

Égouttez-les, épluchez-les (*à l'aide d'une fourchette ou de gants de cuisine pour ne pas vous brûler*), passez-les au moulin à légumes, grille fine, pour obtenir une purée.

Ajoutez les jaunes d'œufs, 100 g de beurre coupé en morceaux, la poudre d'amandes, 150 g de sucre, le zeste râpé du citron et le rhum. Mélangez l'ensemble pour obtenir une pâte onctueuse à laquelle vous incorporerez les blancs d'œufs fouettés en neige ferme avec la pincée de sel.

Beurrez un moule à charlotte avec le beurre restant, puis farinez-le légèrement.

Versez la préparation dans le moule.

Saupoudrez le dessus du gâteau avec les 20 g de sucre restants.

Enfournez pour 45 minutes. Vérifiez la cuisson avec une pointe de couteau qui doit ressortir sèche. Démoulez le gâteau sur une grille.

Servez froid avec une compote de fruits ou une crème anglaise (recette p. 325).

Variante : Simultanément à la purée de pommes de terre, préparez une purée de carottes ou de navets et montez le gâteau ainsi : une couche de purée de navets, une couche de pommes de terre, une couche de carottes et, pour finir, une couche de pommes de terre.

Gâteau soufflé aux pommes de terre

- 600 g de pommes de terre farineuses
- 60 g de beurre
- 1 verre de lait (20 cl)
- 4 œufs
- 4 cuillerées à soupe de sucre
- 1 demi-tasse de miettes de pain rassis
- quelques gouttes d'eau de fleur d'oranger
- 1 cuillerée à soupe de gros sel
- 1 pincée de sel fin

Épluchez et lavez les pommes de terre ; coupez-les en morceaux et mettez-les dans une casserole d'eau froide salée ; portez à ébullition, couvrez et laissez cuire une vingtaine de minutes ; égouttez.

Reversez-les dans la casserole avec 50 g de beurre (*gardez-en un peu pour beurrer le moule*), le sucre, l'eau de fleur d'oranger, et écrasez-les au moulin à légumes, grille fine, ou au pilon perforé ; remuez vigoureusement sur feu doux et incorporez un peu de lait chaud. Laissez refroidir la purée obtenue.

Préchauffez le four à 180 °C (th. 6).

Ajoutez les jaunes d'œufs, un par un, en remuant, puis incorporez les blancs fouettés en neige ferme avec la pincée de sel.

Beurrez un moule à soufflé, saupoudrez le fond et les parois de mie de pain émiettée ; à l'aide d'une cuillère, mettez la préparation dans le moule en ayant soin de verser toujours au milieu pour ne pas déranger la panure du tour.

Faites cuire 45 minutes au four.

Si vous le servez aussitôt, le gâteau monte comme un soufflé ; en refroidissant, il s'affaisse légèrement, prend l'apparence d'un gâteau et reste moelleux.

Gâteau de pommes de terre aux limes

Pour six personnes. La lime, qu'on appelle à tort « citron vert », est une autre variété d'agrume.

- 600 g de pommes de terre farineuses
- 2 limes
- 1 œuf
- 75 g de beurre + 1 noix pour graisser le moule
- 200 g de semoule de riz
- 200 g de sucre
- sucre glace
- 1 cuillerée à soupe de gros sel

Pelez les pommes de terre ; coupez-les en gros cubes. Mettez-les dans une casserole d'eau froide salée et laissez cuire 15 à 20 minutes à partir de l'ébullition. Égouttez.

Préchauffez le four à 150 °C (th. 5).

Passez les pommes de terre au moulin à légumes, grille fine.

Incorporez le beurre, la semoule, le sucre et l'œuf battu en omelette.

Lavez les limes, râpez les zestes et pressez le jus ; ajoutez-les à la préparation et amalgamez bien tous les ingrédients.

Beurrez un moule à tarte de 22 cm de diamètre, répartissez la préparation ; égalisez la surface avec la lame d'un couteau. Mettez au four 30 minutes.

Laissez refroidir, démoulez le gâteau et poudrez-le de sucre glace.

Servez avec une compote de framboises.

Variante : Ajoutez à la préparation un filet de liqueur de citron (Limoncello).

Gâteau soufflé au potiron

- 500 g de potiron
- 1 demi-litre de lait
- 40 g de beurre + 1 noix pour graisser le moule
- 4 œufs
- 60 g de sucre
- 2 cuillerées à soupe de fécule de pomme de terre ou de maïs
- 1 demi-verre d'eau (10 cl)
- 3 cuillerées à soupe de chapelure
- 1 pincée de sel

Épluchez le potiron, coupez la chair en petits morceaux ; faites-les fondre une dizaine de minutes dans une casserole avec 1 demi-verre d'eau. Égouttez dans une passoire fine dite chinois, en pressant sur le potiron pour exprimer toute l'eau.

Remettez le potiron dans la casserole sur feu moyen avec 40 g de beurre, le lait et le sucre. Aux premiers bouillons, ajoutez la fécule diluée dans 1 demi-verre d'eau ; la purée épaissit, remuez vigoureusement et laissez mijoter 30 minutes à découvert, en remuant de temps en temps et en ayant soin de ne pas laisser la purée attacher.

Beurrez un moule à soufflé et saupoudrez de chapelure le fond et les parois.

Préchauffez le four à 180 °C (th. 6).

Retirez la purée du feu, laissez tiédir, ajoutez les jaunes d'œufs, un par un, en remuant bien ; incorporez les blancs fouettés en neige ferme avec la pincée de sel. Versez la préparation dans le moule et faites cuire 45 minutes au four. Servez aussitôt.

Variante : Laissez refroidir, il perdra du volume et se présentera comme un gâteau moelleux que vous pourrez démouler.

Gratin de fruits

Avec des quetsches comme nous vous le proposons ici, mais leur saison est courte (fin août-début octobre). Vous pouvez suivre la recette avec d'autres fruits : pommes (émincées mais non pelées), abricots, reines-claudes, mirabelles, figues… – ou mélanger les fruits dépareillés qui vous restent. Avec ou sans pignons, avec ou sans chapelure, selon vos goûts et vos possibilités. Seul le temps de cuisson varie, il suffit d'ouvrir la porte du four pour vérifier la tenue des fruits.

- 600 à 800 g de quetsches
- quelques copeaux de beurre + 1 noix pour graisser le plat
- 3 cuillerées à soupe de sucre
- 2 cuillerées à soupe de pignons (facultatif)

Préchauffez le four à 180 °C (th. 6).
Beurrez un plat à gratin.
Passez les quetsches sous l'eau ; coupez-les en deux et dénoyautez-les ; rangez-les dans le plat (face bombée vers le haut) en les serrant bien et en les faisant se chevaucher légèrement (*elles vont réduire à la cuisson*) ; enfournez pour 15 minutes.
Saupoudrez les fruits de sucre, éparpillez les pignons en surface et quelques copeaux de beurre ; montez la température du four à 210 °C (th. 7) et laissez gratiner 5 à 10 minutes.
Servez chaud ou tiède.

Variante : Remplacez les pignons par 4 cuillerées de chapelure.

Macarons aux flocons d'avoine

Une recette toute simple dont on peut confier l'exécution aux enfants.

- 1 tasse de flocons d'avoine
- 1 tasse de sucre
- 1 œuf
- 1 noix de beurre
- 1 citron
- 1 pincée de cannelle en poudre (facultatif)

Préchauffez le four à 180/200 °C (th. 6/7).

Battez dans un bol le sucre et le jaune d'œuf jusqu'à ce que le mélange blanchisse. Ajoutez les flocons d'avoine, le zeste du citron râpé et la cannelle.

Fouettez le blanc en neige et incorporez-le délicatement à la pâte.

Étalez sur la plaque du four une feuille de papier sulfurisé bien beurrée, disposez la pâte en petits tas à l'aide de deux cuillères (*veillez à les espacer suffisamment pour qu'ils ne s'agglutinent pas lors de la cuisson*).

Mettez au four et laissez cuire 20 minutes (*vérifiez la cuisson et prolongez-la, si nécessaire*). Faites refroidir les macarons sur une grille.

Meringues

De nombreuses recettes comportent des jaunes d'œufs. Pensez à récupérer les blancs : rassis quelques jours au réfrigérateur dans une boîte hermétique, ils sont plus faciles à travailler. Il faut seulement prendre la précaution de les sortir une heure ou deux à l'avance pour les ramener à température ambiante.

- 3 blancs d'œufs
- 150 g de sucre
- 2 noisettes de beurre amolli
- 1 pincée de sel fin
- sucre glace

Préchauffez le four à 90 °C (th. 3).

Fouettez les blancs et le sel dans le bol du batteur électrique. Faites tourner pendant 1 minute à vitesse moyenne pour aérer les blancs. Puis commencez à ajouter le sucre, cuillerée après cuillerée, et augmentez la vitesse. (*Faites en sorte que, lorsque les blancs seront fermes, la quantité de sucre soit épuisée.*)

Recouvrez la plaque à pâtisserie d'une feuille de papier sulfurisé ; enduisez-la de beurre avec un pinceau.

Formez les meringues à l'aide d'une cuillère à soupe et donnez-leur la taille et la forme de votre choix – petites, rondes, plates, allongées – en laissant suffisamment d'espace entre elles pour leur permettre de gonfler.

Saupoudrez de sucre glace à travers une passoire fine et laissez cuire au four pendant 1 h 30. (*Les meringues doivent sécher plutôt que cuire et surtout ne pas prendre couleur.*) Four éteint et porte entrouverte, laissez-les reposer 30 minutes supplémentaires.

Les meringues se conservent quelques jours, à température ambiante et chaleur sèche, dans une boîte hermétique.

Mousse de yaourt aux amandes

- 4 yaourts nature ou 4 yaourts au soja
- 80 g de poudre d'amandes
- 1 cuillerée à soupe d'amandes effilées
- 2 cuillerées à soupe de sucre (ou de miel liquide)

Battez au fouet électrique les yaourts jusqu'à obtenir une consistance mousseuse. Ajoutez le sucre (*il faut battre jusqu'à ce qu'on ne perçoive plus le croquant des grains*) ou le miel liquide, et la poudre d'amandes, sans cesser de battre.

Versez la préparation dans 4 verres ou 4 coupelles individuelles, placez-les au réfrigérateur pendant 2 heures. Sortez-les au dernier moment et parsemez la surface d'amandes effilées préalablement dorées à la poêle sèche.

Variante : Pour un dessert plus consistant et plus riche, remplacez les yaourts par 50 cl de crème de soja avec les mêmes proportions de sucre (ou de miel) et d'amandes.

Mousse de yaourt aux pommes

- 4 yaourts nature (ou 4 yaourts au soja)
- 2 pommes fermes et acidulées
- 4 pincées de sucre

Sortez les yaourts du réfrigérateur (*ils doivent être très froids*) et battez-les au fouet électrique, comme vous le feriez pour monter des blancs d'œufs en neige.

Versez la mousse obtenue dans 4 verres à eau.

Épluchez rapidement les pommes, passez-les au mouli-julienne, grille fine, ou au robot, et coiffez les verres de yaourt d'un chapeau de pommes râpées (*cette préparation doit être faite à la dernière minute pour éviter que les pommes ne noircissent*) ; saupoudrez chaque verre d'une pincée de sucre et servez aussitôt.

Nouilles à la confiture

- 200 g de nouilles
- 25 cl de crème fraîche
- 1 demi-pot de confiture de framboises (ou fraises, abricots, coings, mirabelles, figues...)

Faites cuire les nouilles dans un litre et demi d'eau bouillante non salée (*cuisez-les un peu trop pour qu'elles soient bien molles*). Égouttez-les et versez-les dans un compotier.

Ajoutez la crème fraîche et la confiture ; remuez bien jusqu'à obtenir l'aspect d'une crème.

Servez froid ou tiède.

Nouilles aux pommes

- 200 g de nouilles
- 4 pommes fermes, croquantes et acidulées
- 1 noix de beurre + quelques copeaux
- 1 sachet de sucre vanillé
- 1 verre de vin blanc doux
- 3 cuillerées à soupe de sucre
- 2 cuillerées à soupe de chapelure

Faites cuire les nouilles dans 2 litres d'eau bouillante non salée ; égouttez-les dans une passoire, séchez-les dans un torchon propre ; versez-les dans un saladier et arrosez-les de vin blanc tiédi.

Pendant la cuisson des nouilles, épluchez les pommes, coupez-les rapidement en morceaux et faites-les compoter avec un peu d'eau dans une casserole sur feu doux ; ajoutez le sucre vanillé, passez la préparation au moulin à légumes, grille fine, ou au mixeur.

Préchauffez le four à 220 °C (th. 7/8).

Beurrez un plat à gratin, disposez une couche de nouilles, superposez une couche de compote et renouvelez l'opération jusqu'à épuisement des ingrédients.

Saupoudrez la surface de sucre et de chapelure, et parsemez quelques copeaux de beurre avant de faire gratiner et caraméliser dans le four bien chaud.

Œufs au lait

Pour six personnes.

- 7 œufs
- 1 litre de lait
- 100 g de sucre
- 1 demi-gousse de vanille (ou 1 sachet de sucre vanillé)

Versez le lait dans une casserole, ajoutez la demi-gousse de vanille fendue et bien grattée pour détacher les petits grains qui sont à l'intérieur. Portez à ébullition. Retirez la casserole du feu ; couvrez et laissez infuser 10 minutes.

Préchauffez le four à 180/200 °C (th. 6/7).

Cassez les œufs dans un saladier ; ajoutez le sucre ; battez au fouet électrique ou à la fourchette pour obtenir un mélange homogène. Retirez la gousse du lait (*les petits grains, très aromatiques, se seront répandus dans le liquide*). Versez le lait sur le mélange œufs/sucre. Remuez. Versez dans un plat à gratin. Faites cuire au bain-marie 30 minutes au four. *Pour vérifier la bonne cuisson, plantez la lame d'un couteau au cœur des œufs au lait : si elle ressort propre, ils sont cuits.*

Laissez refroidir avant de servir.

Œufs à la neige

Pour utiliser des blancs d'œufs inemployés.

- 4 blancs d'œufs
- 50 g de beurre
- 130 g de sucre glace
- 3 cuillerées à soupe de sucre
- 1 pincée de sel fin

Préchauffez le four à 140 °C (th. 4/5).

Faites fondre le beurre ; à l'aide d'un pinceau, enduisez-en un moule à charlotte ou à savarin.

Saupoudrez de sucre, si possible avec une saupoudreuse, afin de bien répartir le sucre sur le fond et les parois. Mettez le moule au réfrigérateur pour que le beurre se fige.

Battez au fouet électrique les blancs et le sel pendant 1 minute à vitesse moyenne pour aérer les blancs ; ajoutez 1 cuillerée à soupe de sucre glace ; augmentez la vitesse. Lorsque les blancs sont fermes, complétez doucement avec le sucre glace restant en continuant de tourner. Les blancs montés doivent avoir l'apparence d'une meringue.

Remplissez le moule (*les blancs peuvent dépasser*).

Placez le moule sur la lèchefrite ; versez quelques verres d'eau chaude pour une cuisson au bain-marie.

Enfournez à mi-hauteur pour 25 minutes.

Laissez refroidir. Réservez au réfrigérateur. Démoulez au dernier moment

Variantes :

- Après le démoulage, nappez les blancs de caramel blond.

- Démoulez dans un plat creux ; entourez de crème anglaise (recette p. 325) ; vous obtiendrez une Île flottante.

Omelette au chocolat

Deux omelettes qui se présentent comme des crêpes épaisses et molles, fourrées de crème au chocolat : un dessert à servir chaud ou tiède.

- 8 œufs
- 2 cuillerées à café d'huile
- 1 noix de beurre

pour la crème au chocolat :
- 2 jaunes d'œufs
- 3 cuillerées de sucre
- 3 cuillerées de lait en poudre
- 100 g de chocolat noir à cuire

Râpez le chocolat ou coupez-le en morceaux et faites-le fondre sur feu doux dans une petite casserole avec 2 cuillerées à soupe d'eau en remuant avec une cuillère en bois.

Fouettez les 2 jaunes d'œufs et les 3 cuillerées à soupe de sucre jusqu'à ce que le mélange blanchisse ; incorporez le lait en poudre délayé dans 1 cuillerée d'eau ; versez la préparation dans la casserole de chocolat fondu. Installez cette casserole dans une casserole plus grande, remplie aux trois quarts d'eau chaude, et faites cuire la préparation au bain-marie sur feu moyen (*l'eau du bain-marie ne doit en aucun cas bouillir*). Remuez sans cesse jusqu'à ce que la crème au chocolat soit épaissie et bien homogène ; réservez hors du feu.

Préparez rapidement les 2 omelettes en vous reportant à la recette Omelette légère (p. 46), mais sans ajout de sel ni de poivre et sans les replier.

Tartinez la première omelette avec la crème au chocolat, recouvrez avec la seconde omelette et servez aussitôt.

Omelette gâteau

Pas vraiment une omelette, pas tout à fait un gâteau : un dessert vite fait.

- 3 œufs
- 60 g de farine
- 60 g de sucre
- 2 à 3 cuillerées à soupe de chapelure
- 1 noix de beurre pour graisser le moule
- 1 pincée de sel
- confiture au choix

Dans un saladier, battez au fouet les jaunes d'œufs avec le sucre et le sel jusqu'à ce que le mélange blanchisse et devienne mousseux ; ajoutez la farine, petit à petit, sans cesser de battre.

Préchauffez le four à 150 °C (th. 5).

Fouettez les blancs d'œufs en neige ferme avec la pincée de sel et incorporez-les délicatement à la pâte.

Graissez un plat à gratin avec le beurre (ou tout autre corps gras, à votre convenance) ; saupoudrez de chapelure le fond du plat ; versez la pâte et faites cuire 30 minutes dans le four.

Servez l'omelette tiède, nappée de confiture (fruits rouges, mirabelles, abricots…).

Pain perdu à la confiture

Pour utiliser un reste de baguette.

- 16 tranches de pain rassis de 1,5 cm d'épaisseur
- 1 verre de lait (20 cl)
- 6 cuillerées à soupe de sucre
- 1 sachet de sucre vanillé
- 2 œufs
- 2 noix de beurre
- confiture ou gelée au choix (fraise, abricot, groseille, coing)
- 1 pincée de sel

Versez le lait tiédi dans un saladier, ajoutez 4 cuillerées à soupe de sucre et le sucre vanillé, laissez fondre pendant une dizaine de minutes en remuant.

Rangez les tranches de pain dans un plat creux, mouillez-les avec le lait sucré, retournez-les pour bien les imbiber ; laissez égoutter sur une grille pendant 15 minutes.

Dans une assiette creuse, battez les œufs en omelette avec la pincée de sel et 2 cuillerées de sucre.

Chauffez 1 noix de beurre dans une poêle sur feu doux. Trempez 8 tranches de pain dans les œufs battus, déposez-les dans le beurre chaud, laissez-les dorer, retournez-les et faites dorer l'autre face. Égouttez-les dans un papier absorbant, rangez-les dans un plat tenu au chaud à four doux 50 °C (th. 1/2).

Mettez le restant de beurre dans la poêle et renouvelez l'opération.

Posez une cuillerée à café de confiture ou de gelée sur chaque tranche et servez aussitôt.

Petits pots de crème à la carotte

Pour six personnes. Un dessert tout à fait inattendu, simplissime, qui fera beaucoup d'effet si vous le présentez dans de petits verres, ou des coupelles transparentes.

- 500 g de carottes
- 100 g de sucre
- 1 zeste d'orange
- 3 cuillerées à soupe de crème fraîche épaisse

Épluchez et lavez les carottes, coupez-les en rondelles et faites-les cuire dans de l'eau (*non salée*) une vingtaine de minutes jusqu'à ce qu'elles soient parfaitement tendres ; égouttez-les et passez-les au mixeur avec le sucre et le zeste d'orange coupé en petits morceaux ; ajoutez la crème, mixez encore quelques instants pour obtenir une sorte de mousse.

Versez la crème de carotte dans des petits verres, couvrez de film alimentaire et placez au réfrigérateur jusqu'au moment de servir.

Variante : On peut remplacer la crème par du fromage blanc lisse ou par de la crème de soja, et le zeste d'orange par un filet de jus de citron.

Petits pots de crème au chocolat

- 1 demi-litre de lait
- 1 œuf entier + 2 jaunes
- 100 g de sucre
- 3 cuillerées à soupe de cacao en poudre non sucré
- 1 cuillerée à soupe de farine

Dans une casserole, portez le lait à ébullition, ajoutez le cacao en poudre (*pour vous faciliter la tâche, commencez par le diluer soigneusement dans une tasse avec quelques cuillerées de lait chaud avant de le reverser dans la casserole de lait*). Mélangez bien et couvrez.

Fouettez les jaunes d'œufs et l'œuf entier avec le sucre jusqu'à ce que le mélange devienne mousseux ; ajoutez la farine en continuant de fouetter puis, petit à petit, le lait cacaoté.

Reversez le tout dans la casserole sur feu moyen et portez à ébullition sans cesser de remuer : la crème épaissit après 2 ou 3 bouillons. Passez la préparation au mixeur pour lui donner une texture mousseuse.

Transvasez dans 4 coupelles individuelles (ou 4 petits verres) et laissez refroidir avant de servir.

Petits pots de crème au chocolat au lait de soja

- 1 demi-litre de lait de soja
- 150 g de chocolat noir dessert
- 60 g de sucre
- 1 sachet de sucre vanillé
- 3 cuillerées à soupe rases de fécule de pomme de terre ou de maïs
- 1 œuf entier + 1 jaune

Cassez le chocolat en morceaux et faites-le fondre dans une casserole à feu doux avec un peu d'eau.

Battez l'œuf entier et le jaune avec le sucre et le sucre vanillé au fouet électrique jusqu'à ce que le mélange blanchisse ; ajoutez, en continuant de fouetter, la fécule, le chocolat fondu et le lait de soja.

Versez la préparation dans la casserole du chocolat (*inutile de la rincer*) et laissez cuire à feu doux jusqu'à épaississement (*la crème doit napper la cuillère mais en aucun cas bouillir*).

Une fois refroidie, passez la crème au mixeur quelques instants pour lui donner une texture mousseuse et versez-la dans des verres ou des coupelles individuelles que vous placerez au réfrigérateur avant de servir.

Variante : Parsemez la surface des petits pots de zestes d'orange ou de citron confits (recette p. 344).

Plum-pudding à la minute

Quand on n'a pas assez de temps pour préparer le véritable plum-pudding anglais, voici un substitut honorable.

- 150 g de mie de pain rassis
- 75 cl de lait
- 6 jaunes d'œufs
- 60 g de sucre
- 60 g de raisins secs
- 50 g de zestes d'orange et de citron confits (recette p. 344)
- 1 noix de beurre pour graisser le moule
- 4 cuillerées à soupe de chapelure
- 1 demi-verre de rhum (facultatif)

Préchauffez le four à 180/200 °C (th. 6/7).

Faites chauffer le lait dans une casserole à fond épais, ajoutez la mie de pain émiettée et remuez sur feu doux jusqu'à obtention d'une pâte épaisse. Incorporez le sucre et les jaunes d'œufs, un par un, sans cesser de remuer. Ajoutez les raisins secs et les zestes confits coupés menu.

Beurrez un moule à cake, saupoudrez de chapelure en remuant le moule pour recouvrir le fond et les parois.

Versez la préparation dans le moule et faites cuire 1 heure au four.

Démoulez le plum-pudding, arrosez-le de rhum et faites flamber.

Pommes au four

Quatre ou cinq jours avant de réaliser cette recette, faites sécher 1 zeste de citron.

- 4 pommes (reinettes ou boskoop)
- 6 cuillerées à soupe de sucre
- 1 clou de girofle
- 1 zeste de citron séché
- 2 cuillerées à café de cannelle en poudre
- 1 cuillerée à café de gingembre en poudre
- 4 noisettes de beurre
- 4 morceaux de sucre
- 4 cuillerées à soupe de gelée de groseille
- 50 cl de thé

Hachez finement le zeste de citron séché ; mélangez-le dans un saladier avec le sucre, la cannelle, le gingembre et le clou de girofle réduit en poudre.

Préchauffez le four à 170 °C (th. 5/6).

Préparez le thé et laissez refroidir.

Pelez les pommes, retirez le cœur. Enfoncez par le haut un morceau de sucre.

Roulez abondamment les pommes dans le mélange sucre, citron et épices ; disposez-les dans un plat allant au four.

Sur chaque pomme, ajoutez une noisette de beurre et une cuillerée à soupe de gelée de groseille. Versez le thé au fond du plat. Faites cuire au four une trentaine de minutes.

Pudding à la banane et au lait

- 200 g de pain rassis (baguette, pain de mie ou de campagne)
- 3 bananes
- 1 demi-litre de lait ou de lait de soja
- 3 œufs
- 1 noix de beurre pour graisser le plat
- 100 g de sucre
- 1 sachet de sucre vanillé
- 60 g d'amandes en poudre

Préchauffez le four à 180 °C (th. 6).

Coupez le pain en morceaux et mettez-le à tremper dans le lait bien chaud (*le pain doit absorber tout le lait*). Passez la préparation au mixeur avec les bananes pelées et coupées en morceaux, le sucre, le sucre vanillé, la poudre d'amandes et les œufs entiers.

Versez le tout dans un plat à gratin beurré et laissez cuire 45 minutes au four.

Servez tiède ou froid.

Variante : On peut parfumer le pudding avec une cuillerée à café de cannelle en poudre.

Pudding au pain I

- 100 g de tartines de pain rassis, beurrées et coupées en petits morceaux
- 80 g de raisins secs
- 80 g de sucre
- 1 noix de beurre pour graisser le plat
- 1 demi-litre de lait
- 2 œufs

Préchauffez le four à 200 °C (th. 6/7).

Beurrez généreusement le fond d'un plat à gratin, remplissez-le de couches alternées de tartines beurrées et coupées en morceaux et de raisins secs.

Battez les œufs en omelette, ajoutez le lait chaud, le sucre, mélangez bien et versez la préparation sur le pain.

Attendez que le pain soit bien imbibé, mettez le plat au four et laissez cuire 30 minutes. Servez chaud ou tiède.

Pudding au pain II

Une version plus fine (plus coûteuse aussi). Les proportions sont importantes et peuvent convenir à deux repas. À défaut de mie de pain, les restes de baguette ou de pain de campagne bien croûtés conviennent, mais il faudra les faire tremper dans de l'eau chaude, les égoutter et les presser entre les mains avant de les utiliser. Si vous disposez d'un mixeur ou d'un robot, c'est l'occasion de l'utiliser pour battre la pâte. Sinon un fouet à main fera l'affaire.

- 100 g de mie de pain émiettée
- 100 g de sucre
- 100 g de beurre amolli
- 25 cl de lait
- 3 œufs
- 1 demi-pot de confiture d'abricots ou de fraises

Préchauffez le four à 200 °C (th. 6/7).

Étalez une épaisse couche de confiture dans le fond d'un plat à four.

Chauffez le lait dans une casserole sur feu doux ; ajoutez le sucre, le beurre amolli, les miettes de pain ; remuez vigoureusement avec une cuillère en bois jusqu'à obtenir une pâte homogène.

Ajoutez alors les trois œufs battus en omelette, mélangez bien et versez la préparation sur la confiture. Enfournez pour 45 minutes.

Servez chaud, tiède ou froid.

Pudding aux pommes I

Une bonne recette d'hiver qui permet, elle aussi, d'utiliser les restes de pain.

- 4 pommes
- 250 g de restes de pain rassis
- 100 g de sucre
- 80 g de beurre coupé en morceaux
- 3 cuillerées à soupe de chapelure
- confiture d'abricots

Préchauffez le four à 180 °C (th. 6).

Beurrez un moule à charlotte. Saupoudrez le fond et les parois de chapelure et de sucre en remuant pour bien enrober le moule.

Déposez au fond du moule une couche de pommes émincées puis une couche de miettes de pain rassis, quelques noisettes de beurre et 1 cuillerée à soupe de sucre.

Remplissez le moule en alternant les couches de fruits et de pain et les copeaux de beurre. Terminez par une couche de pain.

Mettez au four 1 heure.

Démoulez et servez tiède, nature ou avec de la confiture d'abricots délayée dans un peu d'eau.

Pudding aux pommes II

Un bon dessert de famille qu'on sert chaud, tiède ou froid.

- 4 pommes fermes et acidulées
- 1 verre de lait (20 cl)
- 2 jaunes d'œufs
- 4 cuillerées à soupe de farine
- quelques copeaux de beurre + 1 noix pour graisser le plat
- 5 cuillerées à soupe de sucre

Dans un bol, délayez la farine, le lait et les jaunes d'œufs en remuant vivement avec un fouet jusqu'à obtention d'un liquide pâteux.

Préchauffez le four à 180 °C (th. 6).

Épluchez les pommes ; coupez-les en tranches fines.

Beurrez un plat à four de dimensions modestes ; rangez les tranches de pommes en intercalant entre chaque couche 1 cuillerée à soupe de sucre.

Versez sur les pommes le contenu du bol, ajoutez en surface quelques copeaux de beurre. Enfournez pour 50 minutes, vérifiez la tendreté des pommes et prolongez la cuisson si nécessaire. Saupoudrez de sucre, montez le four à 200 °C (th. 7) et faites légèrement caraméliser la surface du gâteau.

Servez tiède ou froid.

Pudding de riz

- 200 g de riz rond
- 4 bananes
- 4 cuillerées à soupe de confiture d'oranges amères
- 6 cuillerées à soupe de fécule de pomme de terre ou de maïs
- 8 cuillerées à soupe de lait en poudre
- 5 cuillerées à soupe de sucre
- 1 sachet de sucre vanillé
- 1 jaune d'œuf
- 1 verre de vin blanc (20 cl)
- 1 verre d'eau (20 cl)
- 1 pincée de sel

Jetez le riz dans une casserole d'eau bouillante avec la pincée de sel. À la reprise de l'ébullition, laissez cuire 18 minutes à frémissement. Laissez gonfler le riz 5 minutes, versez-le dans une passoire, rincez-le sous l'eau froide et égouttez-le (*égrenez-le doucement avec une fourchette et surtout veillez à ne pas le tasser*).

Portez à ébullition le vin dans une casserole, faites-le flamber quelques instants ; ajoutez l'eau ; laissez refroidir.

Versez dans un bol la fécule, le lait en poudre, le sucre et le sucre vanillé. Délayez avec le mélange vin/eau. Reversez la préparation dans la casserole, mettez-la sur feu doux en remuant avec une cuillère en bois ; remuez sans cesse jusqu'aux premiers bouillons : la crème va épaissir. Hors du feu, incorporez le jaune d'œuf ; laissez tiédir la crème en remuant à plusieurs reprises pour éviter qu'elle ne croûte.

Réservez un tiers de cette crème dans un bol.

Mélangez les deux tiers restants avec les bananes pelées et coupées en rondelles et la confiture d'oranges amères.

Prenez un moule à charlotte à revêtement antiadhésif. Remplissez-le en déposant une couche de riz, une couche de crème banane/confiture, une deuxième couche de riz, une couche de crème banane/confiture, et terminez par une couche de riz. Placez le moule au réfrigérateur 2 à 3 heures.

Démoulez au dernier moment, nappez avec la crème réservée dans le bol et servez bien frais.

Riz au lait I

Du riz rond. Pas de riz long, et surtout pas de riz traité ou précuit.

- 200 g de riz rond
- 1 verre de lait (20 cl)
- 9 cuillerées à soupe de sucre
- 1 sachet de sucre vanillé
- 1 jaune d'œuf
- crème chantilly du commerce
- 1 cuillerée à café de cannelle en poudre (facultatif)

Versez le riz dans une casserole, couvrez d'eau froide, portez à ébullition, égouttez aux premiers bouillons. Remettez le riz dans la casserole, ajoutez le lait bouillant, le sucre et le sucre vanillé, la cannelle. Laissez cuire 20 minutes à feu doux en remuant souvent.

Hors du feu, incorporez le jaune d'œuf, mélangez bien, couvrez et laissez refroidir (*il est préférable de couvrir le riz pour éviter la formation d'une croûte en surface*). Incorporez la crème chantilly avant de servir.

Riz au lait II

On peut oublier le plat au four ; trop cuit, le riz au lait n'en sera que meilleur, il prendra saveur et couleur de « dulce de leche ».

- 70 cl de lait
- 3 cuillerées à soupe de riz rond
- 3 cuillerées à soupe de sucre
- quelques copeaux de beurre
- 1 gousse de vanille (ou 1 sachet de sucre vanillé)

Préchauffez le four à 150 °C (th. 5).

Déposez le riz (*sans le laver*) dans un plat à gratin ; saupoudrez de sucre ; ajoutez le lait et la gousse de vanille fendue et bien grattée (*ou le sucre vanillé*). Parsemez de quelques copeaux de beurre.

Mettez au four et laissez cuire pendant 2 heures. La surface du lait forme une pellicule blonde ou caramel clair ; vérifiez et, si elle venait à foncer, couvrez le plat d'une feuille de papier d'aluminium.

Servez tiède ou froid.

Salade d'oranges à la grenadine

- 4 oranges non traitées à peau fine et sans pépins
- 150 g + 2 cuillerées à soupe de sucre

- 2 verres d'eau (40 cl)
- 3 cuillerées à soupe de grenadine

À l'aide d'un économe, prélevez en rubans la peau d'une orange ; coupez chaque ruban en fins filaments. Mettez-les dans une casserole, recouvrez d'eau froide : portez à ébullition ; rincez à l'eau fraîche dans une passoire.

Reversez les zestes dans la casserole, ajoutez les 2 cuillerées à soupe de sucre, 1 demi-verre d'eau, et laissez confire 15 minutes à petit feu. Réservez.

Pelez les oranges à vif. Coupez chaque fruit en 6 belles tranches, rangez-les côte à côte dans un plat.

Dans une casserole, portez lentement à ébullition l'eau et le sucre restants, et la grenadine. Maintenez 3 minutes de bouillottement, puis versez le sirop brûlant sur les fruits.

Répartissez les zestes confits, laissez refroidir, couvrez et mettez au réfrigérateur 1 heure ou 2.

Semoule de blé au lait de soja

- 100 g de semoule de blé fine
- 1 demi-litre de lait de soja
- 1 zeste de citron haché
- 5 cuillerées à soupe de miel liquide
- 4 pincées de cannelle en poudre

Chauffez le lait de soja dans une casserole à jupe haute ; aux premiers bouillons, versez la semoule en pluie en remuant avec une cuillère en bois. Quand la semoule a épaissi, incorporez le miel et le zeste de citron haché.

Reversez aussitôt dans des verres ou des coupelles individuelles, saupoudrez de cannelle et tenez au frais jusqu'au moment de servir.

Semoule de blé aux pommes

Si vous manquez de lait, utilisez le même volume d'eau bouillante additionnée d'une pincée de sel et d'une cuillerée à soupe de sucre.

- 4 cuillerées à soupe de semoule de blé (moyenne)
- 2 verres de lait (40 cl)
- 1 œuf
- 4 cuillerées à soupe de sucre
- 1 noix de beurre pour graisser le moule

pour la compote :
- 3 belles pommes fermes, croquantes et acidulées
- 3 cuillerées à soupe de sucre + 1 sachet de sucre vanillé

Épluchez les pommes ; coupez-les en petits morceaux et faites-les compoter dans un fond d'eau ; ajoutez le sucre et le sucre vanillé ; réservez.

Dans une casserole, portez à ébullition le lait avec les 4 cuillerées à soupe de sucre. Versez en pluie la semoule et remuez avec une cuillère en bois. Laissez bouillotter 10 minutes à feu doux en remuant de temps à autre.

Préchauffez le four à 160 °C (th. 5/6).

Hors du feu, laissez tiédir la semoule ; ajoutez 1 jaune d'œuf et la compote de pommes, mélangez bien.

Fouettez le blanc d'œuf en neige ferme et incorporez-le délicatement.

Reversez le tout dans un plat creux beurré et enfournez pour 10 à 15 minutes. Servez chaud.

Semoule de riz aux raisins secs

- 100 g de semoule de riz
- 2 verres de lait (40 cl)
- 50 g de sucre
- 1 sachet de sucre vanillé
- 3 cuillerées à soupe de raisins secs
- 2 cuillerées à soupe de rhum (ou d'eau-de-vie de fruit)

Dans un bol, faites macérer les raisins secs avec le rhum.

Dans une casserole, portez à ébullition le lait avec le sucre et le sucre vanillé. Versez en pluie la semoule et remuez avec une cuillère en bois. Laissez bouillotter 10 minutes à feu doux en remuant de temps à autre. Après 5 minutes de cuisson, ajouter les raisins secs et le rhum.

Choisissez un grand bol (*ou un petit saladier, ou 4 ramequins*) ; passez l'intérieur sous l'eau fraîche et retournez pour éliminer l'eau (*surtout n'essuyez pas*).

Remplissez avec la semoule aux raisins. Laissez refroidir avant de démouler en retournant sur le plat de service (*ou sur 4 petites assiettes si vous avez choisi les ramequins*).

Soufflé aux carottes

Servi à la sortie du four, c'est indiscutablement un soufflé. Si vous le laissez refroidir, il s'affaissera légèrement, prendra l'apparence d'un pudding et sera tout aussi délicieux. Difficile de reconnaître le parfum de la carotte, on pense plutôt à un fruit tropical.

- 4 carottes (300 g environ)
- 60 g + 2 cuillerées à café de sucre
- 1 cuillerée à soupe rase de farine
- 1 noix de beurre + 1 autre pour graisser le plat
- 5 œufs
- 1 pincée de sel fin

Épluchez et lavez les carottes, coupez-les en rondelles et faites-les suer dans une casserole sur feu très doux avec 1 noix de beurre. (*En hiver, il est bon de les cuire à l'eau salée pendant 7 à 8 minutes et de les égoutter avant de les faire revenir dans le beurre.*) Ajoutez les 2 cuillerées à café de sucre, couvrez et laissez cuire 20 bonnes minutes sur feu très doux (*vérifiez leur tendreté et prolongez la cuisson, si nécessaire*). Puis saupoudrez de farine, mélangez pour bien les enrober, laissez le jus de cuisson épaissir. Réservez.

Préchauffez le four à 150 °C (th. 5).

Passez les carottes au mixeur ou au moulin à légumes, grille fine.

Incorporez à la purée ainsi obtenue les jaunes d'œufs, un par un, les 60 g de sucre puis les blancs fouettés en neige ferme avec la pincée de sel. Versez le tout dans un plat creux beurré. Mettez le plat au four 20 minutes.

Saupoudrez le soufflé avec un peu de sucre et remettez-le au four pour 5 minutes supplémentaires.

Servez aussitôt ou laissez refroidir, à votre convenance.

Variante : Suivez la recette en remplaçant les carottes par du potiron.

Tapioca au lait

Ce grand classique de la cuisine familiale du siècle dernier peut se préparer à l'avance.

- 1 demi-litre de lait
- 3 cuillerées à soupe de tapioca
- 2 jaunes d'œufs
- 50 g de crème fraîche
- 1 demi-gousse de vanille (ou 1 sachet de sucre vanillé)
- 90 g de sucre

Dans une casserole, versez le lait, ajoutez le sucre et la demi-gousse de vanille fendue et grattée (*ou le sucre vanillé*) ; portez à ébullition et remuez à l'aide d'un fouet.

Hors du feu, couvrez et laissez infuser 7 ou 8 minutes.

Remettez la casserole sur le feu ; à la reprise de l'ébullition, jetez le tapioca petit à petit et d'un peu haut pour qu'il retombe en pluie (*sinon, il s'agglomère en pelotons*), sans cesser de remuer ; laissez cuire 10 minutes en remuant toujours au fouet, jusqu'à ce qu'il devienne transparent.

Battez les jaunes d'œufs avec la crème fraîche ; versez dans la casserole contenant le tapioca, mélangez et comptez 1 minute d'ébullition.

Transvasez dans un plat creux et laissez refroidir.

Tarte aux amandes et au tofu

- 1 rouleau de pâte brisée du commerce (ou voir recette p. 334)
- 80 g de poudre d'amandes
- 260 g de tofu
- 80 g de sucre
- le jus d'un demi-citron
- 2 cuillerées à soupe d'huile
- 1 pincée de sel

Préchauffez le four à 180 °C (th. 6).

Installez la pâte avec son papier sulfurisé dans un moule à tarte.

Passez au mixeur tous les ingrédients jusqu'à obtention d'une crème lisse et homogène. Versez-la dans le moule ; faites cuire 25 minutes au four. Démoulez, débarrassez le papier et laissez refroidir la tarte sur une grille.

Variante : Une fois la tarte refroidie, couvrez-la d'amandes effilées préalablement dorées à la poêle sèche.

Tarte à la bière

- 1 rouleau de pâte brisée du commerce (ou voir recette p. 334)
- 2 œufs
- 160 g de sucre
- 10 cl de bière blonde
- 1 noisette de beurre (pour graisser le moule)

Préchauffez le four à 160 °C (th. 5/6).

Déposez la pâte dans un moule à tarte beurré, relevez bien les bords, piquez le fond avec une fourchette, recouvrez de papier sulfurisé et de légumes secs (*haricots ou lentilles*). Mettez au four 15 minutes.

Dans un saladier, battez les œufs avec le sucre jusqu'à ce que le mélange blanchisse, puis ajoutez la bière ; mélangez bien.

Débarrassez le fond de tarte des légumes secs et du papier sulfurisé. Versez le mélange œufs/sucre/bière. Enfournez pour 40 minutes.

Laissez tiédir avant de servir.

RECETTES DE BASE

Ailloli

Pour un bol de sauce. L'ailloli peut se conserver sans inconvénient au réfrigérateur dans un récipient hermétiquement clos. Remuez-le à la fourchette avant de servir pour lui rendre sa consistance et son homogénéité.

- 4 grosses gousses d'ail
- 1 jaune d'œuf
- 7 cuillerées à soupe d'huile (d'olive de préférence)
- 3 à 4 filets d'anchois
- 1 cuillerée à soupe de câpres
- sel, poivre

Sortez l'œuf du réfrigérateur 2 heures à l'avance (*il doit être, comme l'huile, à température ambiante*).

Épluchez les gousses d'ail, fendez-les en deux, retirez le germe. Broyez-les finement au mortier (*ou au mixeur*) avec les anchois, les câpres égouttées et le jaune d'œuf ; salez, poivrez ; montez l'ailloli au fouet (*à main ou électrique*) avec l'huile versée en filet comme vous le feriez pour une mayonnaise. Couvrez d'un film alimentaire et réservez au frais jusqu'à l'emploi.

Béchamel économique

La béchamel peut être préparée à l'avance et réservée dans le réfrigérateur jusqu'à l'emploi.

- 25 g de farine
- 25 g de beurre
- 50 cl de lait
- 1 pincée de noix de muscade râpée (ou en poudre)
- sel, poivre

Dans une petite casserole sur feu doux, faites chauffer le beurre sans le laisser prendre couleur ; ajoutez la farine et remuez vigoureusement avec une cuillère en bois.

Quand le mélange devient mousseux et fait des bulles, ajoutez, hors du feu et d'un seul coup, le lait froid (*impératif, sinon vous obtiendriez des grumeaux*) en continuant de remuer ; remettez la casserole sur le feu et laissez cuire quelques instants à petits bouillons jusqu'à ce que la sauce épaississe, sans cesser de remuer. Ajoutez la muscade, 1 pincée de sel fin, un peu de poivre.

Pour une béchamel plus riche et plus fluide, ajoutez au dernier moment 2 cuillerées à soupe de crème fraîche ; pour une béchamel au fromage, ajoutez 50 g de gruyère râpé ; pour une béchamel tomatée, ajoutez 2 cuillerées à soupe de concentré de tomates ou remplacez le concentré de tomates par une giclée de ketchup.

Béchamel express

La béchamel peut être préparée à l'avance et réservée dans le réfrigérateur jusqu'à l'emploi.

- 1 demi-litre de lait
- 3 jaunes d'œufs + 1 œuf entier
- 50 g de beurre
- 1 cuillerée à soupe de crème
- 50 g de farine
- 1 pincée de noix de muscade râpée (ou en poudre)
- sel, poivre

Mettez dans une casserole le lait, les jaunes d'œufs, le beurre, la farine, la muscade ; chauffez sur feu moyen, sans cesser de remuer à l'aide d'un fouet jusqu'à ébullition ; rectifiez l'assaisonnement.

Enrichissez la préparation avec la crème et l'œuf entier mélangés.

Chapelure maison

Broyez au mixeur des biscottes ou des rondelles de pain très rassises, ou des restes de pain grillé ; cette chapelure maison se conserve dans une boîte hermétique. Notez que la chapelure mélangée à une quantité égale de fromage râpé apporte, sur un gratin, un croustillant inégalable.

Coulis de tomates (1)

- 350 g de tomates
- 50 g d'oignons blancs
- 2 gousses d'ail
- 1 bouquet garni (1 brin de thym, 1 feuille de laurier, quelques tiges de persil)
- 1 verre d'eau ou de bouillon de volaille du commerce (20 cl)
- 1 cuillerée à soupe d'huile (d'olive de préférence)
- 1 cuillerée à café de sucre
- sel, poivre

Chauffez l'huile dans une casserole ; ajoutez les oignons épluchés et hachés, les gousses d'ail non épluchées, légèrement écrasées ; laissez suer à couvert 5 minutes ; ajoutez les tomates coupées en petits morceaux, le bouquet garni, l'eau ou le bouillon de volaille, le sucre ; salez, poivrez.

Laissez bouillotter un bon quart d'heure, à demi-couvert, sur feu moyen, en remuant de temps en temps.

Retirez le bouquet garni et l'ail ; passez la préparation au mixeur (*si elle est trop liquide, faites-la réduire sur feu doux jusqu'à obtenir la consistance désirée*). Servez froid ou chaud.

Coulis de tomates (2)

- 1 boîte de tomates pelées en conserve
- 50 g d'oignons blancs
- 2 gousses d'ail
- 1 bouquet garni (1 brin de thym, 1 feuille de laurier, quelques tiges de persil)
- 1 verre d'eau ou de bouillon de volaille du commerce (20 cl)
- 1 cuillerée à soupe d'huile (d'olive de préférence)
- 1 cuillerée à café de sucre
- sel, poivre

Chauffez l'huile dans une casserole ; ajoutez les oignons épluchés et hachés, les gousses d'ail non épluchées, légèrement écrasées ; couvrez et laissez suer 5 minutes ; ajoutez le bouquet garni, l'eau ou le bouillon de volaille, le sucre ; salez, poivrez.

Laissez bouillotter un quart d'heure, à demi-couvert, sur feu moyen, en remuant de temps en temps. Ajoutez les tomates bien égouttées, et maintenez sur le feu 8 à 10 minutes.

Retirez le bouquet garni et l'ail ; passez la préparation au mixeur (*si elle est trop liquide, faites-la réduire sur feu doux jusqu'à obtenir la consistance désirée*). Servez froid ou chaud.

Coulis de tomates (3)

- 3 cuillerées à soupe de concentré de tomates en conserve
- 1 pincée de sucre
- 1 cuillerée à soupe d'huile
- 1 demi-verre d'eau (10 cl)

Délayez le concentré de tomates dans l'eau, ajoutez la pincée de sucre et la cuillerée à soupe d'huile ; mélangez bien.

Crème anglaise

Pour six personnes.

- 7 jaunes d'œufs
- 1 litre de lait
- 5 cuillerées à soupe de sucre
- 1 sachet de sucre vanillé
- 1 cuillerée à café rase de fécule de pomme de terre ou de maïs
- 1 cuillerée à soupe d'eau

Mettez dans un saladier les jaunes d'œufs, la cuillerée à soupe d'eau, le sucre et le sucre vanillé ; battez au fouet jusqu'à ce que le mélange blanchisse ; incorporez la fécule.

Dans une casserole, portez le lait à ébullition, versez-le bouillant sur les jaunes, remuez bien ; reversez le tout dans la casserole ; remuez encore avec une cuillère en bois, en dessinant des « 8 ». (*La crème va épaissir, veillez à ne pas la laisser bouillir.*)

Lorsqu'elle nappe la cuillère, versez-la à travers une passoire fine dans un récipient. Déposez celui-ci dans l'évier rempli d'un fond d'eau froide avec quelques glaçons. Remuez la crème pour l'aider à refroidir plus rapidement et l'alléger. Lorsqu'elle est refroidie, couvrez et mettez au réfrigérateur jusqu'à l'emploi.

Crème pâtissière

Elle intervient dans de nombreux desserts, comme fond d'une tarte aux fruits rouges, comme fourrage dans une crêpe ou des chouquettes, comme garniture de gâteau.

- 1 demi-litre de lait
- 20 g de farine
- 100 g de sucre
- 1 sachet de sucre vanillé
- 3 jaunes d'œufs + 1 œuf entier

Dans une casserole, portez le lait à ébullition ; couvrez et gardez en attente.

Battez au fouet les jaunes d'œufs, l'œuf entier, le sucre et le sucre vanillé jusqu'à ce que le mélange blanchisse et devienne onctueux. Ajoutez petit à petit la farine, puis le lait.

Reversez dans la casserole à feu moyen, tournez sans cesse jusqu'à ébullition, la crème épaissit après 2 ou 3 bouillons.

Versez la crème dans un récipient, laissez refroidir, couvrez et gardez au frais ou au réfrigérateur jusqu'à l'emploi.

Farce à la dinde

Pour 500 g environ de farce. Avec cette farce vous pouvez confectionner un hachis Parmentier ; ou des pommes de terre, des tomates ou des courgettes farcies ; ou encore des boulettes, recouvertes de sauce tomate et passées 25 minutes dans un four préchauffé à 170 °C (th. 5/6).

- 1 filet de dinde
- 2 œufs
- 2 cuillerées à soupe de crème
- 1 carotte
- 1 oignon
- 50 g de chapelure
- 1 bouquet garni (1 brin de thym, 1 feuille de laurier, quelques tiges de persil)
- 1 litre et demi de bouillon de volaille du commerce (ou d'eau)
- 1 demi-botte de persil plat haché
- sel, poivre

Mettez le filet de dinde dans une cocotte, recouvrez d'eau froide salée ou, mieux, de bouillon de volaille ; portez à ébullition ; ajoutez le bouquet garni, la carotte et l'oignon épluchés.

Faites cuire à bouillottement 1 h 15 ; égouttez ; retirez le bouquet garni ; laissez refroidir.

Hachez grossièrement au hachoir, grille moyenne, la viande, la carotte et l'oignon ; ajoutez les œufs entiers battus avec la crème fraîche, la chapelure et le persil haché ; salez, poivrez.

Farce à la pomme et aux pruneaux

Pour farcir un poulet rôti et utiliser des restes de pain.

- 1 tasse de mie de pain
- 1 verre de lait (20 cl)
- 100 g de chair à saucisse
- le foie et le gésier du poulet
- 1 pomme
- 6 pruneaux
- quelques olives vertes dénoyautées
- 1 œuf entier
- sel, poivre

Faites tremper les pruneaux dans de l'eau tiède, retirez les noyaux. Égouttez.

Faites tremper le pain dans le lait chaud, égouttez-le et pressez-le pour éliminer l'excédent de lait.

Hachez le foie et le gésier du poulet, mélangez avec la chair à saucisse ; faites revenir à la poêle sans ajout de matière grasse.

Versez le hachis dans un saladier ; ajoutez la mie de pain, les pruneaux hachés grossièrement, les olives coupées en petits morceaux, la pomme épluchée et coupée en petits cubes, l'œuf entier ; salez, poivrez ; malaxez le tout.

Farcissez le poulet à l'aide d'une cuillère (*si nécessaire, coudre la peau pour éviter à la farce de se répandre dans le plat*).

Variantes :

• Farce au pain rassis trempé dans du lait ou du lait de soja avec de petits cubes de pomme et le foie et le gésier du poulet coupés en morceaux et rissolés dans un filet d'huile.

• Farce aux miettes de pain mélangées avec 1 œuf entier et des herbes fraîches hachées (persil, ciboulette, estragon, basilic…).

• Farce aux petits-suisses : 2 petits-suisses nature mélangés avec des restes de pain et de l'estragon ciselé.

• Farce au riz : un reste de riz cuit mélangé avec un reste de tomates farcies.

Farce aux restes de bœuf braisé ou bouilli et de saucisse

Pour confectionner un hachis Parmentier, des tomates et légumes farcis, des boulettes de viande…

- 300 g de restes de viande de bœuf (pot-au-feu, ragoût, ou autres)
- 100 g de restes de saucisse
- 1 filet d'huile
- 2 oignons
- 3 cuillerées à soupe de persil haché
- sel, poivre

Débarrassez la viande de la peau, du gras et des parties nerveuses. Retirez la peau de la saucisse. Passez le tout au hachoir. Réservez dans un saladier.

Dans une cocotte, chauffez l'huile, ajoutez les oignons pelés et hachés et laissez-les fondre très doucement pendant une dizaine de minutes. Quand les oignons commencent à dorer, ajoutez le hachis de bœuf et de saucisse, et le persil haché. Salez, poivrez.

Farce aux oignons

- 500 g d'oignons
- 100 g de chair à saucisse
- 1 tasse de mie de pain rassis
- 1 demi-verre de lait
- 1 œuf
- 1 noix de saindoux
- sel, poivre

Faites tremper le pain dans un peu de lait chaud ; égouttez-le et pressez-le pour évacuer l'excédent de lait.

Chauffez le saindoux dans une poêle ; faites revenir la chair à saucisse et les oignons épluchés et émincés ; couvrez et laissez mijoter une quinzaine de minutes ; faites évaporer l'eau de cuisson. Hors du feu, ajoutez la mie de pain soigneusement essorée, l'œuf entier battu en omelette ; salez, poivrez.

Farce au veau

Pour 500 g de farce.

- 400 g de poitrine ou de tendron de veau coupés en gros cubes
- 1 carotte
- 1 oignon
- 1 bouquet garni (1 brindille de thym, 1 demi-feuille de laurier, quelques tiges de persil)
- 1 œuf
- 30 g de chapelure
- sel, poivre

Mettez la viande dans une casserole, recouvrez d'eau froide, portez à ébullition ; ajoutez le bouquet garni, la carotte et l'oignon épluchés et 1 pincée de sel. Couvrez et laissez cuire 1 h 30 à petits bouillons. Égouttez, laissez refroidir ; retirez les os et les cartilages.

Hachez la viande et les légumes au hachoir, grille moyenne. Incorporez l'œuf entier et la chapelure ; salez, poivrez.

Mayonnaise au citron

Un seul impératif, tous les ingrédients doivent être à la même température, celle de la cuisine. Il faut donc penser à sortir l'œuf et la moutarde deux heures avant de monter la mayonnaise.

- 1 jaune d'œuf
- 1 quart de litre d'huile
- 1 cuillerée à soupe d'eau
- 1 cuillerée à soupe de jus de citron
- sel, poivre

Dans un bol, mélangez le jaune d'œuf et l'eau, en incorporant l'huile versée en filet, sans cesser de tourner. Salez, poivrez, ajoutez le jus de citron ; mélangez, rectifiez l'assaisonnement et laissez reposer.

Variantes :

La mayonnaise terminée, ajoutez :
- des fines herbes hachées (ciboulette, persil, cerfeuil…)
- des cornichons et des câpres grossièrement hachés
- 1 giclée de ketchup ou du concentré de tomates
- 1 œuf dur écrasé à la fourchette et de la ciboulette finement hachée.

Mayonnaise économique

Pour réduire au quart la quantité d'huile employée et offrir une sauce sensiblement plus digeste que la mayonnaise traditionnelle.

- 1 jaune d'œuf ou 1 œuf entier
- 3 à 4 cuillerées à soupe d'huile
- 2 cuillerées à soupe de farine
- 2 cuillerées à soupe de fécule de pomme de terre ou de maïs
- 2 cuillerées à soupe de vinaigre
- 1 demi-verre d'eau ou de vin blanc sec
- 1 grosse cuillerée à soupe de moutarde forte
- sel, poivre

À l'aide d'un petit fouet, délayez dans un bol la farine et la fécule dans le vin blanc et le vinaigre. Versez la crème ainsi obtenue dans une casserole et laissez cuire sur feu doux sans cesser de remuer. *Vous pouvez faire bouillir le vin blanc avant l'emploi, la sauce gagnera en saveur*. La crème épaissit et se transforme en une pâte très épaisse (*ajoutez un peu de liquide si l'épaississement devenait excessif*).

Laissez refroidir hors du feu et, pour l'assouplir, incorporez le jaune d'œuf (*voire l'œuf entier*) en continuant de remuer, puis la grosse cuillerée à soupe de moutarde forte, du sel, du poivre, enfin 1 cuillerée à soupe d'huile (*le jaune d'œuf émulsionnera l'huile qui s'incorporera à la pâte*).

Tournez sans cesse. Incorporez petit à petit 2 à 3 cuillerées d'huile. *Détendez-la, au besoin, avec un filet de vinaigre ou d'eau et quelques gouttes d'huile.* Passez-la au mixeur quelques instants pour la rendre fluide et homogène. Vous obtiendrez un bol de pseudo-mayonnaise. Elle se conservera sans problème 1 à 2 jours dans un récipient hermétique placé dans le réfrigérateur. Il suffira d'y ajouter 1 cuillerée à café d'huile et de la manier un peu avant de servir.

Variantes :

- On peut l'aromatiser avec des herbes hachées, du concentré de tomates, une giclée de ketchup, des câpres, une échalote ou des cornichons hachés, des feuilles de cresson hachées, des oignons au vinaigre écrasés, du curry en poudre, ou une gousse d'ail écrasée pour en faire un ailloli.

- Servie chaude, elle peut accompagner viandes, volailles, poissons.

Mayonnaise moutardée

Tous les ingrédients doivent être à la même température. La mayonnaise se conserve trois ou quatre jours sans inconvénient au réfrigérateur, dans un récipient hermétiquement clos. Fouettez-la à la fourchette avant de servir pour lui rendre son aspect lisse et brillant.

- 1 jaune d'œuf
- 1 quart de litre d'huile
- 1 cuillerée à soupe de vinaigre
- 1 cuillerée à soupe de moutarde

Mettez dans un bol le jaune d'œuf, la moutarde, le vinaigre et émulsionnez le tout pendant quelques instants au batteur électrique. Sans cesser de battre, versez l'huile en filet. La mayonnaise prend très rapidement, évitez de la fouetter trop longtemps, elle risquerait d'être trop ferme. Inutile de saler ou poivrer, la moutarde suffit.

Mayonnaise sans œufs et sans huile

- 2 noix de beurre
- 2 cuillerées à soupe de farine
- 1 verre de lait (20 cl)
- 1 cuillerée à soupe de moutarde
- 1 cuillerée à soupe de vinaigre
- 1 cuillerée à soupe de fines herbes hachées
- sel, poivre

Dans une petite casserole sur feu doux, faites chauffer le beurre ; ajoutez la farine et remuez vigoureusement avec une cuillère en bois. Quand le mélange devient mousseux et fait des bulles, ajoutez hors du feu le lait froid, d'un seul coup, sans cesser de remuer ; remettez la casserole sur le feu et laissez cuire quelques instants, à petits bouillons, jusqu'à ce que la sauce épaississe, sans cesser de remuer.

Mélangez dans un bol le vinaigre et la moutarde, incorporez peu à peu la préparation en remuant vigoureusement à l'aide d'un fouet. Rectifiez l'assaisonnement et ajoutez le hachis d'herbes fraîches.

Pâte à beignets

- 2 œufs
- 80 g de farine
- 1 sachet de levure chimique
- 1 cuillerée à soupe d'huile
- 1 pincée de sel fin

Dans un saladier, battez les œufs en omelette.

Incorporez en pluie la farine, le sel, la levure chimique et l'huile ; mélangez.

Laissez reposer 2 heures à température ambiante.

Pâte à beignets sans œufs

C'est la pâte que j'utilise pour faire frire des tranches de légumes (aubergines, courgettes, feuilles d'oseille...), des poissons ou des crevettes. Je n'incorpore pas de blancs d'œufs battus en neige, car s'ils donnent de l'onctuosité et de la légèreté à la pâte, ils absorbent énormément d'huile et les beignets sont beaucoup trop gras.

- 200 g de farine
- 25 à 30 g de levure fraîche de boulanger
- 2 cuillerées à soupe d'eau
- 25 cl de bière

Dans un saladier, constituez une fontaine avec la farine.

Délayez la levure fraîche de boulanger dans l'eau, puis dans la bière ; versez dans la fontaine. Incorporez petit à petit la farine au fouet ; couvrez et laissez pousser la pâte 2 heures à température ambiante.

Battez de nouveau la pâte avant l'emploi.

Pâte brisée

- 200 g de farine
- 100 g de beurre ou de saindoux + 1 noisette pour graisser le moule
- 1 jaune d'œuf
- 5 cuillerées à soupe d'eau
- 1 pincée de sel

Sortez le beurre (*ou le saindoux*) du réfrigérateur 1 heure à l'avance pour l'amener à température ambiante.

Dans un saladier, mélangez le beurre (*ou le saindoux*) avec le jaune d'œuf. Ajoutez l'eau cuillerée après cuillerée et le sel.

Versez la farine en pluie jusqu'à obtenir une boule de pâte qui se détache du saladier. Si la pâte colle aux doigts, ajoutez 1 à 2 cuillerées de farine supplémentaires.

Aplatissez la pâte pour obtenir une galette de 20 cm de diamètre ; emballez-la dans un torchon propre (*ou un sac en plastique*) et mettez-la au réfrigérateur pour 2 heures ou plus.

Préchauffez le four à 180 °C (th. 6).

Étalez le torchon légèrement fariné sur le plan de travail, déposez la galette de pâte et abaissez-la sur 3 mm d'épaisseur à l'aide d'un rouleau à pâtisserie (*ou d'une bouteille*). Installez-la dans un moule à tarte légèrement graissé (*inévitablement, des trous se formeront dans la pâte : pas de panique, appliquez un morceau de pâte de la taille du trou comme on ferait avec une rustine*). Piquez le fond avec les dents d'une fourchette ; déposez une feuille de papier sulfurisé que vous recouvrirez de légumes secs. Enfournez pour environ 30 minutes.

Vérifiez la cuisson de la pâte, sortez le moule du four, retirez le papier sulfurisé et les légumes secs, démoulez précautionneusement la tarte et laissez-la refroidir sur une grille.

Pâte à choux

Avec la pâte à choux, on peut réaliser des bases d'entremets sucrés ou de préparations salées. Conservée dans le réfrigérateur, la pâte à choux durcit. Inutile de tenter l'expérience. Les choux cuits se congèlent aisément, il suffit de les laisser refroidir, de les ranger aussitôt dans des sachets adaptés ou

des boîtes hermétiques ; sortez-les à température ambiante une heure avant leur utilisation.

Recette de base pour 16 choux sucrés.

- 120 g de farine
- 100 g de beurre
- 1 demi-verre de lait (10 cl)
- 1 demi-verre d'eau (10 cl)
- 1 cuillerée à soupe de sucre
- 4 œufs
- sucre glace
- 1 demi-cuillerée à café de sel fin

Préchauffez le four à 200 °C (th. 6/7).

Dans une casserole, portez à ébullition le lait, l'eau, le sel, le sucre, le beurre en petits morceaux.

Au premier bouillon, retirez la casserole du feu (*ne laissez réduire en aucun cas*), versez la farine en pluie tout en remuant avec une cuillère en bois.

Remettez la casserole sur feu doux, remuez énergiquement pour dessécher la pâte. Au bout d'1 minute, la pâte se décolle du fond et des parois de la casserole ; retirez la casserole du feu.

Ajoutez 1 œuf à la pâte ; mélangez ; quand le premier œuf est bien intégré à la pâte, ajoutez le deuxième (*et seulement à ce moment-là*) ; retravaillez la pâte, ajoutez le troisième, puis le dernier. (*La consistance doit être onctueuse.*) Couvrez.

Passez la plaque à pâtisserie sous l'eau du robinet ; ne l'essuyez pas.

À l'aide d'une cuillère ou d'une poche à pâtisserie, formez les choux (environ 16 avec une cuillère à soupe, 32 avec une cuillère à café).

Saupoudrez légèrement de sucre glace à travers une passoire ; enfournez pour 25 minutes.

Au bout de 20 minutes, ouvrez la porte du four pour laisser s'échapper la vapeur ; réduisez la température du four à 170 °C (th. 5/6) et faites cuire encore 5 minutes.

Variantes :

- **Choux sucrés**

Fourrez les choux de crème pâtissière (recette p. 326) ou de chantilly.

Pour parfumer la pâte des choux, incorporez, dans le lait et l'eau sucrés avant ébullition, de l'extrait de vanille, de café, du chocolat en poudre non sucré, du gingembre, de la cannelle en poudre.

- **Chouquettes**

Remplacez le sucre glace par du sucre en grains, des amandes ou des noisettes concassées ; ces ajouts s'incrustent dans la pâte ; inclinez la plaque pour éliminer le surplus.

- **Gougères**

Ne mettez pas de sucre dans la préparation de base.

Incorporez, après le dernier œuf, juste avant de façonner les choux, 150 g de fromage coupé en petits dés (comté, gruyère, beaufort).

À l'aide d'un pinceau, badigeonnez les choux avec 1 jaune d'œuf détendu dans 1 cuillerée à soupe d'eau et 1 pincée de sel ou avec du lait.

- **Pets-de-nonne**

Faites chauffer l'huile dans une friteuse ou une négresse jusqu'à 175 °C (*pour vérifier la température, jetez un petit croûton de pain dans la bassine : l'huile doit bouillonner et ne pas fumer*).

À l'aide d'une petite cuillère, formez des boules de pâte à choux de la taille d'une grosse noisette.

Faites des séries de 10 à 12 pièces. Laissez tomber la pâte juste au niveau de l'huile pour éviter les éclaboussures.

Quand la pâte a triplé de volume et bien doré, égouttez sur un papier absorbant ; saupoudrez de sucre vanillé ou de sucre glace.

- **Profiteroles**

Traditionnellement, les profiteroles sont des choux fourrés de crème pâtissière, servis avec une saucière de sauce au chocolat chaude. Dans les restaurants, il a été pris la mauvaise habitude de servir le chou garni de glace à la vanille recouvert de chocolat chaud (*choux et glaces industriels*) ; rien n'empêche de les faire ainsi soi-même. Il suffit de fendre les choux sur le côté à mi-hauteur, de glisser à l'intérieur une boule de glace et de servir avec une saucière de sauce au chocolat chaude (recette p. 339).

Pâte à crêpes

La pâte à crêpes peut se préparer la veille. Voici les ingrédients pour 24 crêpes.

- 250 g de farine
- 4 œufs
- 1 demi-litre de lait
- 2 noix de beurre fondu ou 2 cuillerées à soupe d'huile
- 1 demi-cuillerée à café de sel fin

Dans un saladier, mettez la farine et le sel, ajoutez les œufs un par un, mélangez rapidement ; versez le lait en filet en mélangeant avec le batteur électrique ou une cuillère en bois jusqu'à l'obtention d'une pâte fluide, lisse et sans grumeaux. Ajoutez 2 cuillerées à soupe de beurre fondu ou d'huile ; mélangez ; laissez reposer 2 heures.

On peut aromatiser les crêpes sucrées avec des zestes d'agrumes confits, des liqueurs, du rhum ou des eaux-de-vie de fruits que l'on introduit avec le beurre fondu ou l'huile.

Les crêpes salées peuvent être condimentées avec 1 cuillerée à café de curry en poudre, de paprika, de noix de muscade râpée, de gingembre râpé ou de fines herbes hachées.

Sauce aux câpres et aux anchois

- 2 noix de beurre
- 2 cuillerées à soupe d'huile
- 1 cuillerée à soupe de vinaigre de vin
- 3 cuillerées à café de câpres
- 4 filets d'anchois à l'huile
- 1 quart de botte de persil
- quelques tiges de ciboulette
- sel, poivre

Hachez les câpres, les anchois, la ciboulette et le persil (y compris les tiges). Faites fondre le beurre dans une casserole ; ajoutez l'huile ; tournez avec un fouet pour assurer une bonne liaison beurre/huile. Ajoutez le vinaigre et le hachis de câpres, anchois et fines herbes. Remuez ; salez, poivrez. Servez chaud ou tiède sur des poissons pochés.

Sauce au chocolat I

Servie chaude pour napper des profiteroles (recette p. 338), ou accompagner des crêpes (recette p. 280) ou une glace à la vanille.

- 5 cuillerées à soupe de cacao en poudre non sucré
- 120 g de sucre glace
- 1 quart de litre d'eau
- 1 noix de beurre
- quelques gouttes d'extrait de café (facultatif)

Rassemblez dans une casserole l'eau, le sucre et le cacao ; mélangez bien au fouet ; laissez reposer 15 minutes pour permettre une bonne homogénéisation.

Portez à ébullition et laissez cuire 5 minutes à feu doux en remuant au fouet. Incorporez le beurre et l'extrait de café. Couvrez d'une assiette et maintenez la sauce chaude dans un bain-marie jusqu'à l'emploi. Si la sauce venait à épaissir, incorporez un peu d'eau chaude pour lui redonner fluidité et brillance.

Sauce au chocolat II

- 2 cuillerées à café de cacao non sucré
- 2 cuillerées à soupe de sucre
- 2 cuillerées à soupe de farine
- 2 cuillerées à soupe de fécule de pomme de terre ou de maïs
- 1 demi-verre de lait (10 cl)
- 1 jaune d'œuf
- 3 cuillerées à soupe d'huile

Dans un bol, délayez dans le lait froid, à l'aide d'un fouet, la farine, la fécule, le sucre et le cacao. Versez la préparation dans une casserole sur feu doux et laissez cuire sans cesser de remuer jusqu'aux premiers bouillons : la crème épaissit et se transforme en une pâte très épaisse (*ajoutez un peu d'eau si l'épaississement deviendrait excessif*).

Laissez refroidir hors du feu ; incorporez le jaune d'œuf (*voire l'œuf entier*) en continuant de remuer, puis l'huile versée en filet sans cesser de tourner (*le jaune d'œuf émulsionnera l'huile qui s'incorporera à la pâte*). Passez-la quelques instants au mixeur pour la rendre fluide et homogène.

Variante : Après l'avoir passée au mixeur, mélangez à la crème 2 cuillerées de confiture d'oranges amères.

Sauce gribiche

- 3 œufs
- 1 cuillerée à café de moutarde
- 3 cuillerées à soupe d'huile
- 1 cuillerée à soupe de vinaigre
- 1 cuillerée à soupe de câpres et 3 cornichons grossièrement hachés
- 1 cuillerée à soupe de fines herbes hachées
- sel, poivre

Faites durcir 2 œufs ; séparez les jaunes des blancs. Écrasez finement les jaunes. Mélangez-les avec la moutarde, le vinaigre, les cornichons, les câpres et les fines herbes ; salez, poivrez ; incorporez le jaune du dernier œuf cru et versez l'huile en filet pour monter la sauce. Ajoutez au dernier moment le blanc des œufs durs coupé en petits dés.

Sauce moutarde

- 4 cuillerées à soupe de crème fraîche épaisse
- 1 cuillerée à soupe de moutarde
- le jus d'un citron
- sel, poivre

Mélangez dans un bol la crème, la moutarde, le jus de citron ; salez, poivrez. Couvrez d'un film alimentaire et réservez au réfrigérateur jusqu'à l'emploi.

Sauce au vin rouge

Cette sauce accompagne les viandes rouges, les poissons et les œufs pochés.

- 2 verres de vin rouge (40 cl)
- 2 échalotes
- 1 bouquet garni (1 brin de thym, 1 feuille de laurier, quelques branches de persil)
- 1 noix de beurre amolli
- 60 g de beurre ferme
- 1 cuillerée à soupe de farine
- sel, poivre

Mettez dans une casserole les échalotes épluchées et finement hachées, le bouquet garni et le vin rouge. Portez à ébullition et laissez réduire de moitié. Passez au chinois et remettez à ébullition.

Dans un bol, mélangez la noix de beurre amolli avec la farine. Incorporez une première cuillerée à soupe de vin, tout en remuant, puis une autre. Lorsque le mélange est onctueux, versez-le dans le vin rouge en ébullition, baissez le feu et laissez mijoter très doucement jusqu'à ce que la sauce épaississe. Incorporez alors le beurre froid coupé en petits morceaux et battez énergiquement à l'aide d'un fouet. Salez, poivrez.

Vinaigrette classique

On peut préparer 1 demi-litre de vinaigrette à l'avance, elle se conserve sans problème dans une bouteille fermée ; secouez avant l'emploi pour émulsionner la préparation. Un bouchon verseur facilite le service.

- 2 cuillerées à soupe de vinaigre de vin
- 4 cuillerées à soupe d'huile
- 1 pincée de sel, 3 tours de moulin à poivre

Dans un bol ou directement dans le saladier, mélangez le vinaigre avec le sel ; ajoutez l'huile, remuez ; complétez avec le poivre.

Variante : Vinaigrette moutardée : commencez la vinaigrette en mettant 2 cuillerées à café de moutarde dans le fond du bol, complétez selon la recette ; mélangez au fouet pour obtenir une vinaigrette bien émulsionnée.

Vinaigrette exotique

- 1 cuillerée à soupe de vinaigre de riz
- 1 cuillerée à soupe de sauce soja
- 2 cuillerées à soupe d'huile
- sel, poivre

Procédez comme pour la vinaigrette classique. Le vinaigre de riz remplace le vinaigre de vin et la sauce au soja est intégrée avec le vinaigre.

Vinaigrette sans huile

Si vous manquez d'huile, préparez votre vinaigrette comme suit.

- 1 cuillerée à café de fécule de pomme de terre
- 1 demi-verre d'eau (10 cl)
- 1 noisette de beurre (facultatif)
- 2 cuillerées de vinaigre
- 1 cuillerée à café de moutarde (facultatif)
- sel, poivre

Délayez dans un bol la cuillerée à café de fécule dans un peu d'eau froide. Dans une petite casserole, portez à ébullition le demi-verre d'eau ; ajoutez le contenu du bol en tournant vivement avec une cuillère en bois, la préparation épaissit ; laissez bouillotter quelques instants, ajoutez une noisette de beurre ; laissez refroidir. *Vous obtiendrez une « fausse huile » qui a l'inconvénient de ne pas se conserver : il convient donc de préparer la quantité nécessaire pour un usage immédiat.*

Délayez un peu de sel et de poivre dans le vinaigre, ajoutez la « fausse huile » et la moutarde ; remuez bien.

Zestes d'orange ou de citron confits

Choisissez des agrumes non traités. Passez-les sous l'eau. Prélevez des rubans de zeste avec un épluche-légumes. Coupez-les aux ciseaux en très fines lanières ; mettez-les dans une casserole, recouvrez-les d'eau froide, portez à ébullition ; égouttez. Remettez les zestes dans la casserole, ajoutez une cuillerée à soupe de sucre, recouvrez d'eau et laissez cuire à petit feu jusqu'à ce que les zestes soient confits et brillants.

TABLE

Introduction 5	

Entrées

Aubergines farcies	19
Aubergines et courgettes grillées	20
Betteraves en vinaigrette et céleri rémoulade	20
Bortsch	21
Bouillon de volaille aux vermicelles	22
Boulettes au fromage	22
Boulettes aux herbes	23
Caviar d'aubergine	24
Caviar d'aubergine au tofu	25
Céleri-rave au gratin	25
Céleri rémoulade	26
Chakchouka aux œufs (1)	27
Chakchouka aux œufs (2)	27
Crème de tomate au basilic (1)	28
Crème de tomate au basilic (2)	29
Croque-monsieur aux pommes	29
Crostinis (1)	30
Crostinis (2)	31
Croûtes aux champignons (1) ...	32
Croûtes aux champignons (2) ...	32
Croûtes aux sardines	33
Croûtons frits au fromage	34
Filets de harengs mimosa	35
Flan d'aubergine	35
Fondue de poireaux	36
Fricadelles	37
Garbure	37
Gaspacho au tofu	38
Lentilles vertes en vinaigrette	39
Œufs « Bocconi »	40
Œufs cocotte	40
Œufs à la coque à ma façon	41
Œufs au gratin	42
Œufs pochés au coulis de tomates	42
Œufs pochés à la ratatouille (1)	43
Œufs pochés à la ratatouille (2)	44
Œufs « à la tripe »	45
Oignons farcis	46
Omelette légère	46

345

Pain de choux
de Bruxelles (1) 48
Pain de choux
de Bruxelles (2) 49
Pain de laitue 49
Pannequets de laitue 50
Piperade 51
Poireaux vinaigrette 52
Pommes au four
(version salée) 52
Potage aux petits pois 53
Potage aux poireaux,
courgettes et pommes
de terre 54
Potage aux pommes de terre
et aux fines herbes 55
Potage au potiron 56
Purée d'oignons,
dite purée Soubise 57
Purée de poireaux 58
Quenelles au fromage 59
Quiche lorraine 59
Rillettes de sardines 60
Salade de betterave crue . 61
Salade de chou rouge
ou vert 61
Salade de courgettes 62
Salade de fenouil,
oranges, olives 63
Salade au pomélo 63
Salade romaine
aux rillettes 64
Salade de thon 65
Scarole aux foies de volaille
et à l'effilochée de lapin 66
Soufflé au fromage I 67
Soufflé au fromage II 68
Soupe aux fanes de navets 68
Soupe froide de concombre
à la menthe 69

Soupe froide
au yaourt de soja 70
Soupe froide vichyssoise . 71
Soupe au céleri-rave 72
Soupe à l'oignon 72
Soupe au pain 73
Soupe au pistou 74
Soupe aux pois cassés 75
Soupe de poisson 76
Tarte aux hors-d'œuvre ... 77
Tarte à l'oignon 77
Tarte aux poireaux
ou flamiche 78
Tarte aux tomates
et à la moutarde 79
Terrine de chèvre frais
aux figues 80
Terrine de foies de volaille 81
Toasts au fromage
et au vin blanc 82
Tomates au four 83
Tomates marinées
à l'huile d'olive 83
Tortilla 84
Velouté de brocoli
à l'émincé de dinde 85
Velouté de carottes 86
Velouté de chou-fleur 87
Vert de chicorée
ou de scarole au gratin 88

Plats

Ailerons de dinde
aux navets glacés 91
Beignets de cervelle 92
Beignets de pommes
de terre 93
Blanc de dinde et tofu
au curry 94

Blancs de poulet aux épices	94
Blancs de poulet à la mangue	95
Blanquette de dinde	96
Blanquette de veau	97
Bœuf bouilli à la viennoise	98
Bœuf braisé à la bière	99
Bœuf aux carottes	100
Bœuf en miroton	101
Bœuf aux pruneaux	102
Boulettes de dinde	103
Boulettes de harengs à la suédoise	104
Boulettes de viande I	105
Boulettes de viande II	106
Brochettes de congre	107
Carottes Vichy	107
Caudière	108
Cervelles de porc à la grenobloise	109
Cervelles de porc mimosa	110
Chaud-froid de poulet	111
Chili con carne (1)	113
Chili con carne (2)	114
Choux farcis	115
Chou aux pommes	116
Cœur de veau braisé aux carottes	117
Compote de lapin	118
Congre à la bretonne	119
Congre à l'italienne	120
Congre marinière	121
Congre à la normande	122
Congre rôti	123
Coquillettes à la brouillade d'œufs et de tomates	124
Côtelettes de dinde à la grenobloise	125
Courgettes farcies	126
Crêpes de pommes de terre	127
Croquettes de nouilles	128
Curry de légumes	129
Darnes de congre, fondue d'endives	130
Daube de dinde	131
Dinde façon saltimbocca	132
Échine de porc au lait	133
Échine de porc au tofu et au chou chinois	134
Embeurrée de chou	135
Émincé de dinde au paprika	136
Épaule d'agneau aux pommes de terre et aux tomates	137
Épigrammes d'agneau grillés	137
Épluchures de pommes de terre frites	138
Escalopes de dinde au caramel de citron	139
Escalopes de dinde à la neige	140
Escalopes de dinde viennoise	141
Filet de dinde braisé aux olives	142
Filet de dinde froid à la sauce au thon	143
Filets de grondin à la crème	143
Filets de merlan en papillotes	144
Filets mignons de dinde tandoori	146
Filet mignon de porc au pomélo	146

Fricadelles	147
Galettes de harengs frais au tofu	148
Galettes de porc	149
Gâteau de macaronis au jambon	150
Gésiers de poulet aux navets	151
Gigots de dinde, purée d'ail	152
Goujonnettes de merlan, persil frit	153
Goulasch de porc (1)	154
Goulasch de porc (2)	155
Gratin de brocoli au lait de soja	156
Gratin « dauphinois »	156
Gratin de macaronis au poulet	157
Gratin de poisson aux nouilles	158
Gratin de semoule	159
Grondin au court-bouillon	160
Grondin en papillotes	160
Grondin au riz	161
Hachis Parmentier	162
Hachis aux nouilles	163
Harengs à l'allemande	164
Harengs bonne-femme	165
Harengs à la bordelaise	165
Harengs au court-bouillon	166
Harengs frits	167
Harengs grillés à la moutarde	167
Harengs marinés	168
Haricot d'agneau (1)	169
Haricot d'agneau (2)	170
Irish stew	171
Jambonneaux aux lentilles (1)	171
Jambonneaux aux lentilles (2)	173
Knèpfles	174
Langues de porc	175
Lapin à la moutarde	176
Lapin sauté (1)	177
Lapin sauté (2)	178
Lingots au romarin (1)	179
Lingots au romarin (2)	180
Maquereaux à la moutarde	180
Maquereaux au vin rouge	181
Marinade de porc	182
Matafans	183
Matelote de congre	184
Matelote de harengs	185
Merlan des pêcheurs	186
Mijoté de dinde aux pommes de terre	187
Morue à l'ailloli	188
Morue façon cassoulet	189
Moules marinière	190
Moules en salade	191
Moussaka	191
Navarin d'agneau	192
Navarin de dinde aux légumes nouveaux	193
Navets farcis	194
Nouilles au gratin	195
Œufs à la portugaise	195
Omelette du pauvre homme	196
Omelette au veau	197
Osso buco de dinde à l'indienne	197
Osso buco de dinde à la milanaise	198
Pain de chou-fleur	199
Pain de dinde	200
Pain de foie de porc	201

Pain de laitue	203
Pain de macaronis	203
Pain de poisson	204
Pain de thon	205
Pain de saumon au tofu et au lait de soja	206
Palette de porc, purée de haricots blancs (1)	207
Palette de porc, purée de haricots blancs (2)	208
Parmentier à l'effilochée d'agneau	209
Pâté de famille	210
Pâtes farcies	211
Pâtes fraîches à ma façon	212
Piccata de dinde à la sauge	214
Pilaf de foies de volaille	214
Pissaladière	215
Pizza I	216
Pizza II	217
Pois chiches en salade	217
Poitrine de porc demi-sel au court-bouillon	218
Poitrine de veau au vin rouge	219
Pommes de terre à la comtoise	220
Pommes de terre farcies	221
Pommes de terre au fromage	222
Pommes de terre en matelote	223
Pommes de terre aux œufs et aux champignons (1)	224
Pommes de terre aux œufs et aux champignons (2)	226
Pommes de terre rôties	227
Pot-au-feu végétarien	228
Potiron à la crème	229
Poulet au citron	229
Poulet rôti aux pommes de terre et aux oignons	230
Poulet au curry	231
Pudding aux épinards	232
Pudding de pommes de terre	233
Purée de pommes de terre à l'huile d'olive	234
Quenelles au fromage	234
Queues de veau panées	235
Ragoût de travers de porc aux pommes de terre	236
Ratatouille aux pommes de terre	237
Rognon de bœuf aux champignons	239
Rognons de porc à la persillade	240
Rösti	241
Rôti de dinde	242
Rôti de porc à la cocotte	243
Roulé de pommes de terre aux feuilles de bette	244
Salade de bœuf I	245
Salade de bœuf II	246
Salade de julienne	247
Sardines farcies	248
Sardines grillées	249
Saucisses aux marrons et carottes	249
Saumon froid, sauce provençale	250
Sauté d'agneau	252
Soufflé aux pommes de terre	253
Tajine de dinde aux olives et citron confit	254
Tartines à la bière et au jambon	255

Tendrons de veau grillés .	256
Tendrons de veau aux petits légumes	256
Terrine de dinde au thym	257
Terrine de foie de bœuf ..	258
Terrine de pommes de terre au chabichou .	260
Terrine de poulet en gelée	261
Thon blanc au naturel, pommes à l'huile	262
Timbale de macaronis	263
Tofu, aubergines, poivrons et tomates au yaourt de soja (1) ...	264
Tofu et ratatouille au yaourt de soja (2) ...	265
Tomates farcies à la dinde	265
Tomates farcies au riz	266
Tortilles de dinde au curry	267
Travers de porc grillés	267

Desserts

Abricots grillés	271
Bananes au four à la gelée de groseille .	272
Beignets de pommes de terre	272
Bourdelots	273
Bugnes lyonnaises	274
Charlotte aux nouilles et au fromage blanc	275
Charlotte aux pommes	275
Cheesecake au tofu	276
Coings confits	277
Compotée de brugnons ...	278
Coquillettes au chocolat .	279
Crêpes	280
Crumble aux pommes	281
Gâteau à l'ananas	282
Gâteau à l'anglaise	283
Gâteau au chocolat	284
Gâteau express	285
Gâteau de fruits	286
Gâteau marquise	287
Gâteau de marrons	288
Gâteau aux poires	289
Gâteau de pommes de terre aux amandes ..	290
Gâteau soufflé aux pommes de terre ...	291
Gâteau de pommes de terre aux limes	292
Gâteau soufflé au potiron	293
Gratin de fruits	294
Macarons aux flocons d'avoine	295
Meringues	295
Mousse de yaourt aux amandes	296
Mousse de yaourt aux pommes	297
Nouilles à la confiture	297
Nouilles aux pommes	298
Œufs au lait	299
Œufs à la neige	299
Omelette au chocolat	300
Omelette gâteau	301
Pain perdu à la confiture .	302
Petits pots de crème à la carotte	303
Petits pots de crème au chocolat	304
Petits pots de crème au chocolat au lait de soja	304
Plum-pudding à la minute	305
Pommes au four	306
Pudding à la banane et au lait	307
Pudding au pain I	307

Pudding au pain II	308
Pudding aux pommes I ...	309
Pudding aux pommes II ..	309
Pudding de riz	310
Riz au lait I	311
Riz au lait II	312
Salade d'oranges à la grenadine	313
Semoule de blé au lait de soja	313
Semoule de blé aux pommes	314
Semoule de riz aux raisins secs	315
Soufflé aux carottes	315
Tapioca au lait	316
Tarte aux amandes et au tofu	317
Tarte à la bière	318

Recettes de base

Ailloli	321
Béchamel économique ...	322
Béchamel express	322
Chapelure maison	323
Coulis de tomates (1)	323
Coulis de tomates (2)	324
Coulis de tomates (3)	325
Crème anglaise	325
Crème pâtissière	326
Farce à la dinde	326
Farce à la pomme et aux pruneaux	327
Farce aux restes de bœuf braisé ou bouilli et de saucisse	328
Farce aux oignons	329
Farce au veau	330
Mayonnaise au citron	330
Mayonnaise économique	331
Mayonnaise moutardée ...	332
Mayonnaise sans œufs et sans huile	333
Pâte à beignets	333
Pâte à beignets sans œufs	334
Pâte brisée	334
Pâte à choux	335
Pâte à crêpes	338
Sauce aux câpres et aux anchois	339
Sauce au chocolat I	339
Sauce au chocolat II	340
Sauce gribiche	340
Sauce moutarde	341
Sauce au vin rouge	341
Vinaigrette classique	342
Vinaigrette exotique	343
Vinaigrette sans huile	343
Zestes d'orange ou de citron confits	344

Bienêtre

9343

Composition Nord Compo
Achevé d'imprimer en Espagne
par Litografia Roses
le 1ᵉʳ août 2010.
Dépôt légal août 2010. EAN 9782290024294

Éditions J'ai lu
87, quai Panhard-et-Levassor, 75013 Paris
Diffusion France et étranger : Flammarion